GARZÓN

Miguel Ángel de la Cruz

GARZÓN

LA AMBICIÓN DE UN JUEZ

temas'de hoy.

Primera edición: marzo del 2000
Segunda edición: abril del 2000

Colección Grandes Temas

Paseo de Recoletos, 4. 28001 Madrid
Diseño de cubierta: Juan Pablo Rada
Foto de cubierta: Cover
ISBN: 84-8460-009-2
Depósito legal: M-13.352-2000
Compuesto en J. A. Diseño Editorial, S. L.
Impreso en: Printing Book, S. L.
Printed in Spain–Impreso en España

ÍNDICE

A quienes sé que me han querido
y a quienes me queréis.

AGRADECIMIENTOS

A Inma, por estar siempre a mi lado, en ocasiones detrás, y muchas, muchas veces delante, desbrozando casi a golpe de machete las dificultades que se interponían en el camino de este libro.

A mi padre, a mamá, a Javi y a José, mis hermanos.

A la gente de Medina Sidonia, en Cádiz, por su hospitalidad y su grandísima alegría.

A Mabel, el hada madrina que me ha ayudado y siempre ha aparecido cuando la he necesitado.

A Lorenzo Gómez y a Paco Sierra, por sus «capotes».

A mis compañeros de tribunales y en especial a mis amigos y «corresponsales», Julio Muley y Nuria Lázaro.

A las personas que, con nombres y apellidos, o de forma anónima, han querido colaborar conmigo para hacer de este libro lo más riguroso posible.

Y, de corazón, a todos los que a lo largo de estos meses de trabajo me habéis echado una mano, habéis soportado mis penas y me habéis mandado a hacer puñetas cuando ya me he puesto muy pesado.

A todos, muchas gracias.

INTRODUCCIÓN

Dos de febrero del 2000. Luis Roldán, ex director general de la Guardia Civil, declara en la sala de juicios de la planta baja de la Audiencia Nacional. Comparece como testigo en la vista oral que se sigue por el secuestro, torturas y asesinato de Lasa y Zabala. Se le ve desmejorado, gordo, casi hinchado, con el pelo canoso y rapado y una barba rala. Su estancia en la prisión de Brieva, en Ávila, le ha empeorado el aspecto. Se sienta en el estrado embutido en un traje gris que se le ha quedado pequeño: las costuras están tirantes, algunas a punto de reventar, y casi no se puede abotonar ni el chaleco ni siquiera la americana. Desde luego, a Roldán no parece estarle sentando bien la estancia en la cárcel de Brieva.

La tribu de los periodistas de tribunales, casi al completo, sigue los pormenores del plenario a través de un monitor situado en una sala de la segunda planta del edificio, la misma en la que tiene su despacho Baltasar Garzón.

El famoso juez de Jaén no ha podido contener su curiosidad a lo largo de la mañana y en varias ocasiones ha entrado también en esta sala para presenciar algunos de los testimonios. Se ha quedado —los brazos cruzados, el ceño fruncido con un gesto atento— todo el tiempo que Rafael Vera, ex secretario de Estado para la Seguridad, ha pasado declarando en el estrado. Después regresa a su reino, el Juzgado Central de Instrucción número cinco.

Cerca ya de las dos de la tarde, salgo por un momento de esa sala llena de humo y me acerco al despacho de Garzón. Una persona sale. Aprovecho la ocasión para llamar a la puerta y asomarme:

—Baltasar, ¿puedo hablar contigo un momento?

—Pasa.

Nos conocemos desde hace años y, aunque periodistas y jueces o fiscales son —somos— muy conscientes de los distintos lugares que ocupamos, el tuteo es el trato habitual entre nosotros. El famoso magistrado está mirando fijamente al ordenador. Un breve apagón en parte del edificio se lo ha desconfigurado y él se afana en reiniciarlo; en el aparato de música suena mientras tanto un disco de saetas. Me siento en una de las sillas de color verde que tiene frente a su mesa.

—Dime, dime —dice sin apartar la vista de la pantalla.

No respondo. Quiero toda su atención. Por fin se gira, se coloca bien las gafas sobre los ojos y me mira.

—Venga, te escucho.

—Baltasar: estoy escribiendo un libro sobre ti.

—¡¡JODER!! —No puede evitar la exclamación aunque rápidamente recupera el tono controlado de su voz.

—Eso mismo dije yo cuando me lo encargaron. El caso es que quería preguntarte cómo ves tu papel en este libro. ¿Querrías responder a mis preguntas?

—¿Desde cuándo lo estás haciendo?

—Desde hace varios meses.

—¿Y cuándo sale?

—No lo sé, no conozco el calendario de producción de la editorial.

—Ya. ¿Cómo es?

—Espero que sea un libro riguroso y periodístico. Lo estoy escribiendo después de haber hablado con varias decenas de personas. Gente que ha estado muy próxima a ti, y gente que todavía lo está. Gente de aquí, de la Audiencia y de otros muchos sitios.

—¿Y cómo me ponen?

—Unos te ponen bien, otros mal. Algunos te critican y para otros eres el mejor.

—Mira, yo no voy a colaborar de ninguna manera en un libro en el que se me insulta, porque se me insulta, ¿verdad?

—Ya te estoy diciendo que hay gente que te pone muy bien y otros te critican duramente.

—¿Y me critican con nombres y apellidos?

—Como te he dicho, he hablado con decenas de personas, de las que algunas han pedido mantener el anonimato.

—¡Qué cobardes! —dice moviendo la cabeza con gesto de resignación—. Porque todavía los que me dicen que soy un hijo puta y lo dicen con nombres y apellidos...

—No todo es así, también hay gente que te aprecia mucho y te elogia, y también prefiere que no salga su nombre.

Mira hacia la mesa y hace un garabato sobre el folio. Son apenas unos segundos. Enseguida vuelve a mirarme, esta vez con gesto adusto.

—Mira, te lo repito, yo no voy a colaborar. No quiero participar en un libro en el que se me insulta y tampoco quiero salir al paso de las acusaciones que se hagan contra mí. Porque no, porque yo no estoy para eso, porque no puedo ir por ahí continuamente contestando a todos los que dicen que si Garzón hizo tal cosa mal o tal otra.

—Lo que te estamos pidiendo es que tú salgas en el libro. Nos parece importante recoger tus puntos de vista, tu opinión sobre distintos temas.

Parece reflexionar por un momento. El disco de saetas sigue sonando en el despacho, una estancia de trabajo, pero decorada con el buen gusto de un coqueto apartamentito. Incluso se permite algunos objetos que rompen la seriedad, como una bola de béisbol con el anagrama de los Juegos Olímpicos de Barcelona. Pero sobre todos los objetos destacan las fotos de sus hijos: los niños sonriendo en pose familiar, los niños haciendo deporte, los niños con papá Garzón, los niños paseando en camello...

Después del breve silencio vuelve a hablar:

—No tengo ningún interés en salir ahí. Cuando salga el libro lo leeré, y si hay cosas graves que se dicen contra mí, ya veré qué hago, si me quejo o pongo una querella contra quien sea.

—¡Hombre, vaya solución! No me parece nada justa, la verdad. Yo vengo a verte para ofrecerte salir en el libro de la forma que tú quieras y me dices que no, que no quieres entrar en el juego, pero que luego igual te querellas. ¡Pues vaya! Me parece que eso al fin y al cabo es jugar pero con ventaja y actuar a toro pasado.

—Es que estoy harto. Estos cabrones que hablan contra mí, que dicen cosas contra mí, sólo dicen mentiras, y ellos lo saben. Si hablas con Vera o hablas con otros que han sido unos indeseables, sólo te dirán mentiras y se quedarán tan anchos. Que Garzón ha cobrado gratificaciones de fondos reservados, sí, sí, yo se los di. ¡Mentira! Que Garzón ha dejado embarazada a no sé quién. ¡Mentira! Que Garzón esnifa cocaína en su despacho... Todo mentiras, y yo no estoy para salir al paso de ellas continuamente. Es como lo que hizo el presidente de Extremadura, Juan Carlos Rodríguez Ibarra, cuando fue a declarar como testigo ante el Tribunal Supremo en el juicio del caso Marey, que dijo que yo le había dicho en el mitin de cierre de campaña de 1993 que si Felipe González no me nombraba ministro se iba a acordar de mí toda la vida. ¡Mentiras! ¡Asquerosas mentiras! Y además, fíjate en una cosa: tras esas mentiras lo que quedan son las descalificaciones, nunca queda la versión verdadera, porque ésa no tiene morbo.

Mientras habla hace dibujitos en el folio que tiene delante. Cuadrados, escaleritas, grecas. Garabatea y me clava la mirada alternativamente.

—Me he pasado diez años acumulando todo tipo de facturas, todo tipo de documentos para poder demostrar todo lo que hago, por el acoso al que me someten, y estoy harto, y no voy a salir aquí en defensa de lo que digan otros. Cuando me acusen de algo concreto presentaré mis pruebas para defenderme.

—Baltasar, en este libro, te repito, se te insulta, como tú dices, y se te pone por las nubes. Lo que me fastidia es que trato de contrastar cada dato, pero no puedo poner tus propias palabras, no te puedo citar directamente a ti, sino a través de declaraciones tuyas sacadas de autos o de otros escritos.

—O sea, que tratas de compensar lo bueno y lo malo.
—Pues sí, trato de ser lo más objetivo posible.
—¿Y no has pensado en que a lo mejor no hay tantas cosas malas?
—Creo que no hay nada negro puro y nada blanco puro y que debo poner de todo.
—Ya.
—¿Por qué, si no me concedes una entrevista, no me escribes algo tú? Un capítulo, veinte folios.
—No, no de verdad —sonríe.
—Escribe un artículo, tres folios y se publicarán tal cual.
—No, no, de verdad que no —ya ríe abiertamente.
—Yo también me río, pero mira, no me hace ni pizca de gracia lo que me estás diciendo.
—Es que no quiero. Además, te pediría, y con esto no es que quiera decirte lo que tienes que hacer, ni tratar de manejarte el libro, pero sí te pediría que en la medida de lo posible no dijeras ni siquiera que me has pedido una entrevista y que hemos estado hablando.
—Hombre, no creo que pueda satisfacerte si éstas van a ser las únicas respuestas que me vas a dar.
—Oye, ¿y de qué te han hablado?
—Te puedes imaginar: de Pinochet, del GAL, de tu paso por la política, de los fondos reservados... De todo.
—A lo mejor de mi paso a la política un día cuento cosas de algunos que ya les hago callar definitivamente, porque les dejo sin argumentos.
—Hazlo ahora.
—No. ¿Y del GAL? Seguro que alguno te ha dicho que él es el auténtico abanderado de la lucha contra los GAL. ¡Con lo que nos costó descubrir a los GAL! Y los fondos reservados...
—Sí, me han hablado de esas cosas, y de muchas otras cosas interesantes, pero tonterías creo que no pongo ninguna en el libro, porque he procurado hacer bien mi trabajo, que consiste en contrastar lo más posible cada dato que he conseguido. Aunque, te repito: dime tú todo eso, dímelo como quieras, que no sean otros quienes te defiendan. Defiéndete tú.

—Hombre, yo agradezco que ciertas personas me hayan defendido. Seguro que una de ellas ha sido Ventura Pérez Mariño, si es que han dicho algo contra mí en relación a los fondos reservados, y se lo agradezco, pero te insisto en que no, que no quiero. Quizás algún día...

—Quizás algún día...

El juez hizo un ademán como de levantarse apoyando las manos en los brazos de su sillón. Daba por terminada la conversación. Nuestro encuentro había durado cerca de media hora.

—Baltasar, he cumplido con mi obligación ofreciéndote todas las facilidades para que des tu versión. Gracias en cualquier caso por recibirme. Nos veremos por aquí. Hasta luego.

—Hasta luego.

Me extendió la mano. Nos dimos un fuerte, largo apretón.

Y creo que sincero.

CAPÍTULO UNO

EL HIJO DEL GASOLINERO

La London Clinic está situada en uno de los barrios más elegantes de la capital inglesa, muy cerca de Hyde Park. Unas columnas de piedra enmarcan una entrada de estilo neoclásico frente a un jardín bien cuidado. Varios coches oscuros, sin ningún distintivo, hacen crujir la grava mientras aparcan junto a las escaleras. Varios hombres bajan de los coches en silencio y se dirigen a la entrada principal. Son miembros de Scotland Yard. Fuera del recinto otros coches patrulla, ocupados por agentes uniformados, detienen sus motores. Ni siquiera salen de los vehículos: son las once de la noche del sábado 16 de octubre de 1998, y un tiempo desapacible, con rachas de lluvia y viento, hace que no se vea ni un alma en la zona.

Una vez dentro de la clínica, cuatro de ellos se dirigen a la recepcionista, que les contesta en voz baja. Mientras suben en ascensor, la mujer avisa por teléfono a la habitación por la que han preguntado.

—Buenas noches, doctor Marín, disculpe la molestia. Es para avisarle de que un grupo de policías se dirige hacia allí.

—Muy bien, muchas gracias —responde el doctor. «Ya era hora», piensa.

Los policías recorren los pasillos de la octava planta del hospital. Se detienen ante una puerta, llaman suavemente con los nudillos y entran sin esperar a que les abran. Un militar de paisano, se levanta del sillón de la antesala y les saluda educadamente.

—Buenas noches. Pensé que ya no iban a venir.

Los policías se miran con extrañeza.

—¿No vienen para comprobar la seguridad del senador?

—Señor, se equivoca. Traemos una orden judicial. El señor Augusto Pinochet queda detenido a partir de este momento.

El oficial no da crédito a lo que escucha.

—Y debe usted entregarnos su arma.

—¡Jamás! Soy capitán del Ejército de Chile y estoy cumpliendo un servicio de centinela con mi arma reglamentaria. No la entregaré a nadie, salvo que reciba una orden expresa de mis superiores.

En ese momento, el militar trata de coger su teléfono móvil, guardado en el bolsillo interior de la chaqueta. El movimiento pone en alerta a los policías, piensan que va a desenfundar su pistola. En fracciones de segundo, los ingleses sacan sus armas y apuntan directamente a la cabeza del militar. Le agarran violentamente, le dan media vuelta, le estampan contra la pared y le desarman.

Ante el alboroto sale un médico, el doctor Marín, con cara de cansancio de la habitación donde está el enfermo.

—¿Qué ocurre aquí?

Los policías le informan con sequedad y le obligan a salir junto con el capitán.

Dos de ellos entran en la siguiente estancia.

Allí, tendido en una cama, dormido y solo, se encuentra la persona que andan buscando. Es un anciano, aparentemente débil, que mira a los intrusos con cara de asombro.

—¿Es usted Augusto Pinochet Ugarte?

—¿Eh? Sí, sí, soy yo. ¿Qué ocurre? —les responde el enfermo con su peculiar voz aflautada.

—Somos de Scotland Yard. Hemos venido a traer una orden de detención contra usted, cursada a través de Interpol. Está firmada por el juez español Baltasar Garzón. Dado su precario estado de salud no será conducido a dependencias policiales, sino que permanecerá internado en este centro y custodiado por la Policía.

Los funcionarios salen y dejan solo al general. Mientras, el médico personal de Pinochet ya ha dado la voz de alarma. Ha avisado al embajador chileno, Mario Artaza, y al agregado militar en el Reino Unido, Óscar Izurieta, hermano del comandante en jefe del las Fuerzas Armadas chilenas.

Artaza está en su casa. Cuando escucha lo que le cuenta el médico no puede creerlo. Se viste apresuradamente y parte hacia la clínica. Mientras recorre a toda velocidad las calles de Londres, piensa en la jugada que le ha deparado el destino. Él, militante socialista, diecisiete años exiliado en Estados Unidos, huido de la dictadura, es quien debe explicar ahora al general por qué ha sido detenido y velar por el íntegro respeto de sus derechos. No sale de su asombro. Al llegar a la London Clinic, y tras pasar el cordón de seguridad, pregunta por el senador. Recorre los pasillos acompañado por un agente. Antes de entrar a ver al anciano dictador habla con el médico que le ha llamado.

—El señor Pinochet se encuentra inmovilizado a causa de la operación de hernia discal a la que fue sometido el día 9. Se ha puesto muy nervioso por la rapidez de la intervención policial y el forcejeo con el escolta. Ha escuchado los ruidos desde dentro. Se le ha tratado de calmar y ahora parece que está algo más tranquilo. Entre si le dejan.

El embajador presenta su credencial y pide ver la orden de detención. Recibe una negativa por parte del oficial al mando. Hace una llamada desde su móvil al Foreign Office. Los agentes reciben nuevas instrucciones. Le facilitan sus peticiones, le franquean el paso y le piden disculpas.

Mario Artaza entra en la alcoba. Encuentra el ex dictador adormilado.

—General, soy el embajador chileno.

Pinochet no es plenamente consciente de lo que está ocurriendo. Le han dado fuertes medicinas para paliar los dolores causados por la reciente intervención quirúrgica. No parece comprender la situación, aunque mantiene el control.

—¿Qué ha ocurrido? ¿Qué es todo esto?

—Está usted detenido por orden de un juez español.

—Yo no entré en este país como un bandido. He entrado con un pasaporte diplomático, como tantas otras veces.

El antiguo dictador chileno, acostumbrado al poder absoluto que había detentado durante años en su país gracias al golpe de Estado que encabezó en 1973 contra el socialista presidente constitucional, Salvador Allende, el responsable de varios miles de muertos y desaparecidos, parecía vencido después de veinticinco años.

¿Quién había osado perturbar la paz del viejo tirano? ¿Quién se había atrevido a detenerle a él, a poner las manos encima a uno de los personajes más temidos de la última mitad del siglo XX? ¿Quién había sido capaz de cometer la impertinencia de molestar a un amigo personal de Margaret Thatcher en el propio país de la Dama de Hierro?

En un instante, un tal Baltasar Garzón, de cuarenta y dos años, el juez más famoso de España, relativamente conocido en Sudamérica y prácticamente anónimo en el resto de Europa, había provocado una revolución judicial.

Había humillado al intocable. Había ordenado la detención de Pinochet bajo la acusación de genocidio, terrorismo y torturas. Los familiares de sus víctimas se empezarían pronto a congregar frente a la clínica. «¡Asesino!», «¡Pinochet al paredón!». Los gritos de los exiliados iban a resonar muy pronto en ese barrio elegante.

Baltasar Garzón, con un desparpajo increíble, había adoptado una decisión que iba a conmocionar al mundo entero y a poner al descubierto las contradicciones políticas y diplomáticas del Reino Unido, España y Chile. Con su atrevida decisión había trasvasado las buenas palabras sobre la persecución universal de los delitos de tortura y genocidio desde los sesudos libros de leyes hasta un caso real y flagrante encarnado en ese viejo tirano responsable de tanta muerte y tanto dolor.

MI INFANCIA SON RECUERDOS

—¡Baltasar! ¡Balta! Me cago en… ¿Pero qué hace ese chiquillo allí subido? ¡Ay, Dios mío, que se va a matar!

A Gabriel Real, *el Patica*, se le heló la sangre cuando vio a su sobrino, al hijo de su hermana María, subido en la torre de la iglesia mayor del pueblo, a más de veinte metros del suelo y cruzando de arco a arco de cada campana por una estrecha mocheta que le dejaba completamente al descubierto.

—Calla, Gabriel, no le chilles, no se vaya a asustar y sea peor —le recomendó un vecino.

—¡Pero qué demonio de chico, tan pequeño y nos trae ya por la calle de la amargura! ¡Si es que no para, hombre! ¡Si es que cuando no está brincando por ahí como una cabra, saltando cercas, está tirándole aceitunas a sus hermanos o pisando las huertas! ¡Y seguro que ha sido él quien ha convencido al otro que está a su lado haciendo las mismas barrabasadas! ¡Me cago en...! ¡Cuando baje, no va a ser su madre, no, voy a ser yo el que le ponga el culo como un tomate!

Balta, como era conocido en su casa y entre sus más íntimos, tenía entonces cinco años y cometía sus travesuras en su pueblo natal, en Torres, Jaén, situado a unos sesenta kilómetros de la capital y con un censo de tan sólo dos mil habitantes. Había nacido en octubre, el día 26 de este mes del año 1955, cuando el reloj de la iglesia acababa de dar la una de la tarde. La humilde situación de su familia no hacía presagiar que aquel bebé que lloraba con fuerza en la pila bautismal iba para juez.

Su madre, María Real, tenía ya una niña, Pepa. Baltasar se presentó en segundo puesto en esa casa del número 42 de la antigua calle del Generalísimo. Después llegaron, por orden de aparición, Juani, Luis y María Esther.

Su padre era Ildefonso Garzón, *el Resina,* siempre alegre, abierto y simpático. Se dedicaba a las labores del olivo y a la ganadería, los trabajos de toda la vida en ese pueblo situado en el macizo de sierra Mágina, en plena falda de la cota La Vieja, rodeado por los picos Almadén, Ponce, Las Cárceles y Monte Agudo.

La familia pasaba muchos días en un pequeño cortijo que tenían sus padres al que llamaban «La Dehesa». Allí Balta empezó a tomar cariño a los campos, a los olivares y también a las vaquillas que se soltaban en las fiestas del pueblo.

Pero la vida pastoril del Garzón niño iba a durar poco. Cuando tenía seis años su padre encontró un trabajo en una estación de servicio de Campsa de El Cerro del Fantasma, en Linares. El cambio obligó a replantear la vida de la familia, que dejó su querido Torres y la sierra de Almadén para trasladarse al caluroso llano.

En Linares, Balta estudió desde párvulos hasta un curso previo al bachillerato que se denominaba «ingreso». A punto de cumplir los once años, su madre le metió como interno en el San Felipe Neri , el seminario diocesano de Baeza. Allí estudiaría para convertirse en sacerdote y, al mismo tiempo, cursaría el Bachiller Elemental en el instituto Santísima Trinidad. En la España de aquellos años sesenta no era raro que las aulas de los mejores colegios se llenaran con presuntos aspirantes a curas. Era una de las escasísimas maneras que tenían las familias humildes de dar a sus hijos una formación de calidad. Tampoco era extraño que después de terminar todos los cursos previos a la universidad fueran muy pocos —apenas uno de cada veinte— los jóvenes que decidieran seguir sus estudios religiosos por haber encontrado en la Iglesia su verdadera vocación.

Uno de los que llegó a ordenarse sacerdote fue el amigo de infancia de Baltasar, Pedro Martos, que acabaría siendo cura en el pueblo de Garzón.

—Resultaba curioso vernos a Balta y a mí de la mano de nuestras madres, que luego se harían muy amigas, a la entrada del seminario. Teníamos unos diez años y no sabíamos lo que nos esperaba. Éramos unos niños que se iban a preparar para sacerdotes, algo muy importante en aquella época. Los primeros años nos hicimos muy amigos y hasta dormíamos en el mismo cuarto del seminario.

La vida era dura tanto en el seminario como en el instituto. El padre Victoriano Renedo imponía disciplina, respeto y obediencia a los chavales de entre once y trece años que tenía bajo su responsabilidad. Apenas se permitían las bromas, aunque el pequeño Garzón no hacía mucho caso de las normas.

—Tú estabas tan tranquilo —recuerda su ex compañero Pedro Martos— y de repente, desde detrás de los arbustos, aparecía él junto a su inseparable amigo Alfonso y te empezaba a dar collejas en el cuello. Baltasar era muy estudioso, pero también divertido y simpático.

Por aquella época Garzón empieza a compatibilizar el estudio con el deporte —*mens sana...*—. Entrena en atletismo y llega a ser campeón de salto de altura y salto de longitud, pero sobre todo destaca como portero de fútbol, el mejor de la categoría infantil y cadete de todo Jaén, según cuentan las crónicas. Sus amigos del seminario recuerdan una final del campeonato de infantiles de la provincia donde el equipo de Baltasar quedó en primera posición. Dicen que tan buena fue su actuación que al acabar la final el guardameta del equipo que acababa de ver cómo se alejaba el primer puesto se le acercó y le dijo con admiración y algo de rabia contenida: «Macho, eres el mejor portero que he visto, no te llego ni a la altura de las zapatillas. Enhorabuena.»

Cuando Baltasar acaba el tercer curso de Primaria, el obispado decide cerrar el seminario de Baeza. Todos los alumnos tuvieron que mudarse al seminario de la Inmaculada Concepción y San Eufrasio, en la ciudad de Jaén, que se acababa de construir. Baltasar estudia allí cuarto y supera la reválida, y con una calificación que le acompañaría durante toda su vida de estudiante, un siete, «Notable». Tiene catorce años y continúa sus estudios por la rama de Letras.

Se le veía estudiando continuamente, aunque era un empollón simpático, al parecer, por estar tocado con esa gracia andaluza que Dios concede a casi todos los nacidos por debajo del paso de Despeñaperros. Sus antiguos compañeros le recuerdan siempre con un libro en las manos y al mismo tiempo cometiendo las pifias típicas de la edad.

LOS ADOLESCENTES

La biología fue haciendo sus efectos en el organismo del joven Balta, quien comienza a notar cómo en su adolescente vida de estudio y deporte van tomando cada vez más importancia otros elementos. En este caso, elementos vestidos con faldita corta y tableada y pelo peinado con raya en el medio, largo y liso. Son las chicas del colegio mayor de Santa María de los Apóstoles.

Quizás fueran las hormonas, o quizás el hartazgo de disciplina monacal de tantos años. Lo fue meditando y un día le hizo a su madre un solemne anuncio que cambiaría para siempre su vida:

—Mamá, voy a hacer Preuniversitario en Baeza, pero me salgo de seminarista.

A doña María, muy religiosa, se le cayó el cielo encima. No le hicieron ninguna gracia las palabras de su hijo. Sin embargo era una decisión firme. Baltasar se había dado cuenta después de estudiar seis años para cura de que la llamada de Dios se quedaba algo corta en comparación con otro tipo de llamadas mucho más terrenales. Adiós definitivo al uniforme de chaqueta azul oscuro de los seminaristas.

El padre Juan García Carrillo, que estuvo muy cerca de él, se lamentaba a su madre:

—¡Qué pena, mujer! ¡Un chico tan trabajador, tan bueno y tan deportista, y que no acabe ordenándose!

—Pues ya ve usted, padre. Y el caso es que no hay forma de convencerle. Cuando se le mete algo en la cabeza ya no hay quien se lo saque y sigue y sigue hasta que consigue lo que quiere. ¡Qué cabezón que es!

—Tenaz que es el chico, mujer, tenaz.

—Pues eso, cabezón.

Tampoco era una decisión precisamente inusual: de los cerca de sesenta pequeños seminaristas que empezaron a estudiar con Garzón, sólo se ordenarían cuatro.

—Fue una pena —dice al cabo de los años su antiguo amigo Pedro Martos—, pero al final se cambió un buen cura por un gran juez.

Baltasar termina el Bachiller Elemental. Nada en su expediente permite presagiar que vaya a hacer una carrera muy brillante. A base de mucho codo vuelve a sacar un notable, la nota que le ponen en la Reválida de Sexto.

En el curso 72-73, Baltasar es un jovencito de dieciséis años que se come el mundo. Comienza el Preu en el instituto Santísima Trinidad de Baeza. Regresa a su tierra además con otros amigos con los que ha estado en Jaén y, por primera vez en su vida, alejado del férreo control de los curas. Sucede lo inevitable: se le sube el pavo. Él y sus compañeros gastan una broma pesada a un profesor, al que le cambian el coche de sitio. Una gamberrada de críos a la que el director del colegio, el padre Juan Párraga, contesta con severidad. Quiere dejar muy claro que el suyo es un centro serio. Por eso decide que toda la clase se quedará sin la hora del paseo.

Era un duro castigo, porque por aquella época Garzón y su grupo de cuatro amigos inseparables comenzaban a tontear con las alumnas del colegio mayor de las Felipenses, situado a pocos metros de donde dormían, el colegio menor San Felipe Neri, y a las chicas las veían, precisamente, cuando ellos acababan las clases. Entonces se empleaban a fondo y usaban todo tipo de técnicas para ligar. Las muchachas se veían *obsequiadas* incluso por vociferantes serenatas con guitarra y luna llena incluida. En una de estas melódicas ocasiones Baltasar se fijó en una de las colegialas, algo más joven que él, de Sorihuela del Guadalimor. Se llamaba María del Rosario, y estudiaba quinto de Bachillerato.[1]

Entre estudios, castigos y jovencitas, los chicos de Preu preparaban su viaje de fin de curso que, como no podía ser de otra forma para unos antiguos aspirantes a curas, sería a Roma. Para conseguir el dinero se dedicaron a recoger aceitunas en los infinitos campos de olivos de Jaén y su provincia. Finalmente, después de muchas jornadas de duro trabajo reunieron la cantidad necesaria para ir hasta Italia en autobús. Allí visitarían el Vaticano y tratarían de ver al Papa, por entonces, Pablo VI. Era la primera vez que Baltasar salía al extranjero, la primera, incluso, que recorría una distancia más larga que la que había entre su pueblo y la capital de su provincia.

Pese a que el curso era mixto, la época y la zona seguían siendo muy estrictas: sólo viajaron los muchachos.

---

[1] En 1990, la desaparecida revista *Panorama* publicó los dos reportajes más documentados que existen sobre los primeros años de Baltasar Garzón. La serie se interrumpió a petición del juez, quien, por razones de seguridad, siempre se ha negado a dar datos sobre su vida privada.

El padre Juan Párraga se encargó de tutelar al grupo:

—Aquel viaje a Roma nos encantó a todos —asegura.

Durante dos semanas Garzón se separó de aquella chica que tanto le había gustado desde que la conoció. Pero poco después de la vuelta, Rosario ya no era Rosario. Ahora la llamaba, cariñosamente, «Yayo».

Algunas vecinas se volvían y cuchicheaban cuando veían a Balta y a su chica cogidos de la mano, cuando el futuro juez la acompañaba hasta su residencia.

El curso de acceso a la Universidad lo terminó, como de costumbre, con notable. En su familia le intentaban convencer de que estudiara Medicina.

—Piensa, hijo, que un médico siempre será un médico.

Pero Baltasar tenía sus propios planes y se matriculó en la Facultad de Derecho de Sevilla. Unos meses antes su padre había encontrado un nuevo puesto de trabajo en otra gasolinera cercana a Sevilla, en Las Cabezas, en la carretera que une la capital hispalense con Granada. Garzón el universitario se aprendería bien el camino, ya que en muchas ocasiones iba a ayudar a su padre a la estación de servicio y en otras a sustituirle cuando estaba enfermo. Además, trabajaría ocasionalmente como albañil y camarero para sacarse un dinerillo.

Estudiar, estudiar, y seguir estudiando. Baltasar se había fijado una meta. Según varios de sus amigos, desde los primeros años de su carrera de Derecho había decidido que lo que él quería de verdad era vestir la toga de juez. Y a esa meta iba a dedicar todos los esfuerzos que fueran necesarios.

Estudiar, estudiar y seguir estudiando. No perdonaba ningún rato libre para otra actividad que no fuera para empollar cada vez más. Ya casi ni iba al campo a jugar al fútbol, sobre todo en los últimos años de la carrera.

Yayo, que se había convertido en su novia formal, estaba en Granada, haciendo Magisterio. Era ella la que tenía que coger el autobús hasta Sevilla todos los fines de semana para poder estar unas horas con su chico. Pero incluso con su novia en casa, seguía muchas horas con los codos hincados sobre apuntes y libros de leyes, hasta que por fin Rosario conseguía que salieran a tomar un café, a pasear o al cine.

«¡A este hijo le va a dar algo malo de tanto estudiar!», se lamentaba doña María.

Sólo había una cosa capaz de interrumpir su concentración: la Feria de Abril de Sevilla. Allí se volvía loco con sus amigos y su novia. Las sevillanas (entendidas como baile) le entusiasmaban y la juerga de las casetas, los vinitos y el jamón podían más que sus estudios aunque tan sólo unos días al año.

GARZÓN «SUPEROPOSITOR»

Baltasar Garzón se licenció en Derecho en 1979, en Sevilla, con 23 años y, cómo no, con una nota media de notable. Pero no se concedió ni un minuto de descanso. Ese mismo verano se encerró a seguir empollando. Le obsesionaba la dureza de la oposición de judicaturas en la que llevaba años pensando y para la que ya había empezado a estudiar desde antes de acabar la carrera. Su novia, Yayo, le acompañaba y le ayudaba en la preparación. Ella ya era maestra desde hacía dos años.

Garzón estuvo diez meses bebiéndose los códigos hasta sabérselos al dedillo y machacando el temario del durísimo examen de juez. Su preparador era el fiscal de la Audiencia Provincial de Sevilla, Antonio Caña.

Salió por fin una convocatoria. Garzón viajó hasta Madrid y acudió nervioso a los exámenes. Se sentó sudando, con el pulso acelerado y ¡aprobó a la primera! Tanto esfuerzo daba por fin su fruto, como le habían enseñado en el seminario. Tenía el número once de una promoción a la que optaban cincuenta y un aspirantes. Sacar la plaza a la primera era una meta que muchos opositores no habían conseguido en años y Garzón lo logró gracias a su tenacidad y también a su buena suerte.

El joven Baltasar Garzón, de 24 años, se había convertido en muy poco tiempo en licenciado en Derecho y en juez. Ahora le quedaba otra meta, casarse con su novia Rosario. Y así lo hizo. Fue en Jaén y como Dios manda, por la iglesia, el

29 de noviembre de 1980. Habían pasado ocho años desde que se conocieron en Baeza.

Sus prácticas las realiza en Sevilla, en el juzgado del magistrado Ángel Calderón, a quien tiempo después volvería a encontrar en la Audiencia Nacional, aunque ahora al frente del Juzgado Central de lo Penal. Ya como aprendiz va mostrando peculiaridades que después desarrollaría plenamente a lo largo de su carrera profesional: entusiasmo, empeño, una enorme capacidad de trabajo...

El 13 de febrero de 1981, Baltasar Garzón obtiene su primer destino como juez. Es en el pueblo de Valverde del Camino, en Huelva, donde permanece junto a su esposa tan sólo un año. Apenas le dio tiempo a comprar un par de las famosas botas camperas que allí se fabrican. Todos los días devoraba el Boletín Oficial del Estado y las publicaciones internas del Consejo General del Poder Judicial. Un día, en cuanto vio una vacante en la provincia de Jaén, se lanzó a por ella. Trasladarse de la Andalucía occidental al norte significaba estar más cerca de los suyos y no dudó en solicitar la plaza.

Se trasladó hasta la localidad jienense de Villacarrillo, donde se hizo cargo del Juzgado de Primera Instancia e Instrucción.

¿PUEDO JUGAR CON VOSOTROS?

En ese pueblo vivió Garzón algunos de sus momentos más entrañables de su vida e hizo unas amistades que aún perduran, como la de Juan Sánchez Cortés, *el Sastre*.

«Nos conocimos un día de lluvia, cuando estábamos jugando un partido de fútbol e íbamos ganando seis a dos. En eso llegó él con un anorak y la capucha puesta. Se quedó un rato a mi lado viendo el partido y me preguntó:

—¿Puedo jugar?

—Sí, hombre.

—Bueno, pues entonces yo voy con los malos, con los que van perdiendo.

—Pues venga.

Él empezó a jugar y el equipo con el que iba comenzó a remontar y al final logró empatarnos a seis. Yo comenté:

—¡Coño! Viene un tío de fuera, se mete en el otro equipo y nos empatan, ¡tiene narices el asunto!

Y entonces el taxista del pueblo me dijo:

—Sastre, cállate, que ese tío es el juez.

—¡Y a mí qué coño me importa que sea el juez! ¡No te digo! El caso es que ganábamos y por su culpa vamos empatados.

La expresión abierta, campechana, le cayó bien a Garzón, que desde ese momento contó al Sastre entre sus amigos.

Juan Sánchez se enorgullece de haber sido uno de los pocos del pueblo que consiguió meterle un gol de penalty a Garzón. «Llegó a rozar la pelota, pero se lo metí, y cuando nos vemos, siempre se lo digo de cachondeo, para meterme con él.» El Sastre no sólo recuerda a Garzón como un buen futbolista y un buen compañero de tapeos, sino como una persona a la vez muy seria y muy formal. «Es un hombre al que tengo en gran estima porque es una persona trabajadora y agradable. No se le puede comprar. Es un hombre honesto. Todo lo que tiene de grande lo tiene de humano. Recuerdo que cuando saltó el follón de Amedo, vino al pueblo y nos vimos. Le encontré con mala cara y un poco gordo. Me dijo que estaba intentando bajar de peso y le pregunté: "¿No serán los disgustos, Balta?" Y él me contestó: "Qué va Juan, a mí los disgustos no me engordan."»

Otros compañeros de partida de Garzón eran el oficial del Juzgado, Juan Francisco Ortiz, el dueño de una tienda de electrodomésticos, Blas Mora Alfonso; el director de la Caja Postal, Tomás Montoro y el abogado de Boas del Segura, Hermenegildo Rodríguez. Todos compartieron con el juez sus inquietudes, sus aficiones al fútbol, a la pesca y a las excursiones por el campo y también sus muchas horas de trabajo en el juzgado. «Era increíble la capacidad que tenía ese hombre —comenta Juan Francisco Ortiz—. Cuando estaba en el despacho no paraba de trabajar, y cuando llegaba por la mañana temprano aparecía con tres o cuatro sentencias que se había hecho en su casa y me decía que las pasara a máquina. Yo creo que no había dormido, pero parecía fresco. No he visto nunca a nadie tan serio, tan riguroso y tan tenaz en su trabajo como él. Era incansable.»

El letrado Hermenegildo Rodríguez recuerda que la simpatía de Garzón, su carácter afable y a la vez su seriedad y su rigor en el trabajo se comentaron enseguida por la comarca. «Todo el mundo me decía que en Villacarrillo había un juez nuevo que era muy bueno pero a la vez muy riguroso y muy recto y yo tenía miedo de conocerlo. Me producía tanto respeto que me pasé tres meses sin pasar por el juzgado para no encontrarme de cara con él y que me pudiera pillar en algún asunto que yo no tuviera bien empollado.»

En Villaçarrillo, la actividad de Baltasar Garzón se limitaba a redactar sentencias, a practicar reconocimientos judiciales, a levantar cadáveres y a realizar actos de obras. Unas actividades que cumplía con suma diligencia, pero que notaba que en ocasiones se le quedaban cortas. Le rondaba la idea de ir a más.

Con él compartió muchos casos el procurador Ramón Poblaciones, quien además estaba unido al juez por su afición a los toros. «Garzón era y es un amante del toreo fino, y muchas veces íbamos a Linares a ver la feria junto a Palomo Linares, que era amigo mío.» El procurador siempre recuerda los famosos símiles taurinos que utilizaba el joven Garzón. «Me decía: "Ramón, el matrimonio y la justicia se parecen a los toros. Hay que arrimarse y tener vocación para hacerlo bien. Y ni a la mujer ni a la justicia se les miente nunca."»

En el bar El Taxi de Villacarrillo se le recuerda tomando cervezas y comiendo chorizo con sus amigos cuando acababan de jugar un partido con su equipo de fúbol sala, el Gorundi. Pero dicen que a la vez que juerguista era reservado y respetuoso. «No quiso decir ni a los más íntimos cuál era su equipo de fútbol favorito, y ya cuando se fue nos enteramos que su jugador preferido había sido el portero del Athlétic de Bilbao, Iríbar, y que su equipo era el Barcelona, mientras que aquí todos éramos del Real Madrid.

Existen muchas fotos de Garzón con sus amigos de entonces en múltiples actividades. Algunas de ellas están hechas en los toros. Le encantaba participar en capeas y en comidas campestres. Allí toreaba, le revolcaban las vaquillas y jugaba con los amigos a ver quién era el último en levantarse de una silla mientras venía el animal. Otras veces recibía a los becerros con capote y de rodillas frente al portón, *a porta gayola,* y conseguía salvar el difícil lance aunque luego le cogiera el animal en otros más sencillos. En una ocasión, en una capea celebrada en el cortijo de Cetrina, en Navas de San Juan, durante un homenaje a su amigo Ramón Poblaciones, Baltasar recibió a la vaca con valentía, le dio varios pases, la mareó y cuando ya creía que la tenía dominada, le pegó un buen revolcón por los suelos. Todo el mundo se asustó. El juez se levantó con cara medio de susto, medio de risas, no dejó que se acercaran a él, como hacen los grandes, hizo un gesto como de «*dejadme zolo*» y, al final, los espectadores irrumpieron en grandes carcajadas.

Pero la vida sencilla del pueblo, que tanto le gustaba a Garzón, chocaba con sus planes profesionales. Ambicionaba nuevos proyectos, casos más complicados. Estaba convencido de tener la suficiente preparación y valor para acometerlos; y si los pleitos le daban un revolcón haría como en los toros: levantarse, quitarse el polvo y mirar otra vez de frente al bicho hasta que lo dominara.

De nuevo empezó a buscar destinos por la geografía española y cuando por fin encontró uno volvió a dar muestras de su gran ímpetu en el trabajo. Se ocupó de revisar todos los casos que tenía pendientes. Cuando dejó el pueblo jienense no quedó ni un papel sin resolver sobre su mesa. Aún se recuerda el homenaje que se le tributó. «Fue uno de los jueces más grandes de este pueblo —dice Ramón Poblaciones—. Baltasar nunca se podrá encontrar solo por la cantidad de amigos que ha ido dejando por donde ha pasado a lo largo de toda su carrera.»

CAPÍTULO DOS

EL JEFE DE TODOS LOS JUECES

Gafas de grandes cristales, peinado hacia atrás, apoyado en su mesa de trabajo, con las manos cruzadas, una foto del Rey a su derecha y una bandera de España a su izquierda, algún kilo de más y cara de empolloncete. Así retrataba el fotógrafo Cristóbal Manuel al juez Baltasar Garzón en su despacho del juzgado de Almería, muy pocos días antes de que se trasladara a Madrid para tomar cargo de su puesto de inspector en el Consejo General del Poder Judicial.

El juez aparecía de esta guisa en *El País*, el 9 de abril de 1987. Era la primera vez que salía en un periódico de tirada nacional. En esta primera entrevista se plasmaban además ciertos rasgos de su carácter. Su capacidad de trabajo, su hiperactividad, su progresía y también ciertos rasgos de ambición. La foto, en la última página del diario, estaba precedida por un escueto titular: «Baltasar Garzón Real», y a continuación el subtítulo, «Es el encargado de descubrir los errores en la Administración de justicia». Palabras sin duda rimbombantes para expresar que este personaje desconocido se iba a ocupar de la inspección de los juzgados de Andalucía y, de forma especial, de los de la Costa del Sol. Firmaba la noticia Antonio Torres. En la entradilla se decía:

«Baltasar Garzón Real, de 31 años (...) ha sido designado, mediante un concurso de méritos, inspector delegado del Consejo General del Poder Judicial con la función de descubrir y denunciar los posibles fallos dentro de la mecánica de la Administración de justicia. Garzón está convencido de que los jueces no forman un colectivo reaccionario; que si hay corruptelas en los juzgados "se les pone coto", y que la justicia es lenta por la falta de medios.»

Ya en el cuerpo de la información, el periodista escribía:

«Hijo de agricultores, nació en la provincia de Jaén, está casado y es padre de dos hijos. Serio y amable a la vez, su mirada desprende confianza y la idea de que junto a los amigos de toda la vida, se ha de mostrar socarrón e irónico. "Aunque sea un tópico —dice Garzón— me voy de Almería con la satisfacción del deber cumplido y con el sabor de haber dejado buenos amigos y la tristeza de no verme comprendido por algunos compañeros."» También se resaltaba una declaración del nuevo inspector con cierto tufillo prepotente: «Las carencias actualmente se suplen en los juzgados con las ganas de trabajar.»

Garzón llegaba al Poder Judicial con el elogio de la prensa, pero no con el de todos sus compañeros. A aquellos jueces, acostumbrados al trabajo callado y anónimo, no les sentó nada bien el estilo de *yuppie*, tan de la época, que traía a la inspección aquel andaluz, alegre, trabajador infatigable y hecho a sí mismo. ¿Para qué se prestaba ese hombre a una entrevista así, si a la inspección habían llegado junto a él otros diez profesionales y ninguno había llamado la atención? «Las cosas de Baltasar», se comentaba.

Pero esa presencia en *El País* era toda una premonición del gusto del juez por los medios de comunicación en los que acabaría apoyándose para seguir construyendo su carrera, y en los que aparecería a diario durante años.

EL BRINCO A MADRID

Desde que dejara el juzgado de Villacarrillo, en Jaén, el juez había deambulado con su familia por otros destinos. Primero se trasladó a Vitoria, aunque en esta ciudad tan sólo permaneció dos meses. Tras este periodo, fue nombrado magistrado juez y enviado al Juzgado de Primera Instancia e Instrucción número 3 de Almería, cargo del que tomaría posesión el 13 de febrero de 1981. En la ciudad andaluza encontró a un buen amigo, al conocido abogado Federico Soria. Con el letrado no solamente compartió tareas de despacho, sino también correrías por una ciudad en la que pasaría en total cuatro años.

Con apenas 28 años, Garzón era uno de los jueces más jóvenes y prometedores de España. Quería llegar más alto y, en 1985, ya piensa en dar el salto a Madrid, en concreto a la Audiencia Nacional. Pero, a pesar de sus antecedentes como campeón de salto de longitud, en esta ocasión dio más de un «nulo» y no consiguió el brinco perfecto que buscaba, hasta dos años después.

Mientras él continúa su actividad judicial en Almería, en Madrid están sucediendo acontecimientos que son totalmente ajenos al joven Garzón, pero que marcarán notablemente su futuro. En 1986, el Consejo General del Poder Judicial, el órgano rector de los jueces, prepara un nuevo equipo de profesionales de la judicatura que se encargará de inspeccionar la marcha de los juzgados, evaluando su actividad y abriendo investigaciones sobre aquellos que presenten irregularidades en el trabajo. La labor, nunca muy bien vista dentro de la profesión por lo que suponía y supone de enfrentamientos entre compañeros, se encomienda al magistrado Ignacio Sierra Gil de la Cuesta, quien se pone a buscar candidatos para su equipo de élite.

Por las mismas fechas, Garzón viaja desde Almería a Madrid. Su objetivo es dar una conferencia en la Escuela Judicial sobre un tema muy genérico acerca de la Jurisdicción Penal. La forma de exponerlo y su contenido dejaron impresionado al veterano Ignacio Sierra, quien tras la entrevista se acercó a Garzón y le ofreció el puesto de inspector. El joven juez quedó encantado con la propuesta y acordó con Sierra que se llamarían para concretar los detalles del trabajo. Entre tanto, Garzón volvió a su casa de Almería para comunicarle la noticia a su mujer, e Ignacio Sierra se ocupó de buscar informes sobre el candidato, pues no le conocía de nada. Todas las referencias que llegaron a sus manos hablaban de forma excelente sobre Baltasar Garzón.

Tras una corta llamada de teléfono a Almería hecha por Sierra desde su despacho, el joven juez aceptó incorporarse inmediatamente a su nuevo destino. Por aquel entonces era un importante paso adelante en su carrera. Iba a pasar a formar parte de un cuerpo de jueces, si no temido dentro de la profesión, sí enormemente respetado por la parcela de poder que ejerce dentro del Consejo General.

Sus detractores dicen que a Garzón le salió bien una maniobra que había preparado a conciencia. «El informe de aquellas jornadas del Consejo lo hizo para ver cómo podía llamar la atención, porque tenía una meta ya determinada.»

El 11 de marzo de 1987, Baltasar Garzón, con sólo treinta y un años, fue nombrado inspector del Consejo General del Poder Judicial delegado para Andalucía. Junto a él estaban, por ejemplo, Román García Varela e Ignacio Pérez Alférez.

Sus compañeros le recuerdan muy positivamente: «Llegó al Consejo con buen ánimo, sin orgullo, dispuesto a ser un verdadero inspector. Trabajaba de una forma meticulosa y llegaba siempre hasta el fondo en todas las inspecciones que hacía, tanto las ordinarias como las extraordinarias. Le precedía una fama de hombre muy trabajador, muy concienzudo y, sobre todo, de juez duro. Su carácter era adecuado para un inspector, era buen compañero y además no le gustaba mucho que le llevaran la contraria. Su forma de trabajar era valiente pero no espectacular como sería más adelante.»

GARZÓN FRENTE AL CASO GIL

Al nuevo inspector se le asigna, a petición propia, la zona de Andalucía y como área de inspección especial la Costa del Sol, Marbella y Fuengirola.

Se encontraba pletórico y alardeaba de su situación en los círculos más íntimos.

—Ahora soy más o menos el jefe de todos los jueces de Andalucía —se pavoneó en público durante un almuerzo.

—Hombre —le reprochó otro juez mayor que él—, tanto como jefe... Tu labor se limita a ser inspector delegado en Andalucía.

—Ya —contestó él sonriendo orgulloso—, pero tú ya me entiendes...

Desde su puesto en la Inspección del Poder Judicial, Garzón denunció la corrupción que existía en los juzgados de Marbella. Descubrió sus irregularidades y manifestó por escrito sus sospechas sobre la conducta de varios jueces y del oficial de juzgado Juan Ramírez, el padre de la famosa jueza marbellí Pilar Ramírez, recién expulsada de la carrera judicial. Se adelantó varios años a uno de los mayores escándalos judiciales. Denunció uno de los aspectos colaterales del denominado «caso Gil», sobre las presuntas y numerosísimas irregularidades cometidas por el presidente del Atlético de Madrid y alcalde de Marbella, Jesús Gil y Gil. En concreto, Garzón apuntó ya que podía existir una mafia judicial que se ocupaba de ocultar ciertas actuaciones realizadas de forma irregular.

En un escrito demoledor por su claridad y contundencia de términos, Baltasar Garzón señaló ya en 1987:

«El Juzgado número 1 de Marbella hoy por hoy raya en el desastre. Las causas son la falta de control, de dedicación, de laboriosidad del juez Antonio Alcalá Navarro, la personalidad del oficial Juan Ramírez, que es querellado por un delito de estafa en el sumario que se lleva en el Juzgado número 2, y la situación de descontrol en la que participa también el secretario Francisco Navarrete.»

Además, advirtió a sus superiores en el Consejo General del Poder Judicial de las extrañas irregularidades y «de la negativa actuación e influencia de Juan Ramírez en la Administración de justicia», indicando incluso que esta situación podía llegar a ser «muy peligrosa, de alcance difícilmente previsible».

Seis años después la jueza Blanca Ester Díez descubriría una supuesta trama de corrupción que giraba precisamente en torno a las influencias del oficial Juan Ramírez, previamente señalado como sospechoso por Garzón. La supuesta red de corrupción archivaba o aparcaba los asuntos denunciados en algunos juzgados por los perjudicados de grandes estafas, lo que propiciaba el establecimiento de la delincuencia organizada en la Costa del Sol. Años más tarde, el escándalo llegaría hasta la propia suspensión de la jueza Pilar Ramírez, a quien se supone relacionada con la supuesta mafia judicial de Marbella y que habría actuado en beneficio del propio alcalde de la localidad, Jesús Gil.

Del padre de la jueza, Juan Ramírez, señalaba Garzón: «Hay rumores, si bien ello no ha podido contrastarse objetivamente por falta de pruebas, de la negativa influencia del señor oficial Juan Ramírez respecto de la marcha del juzgado, sin que el titular del mismo, aunque conoce dichos comentarios, haya tratado de poner coto a ello, quizás por la misma razón de falta de pruebas.» Y añadía después: «De cualquier forma, contra Ramírez se tramita un sumario por presunta estafa en el Juzgado de Instrucción número 2 de Marbella, conocimiento del cual y de las causas que las motivaron existe en el Consejo, según me informó el letrado y denunciante señor Vergara.»

El inspector dejaba patente una sorprendente irregularidad: «Por otra parte, también llegó a oídos del que suscribe que el indicado oficial tiene un despacho abierto en Marbella de asesoramiento legal sobre temas judiciales, aunque tal extremo no he podido comprobarlo.»

En efecto, Juan Ramírez por aquel entonces estaba denunciado por intrusismo por el abogado Juan Bertelli, ya que mantenía ese despacho de asesoría sin ser licenciado en Derecho.

Respecto al magistrado Antonio Alcalá, el juez Garzón vertía todo tipo de sospechas de encubrimiento, dejación de sus obligaciones y colaboración con la trama mafiosa. Finalmente Alcalá fue trasladado, «se le pegó una patada para arriba» a la sección quinta de la Audiencia Provincial de Málaga.

Sobre él decía Garzón: «No existe control alguno del señor magistrado Antonio Alcalá Navarro sobre los procedimientos. Tampoco se ocupa de ello el señor secretario Francisco Navarrete. Habida cuenta de los enfrentamientos personales y la actuación negativa para la Administración de justicia del oficial Juan Ramírez, unido todo ello a la paralización casi general del juzgado, se puede llegar a una situación muy peligrosa.» El juez inspector manifestaba entonces que era necesario «requerir con la mayor energía, aparte de las decisiones de índole disciplinaria que pudiesen adoptarse, al señor magistrado y al señor secretario un exhaustivo control sobre los asuntos en trámite».

Baltasar Garzón propuso a sus superiores «la apertura de un expediente disciplinario al magistrado Antonio Alcalá con el fin de conseguir su traslado forzoso dada su incapacidad para controlar el juzgado; un seguimiento del sumario que el Juzgado de Instrucción número 2 de Marbella sigue contra Juan Ramírez y deducir testimonio del informe para el Ministerio de Justicia con el fin de incoar expediente disciplinario al oficial Juan Ramírez Rodríguez».

«Eso fue lo más llamativo y espectacular que hizo Garzón en su época en la inspección», dice un antiguo compañero.

Pero pese a la dureza de sus escritos, el Consejo General decidió archivar el caso. La Comisión Disciplinaria también dejó entonces a un lado, el 26 de noviembre de 1992, el expediente abierto contra la jueza Pilar Ramírez.

CAMINO DE LA AUDIENCIA

La decisión le sentó muy mal a Baltasar Garzón. Él había visto los graves defectos, había acumulado indicios y pese a ello todo su trabajo quedaba en nada porque sus superiores no lo consideraban digno de mayores indagaciones. Era el gran defecto del que adolecía el puesto de inspector. Tenía poder, pero sólo relativo. No podía tomar decisiones por sí mismo y ejecutar medidas inmediatas contra las presuntas irregularidades que observaba. Añoraba la fuerza del juez instructor, mucho más acorde con su personalidad arrolladora y vehemente.

Garzón no terminó su contrato de dos años en la inspección. Quienes le conocieron entonces aseguran que «fue un magnífico profesional mientras duró», pero decidió regresar a la jurisdicción. De forma oficial transmitió que ya había cumplido con su curiosidad como juez inspector, y consideraba que ya había adquirido experiencia suficiente. Pese a la insistencia de sus superiores para que permaneciera en el puesto, no se consiguió nada. Las personas que le conocen bien aseguran que aspiraba a más, que una vez instalado en Madrid se había trazado una línea ascendente que quería seguir y que continuaban perfilándose en estos comienzos dos aspectos de su personalidad: su ambición, que en ocasiones futuras aparentemente llegaría a ser desmesurada, y su vanidad.

«Él —señala un juez— se fue al Consejo General del Poder Judicial pensando que podía hacer cosas. Pero cuando se da cuenta de que un inspector era una figura que al final no pintaba todo lo que parecía, de inmediato piensa "aquí me he equivocado", aunque en realidad no fue así.»

Como siempre, a su gran capacidad de trabajo y de entrega se sumaba otro factor que aún hoy le sigue acompañando, la suerte. Por aquel tiempo, el bonachón magistrado gallego Francisco Castro Meije deja el Juzgado Central de Instrucción número 5 de la Audiencia Nacional y se incorpora en una de las salas de lo penal. Pasa de ser un juez instructor, un investigador, a ser un juez que juzga, decide y firma sentencias.

Baltasar Garzón lee publicada la vacante y se lanza a por ella. Era otra oportunidad única que le brindaba el destino.

«No creo —dice un vocal del Consejo General del Poder Judicial— que entonces se fuera por triunfar y convertirse en la figura que ha sido, y si tenía esa intención, desde luego, lo disimulaba muy bien.»

En enero de 1988 entra por primera vez por la puerta principal de la Audiencia Nacional. No sabía entonces lo que le esperaba al otro lado de aquellos cristales blindados y oscuros. Sobre él iban a caer casos con nombres que ya son célebres en la historia judicial española. GAL, Amedo, Al Kassar, fondos reservados, Ynestrillas, Yoyes, Yoma, Nécora, Marey, Pinochet, *Egin*, HB y tantos y tantos otros.

Cuando llegó a su despacho le llamó mucho la atención la sobriedad de las paredes blancas, la antigua mesa y en general el aspecto un tanto frío de toda la Audiencia Nacional, levantada en los años setenta y concebida con un aspecto que en ocasiones recordaba a los edificios franquistas de los Nuevos Ministerios. Trató enseguida de ponerse al día de los asuntos pendientes. Llamó al secretario judicial que había entonces y fue hasta la oficina para presentarse a los funcionarios.

—Espero que podremos tener un clima cordial y grato de trabajo. Pero quiero advertirles de que vengo dispuesto a trabajar duro, como siempre he hecho. No van a tener ustedes tiempo de aburrirse.

Nadie dijo una palabra en respuesta al breve discurso. Cuando terminó, Garzón se metió en su despacho y comenzó a repasar los sumarios con ayuda de una secretaria. Se dio cuenta de la relevancia de los casos que habían caído en sus manos. Investigaciones abiertas sobre algunos de los más terribles y dramáticos atentados de ETA y también otros curiosos e interesantísimos casos sobre los GAL. Desde ese momento tomó la decisión de tratarlos a fondo y se dispuso a saludar a sus compañeros. A Carlos Bueren, del Juzgado número 1, Ismael Moreno, en el 2, Miguel Moreiras, el experto en temas económicos, del 3, Carlos Dívar, en el 4, y a su antiguo profesor, Ángel Calderón en el Juzgado Central de lo Penal. Subió las escaleras y se presentó también ante los jueces encargados de dictar las sentencias, Siro García entre ellos, con quienes trabaría una buena amistad, y su antecesor en el despacho que ahora ocupaba, Castro Meije.

En el aspecto personal, en aquella primera época se le recuerda como un compañero leal, sincero, reservado, discreto y con el que se trabajaba muy a gusto. A media mañana gustaba de ir a tomar café con sus colegas a la cercana y lujosa cafetería Riofrío, situada a unos cincuenta metros de la Audiencia, y de reunirse con ellos en comidas y actos. Unas reuniones muy distendidas en las que llamaba la atención un Baltasar Garzón alegre, abierto, jovial y muy andaluz, que contaba el último chiste o la última anécdota. Le gustaba también salir, con todas las reservas del mundo y todas las medidas de seguridad, a cenar con unos amigos para terminar después bailando sevillanas en el tablao El Portón junto a su mujer.

También se le veía, como a cualquier persona, divirtiéndose y riéndose a carcajadas, entregado a la juerga y arrancándose a cantar rancheras con amigos como el periodista Luis del Olmo. También gustaba de ir a esquiar en Navidades, por ejemplo con el juez Carlos Bueren o con la fiscal Blanca Rodríguez, aunque algunas personas comentan que si viajaba hasta Baqueira era sólo con la esperanza de coincidir con el Rey y hacerse una foto con él.

Sacaba además tiempo para leer. Sobre todo le interesaba la narrativa contemporánea, los ensayos de filosofía y las obras de los autores de la generación del 27. En poesía, Lorca. En cine, Woody Allen. En el apartado musical, sus amigos mencionan su atracción por la música barroca italiana del siglo XVII, y como gusto menos refinado y más cercano al de la mayoría de los españoles, el rock y John Lennon. En el entorno de su tierra andaluza, José Meneses y el Camarón de la Isla.

GARZÓN, EN PRIMERA PÁGINA

El magistrado se salía del modelo de juez al que fiscales y funcionarios estaban acostumbrados. No era un juez de mesa camilla que vive de los informes de los fiscales. Era dinámico, un profesional frío a la vez que apasionado. Tanto en asuntos de ETA como de narcotráfico, tomaba firmes decisiones y se involucraba en los temas que tenía entre manos hasta unos límites casi insospechados y con una valentía inusual.

La investigación del caso Amedo le catapulta a la fama. El magistrado se emplea a fondo en descubrir la trama oculta de la guerra sucia contra ETA. Procesa, no una, sino en varias ocasiones al subcomisario José Amedo y al inspector Míchel Domínguez como instigadores de los GAL.

Y va más allá. Se sumerge en la trama. Descubre a los mercenarios pagados para cometer atentados. Emprende una línea directa de comunicación con las autoridades judiciales francesas como no se había producido hasta la fecha. Cuenta con muy poca ayuda, e incluso desde las instancias del Gobierno se le ponen trabas a sus investigaciones, más aún cuando llega a señalar a los responsables del Ministerio del Interior de principios de los años ochenta como los culpables de haber malversado fondos reservados del departamento para desviarlos hacia la guerra sucia contra ETA.

En esta época, comienza una relación con los medios de comunicación que ya no dejaría de recorrer un camino cada vez más ascendente. *Diario 16*, *Cambio16*, *Interviú* y *El País* se convierten en espejos de su actividad judicial. Los periodistas, Antonio Rubio y Manuel Cerdán serán beneficiados con grandes exclusivas, que a su vez reportan una excelente publicidad al juez. Se hacen tan amigos, que Garzón acude en lugar protagonista a la boda de Antonio Rubio. Los cronistas acaban también siendo íntimos de Natalia Rius, quizá la más estrecha colaboradora del juzgado del jienense.

Melchor Miralles le proporcionará datos para sus sumarios sobre la guerra sucia. La localización de un zulo de la banda o el desenmascaramiento del agente de Interior, Francisco Paesa, como enviado para tapar la trama de los GAL, son sólo algunos ejemplos de la estrechísima simbiosis entre magistrado e informadores. Como dato, basta decir que, tiempo después, tan sólo en 1994, únicamente en el diario *El Mundo,* el nombre de Baltasar Garzón se menciona en mil cuatrocientas noventa y ocho ocasiones. El juez aparece este año en 665 noticias, la mayoría de ellas de primera página. Pero la cifra se queda ridícula si se la compara con la del año siguiente, cuando Garzón se encuentra en pleno apogeo de la investigación del secuestro de Segundo Marey a manos de los GAL. Es entonces cuando, en este mismo periódico, su nombre aparece ¡5.744 veces! en más de dos mil documentos.[2]

Garzón actuaba con un gran celo profesional. Lo controlaba todo, lo quería supervisar todo para estar seguro de no dejar fisuras por donde pudieran atacarle, dada la delicadeza de los casos que manejaba. Su comportamiento era más cercano al de un fiscal de película americana que al de un juez. Sus actuaciones son criticadas entonces como excesivamente

[2] Ver capítulo diez.

vehementes. Su involucración en los casos hacía que en determinados momentos decidiera, por ejemplo, el encarcelamiento de un acusado con razonamientos generales que dejaban en evidencia, según testimonios de fiscales y abogados, «una cierta quiebra de su imparcialidad».

Las personas que le han rodeado destacan en él dos facetas bien distintas. Por una parte su característica de justiciero, de profesional realmente interesado por defender la justicia y luchar con todas sus fuerzas contra el delito, con un gran y casi inagotable potencial de trabajo, pero al mismo tiempo le ven como un personaje que se gusta a sí mismo. Indican que a las operaciones que ha puesto en marcha, y de las cuales han salido muchos ciudadanos beneficiados por la justicia y otros gravemente perjudicados por él, siempre ha añadido un componente específico, un mal disimulado deseo de publicidad. Garzón ha detenido barcos enteros cargados de droga y al mismo tiempo se ha sabido colocar en el punto exacto del buque en donde ha sabido que iban a enfocar las cámaras de televisión. Ha salido y entrado todos los días rápidamente de la Audiencia Nacional, pero siempre que ha tramitado casos de suma importancia y relevancia social también ha tenido la habilidad de «salir a desayunar» hasta Riofrío, justo a la hora en que sabía que los fotógrafos estaban atentos para coger su imagen del día. Además, por regla general, ha llamado para la ocasión a otro juez o fiscal para no ir solo, para que su presencia pasara algo más «desapercibida».

Y la fama, el exceso de trabajo, la trascendencia de los asuntos y las presiones a las que ha estado sometido comenzaron a hacer aflorar en él cambios de comportamiento y un mayor narcisismo.

—Vi que empezaba a fallar la comunicación —dice un fiscal— y la comunicación en esta casa, en la Audiencia Nacional, entre el fiscal y el juez es absolutamente imprescindible. Veía que Baltasar estaba muy poco disponible, que tenía muchas actividades profesionales, que era difícil a veces incluso mantener una conversación con él sobre ciertos temas. En determinados episodios e investigaciones trascendentes no contaba con el fiscal, no digo que intencionadamente, pero él mantenía sus reuniones y quería tener un protagonismo especial en las investigaciones más sensibles. A lo mejor se producían determinadas reuniones con la Policía Judicial que estaba actuando, y él no llamaba al fiscal para que estuviera presente y había que duplicar esas reuniones después porque yo las debía tener con los mismos funcionarios. Los roces —continúa— se daban también cuando yo como fiscal me tenía que reunir con la Policía, con la Guardia Civil, o con la Ertzaintza y él se molestaba porque yo había adoptado una iniciativa, había solicitado determinadas investigaciones en las que no le había hecho partícipe, o no habíamos tenido una reunión preliminar a los interrogatorios policiales. Se molestaba realmente porque había perdido protagonismo.

Un caso de estos celos profesionales se produjo durante la instrucción de un delito económico que investigaba de forma conjunta la Policía y la Guardia Civil. Las fuerzas del orden plantearon la necesidad de reunirse con el juez y con el fiscal para llevar adelante una serie de detenciones. Garzón no pudo ocuparse de esa reunión debido a la gran cantidad de asuntos que se traía entre manos. El fiscal decidió actuar, habló con los agentes, se coordinaron y les permitió que se pusieran manos a la obra. Cuando Garzón se enteró de ello, de forma casi pueril, dijo que ya no quería saber nada del asunto por haberlo planeado todo a sus espaldas.

Casi idéntica situación se produjo ante la detención en San Sebastián de un numeroso grupo de colaboradores de ETA. El fiscal se reunió con los agentes que redactaron el atestado policial. Garzón no estuvo. El enfado le duró varios días. «Eran cosas que le molestaban enormemente —comenta el fiscal—, cuando yo le podía dar una larga lista de reuniones que él había mantenido con cuerpos policiales y de las que no se me había dicho nada de nada. En ese ansia de controlarlo todo se le fue viendo cómo iba cambiando, cómo iba dejando de ser el mismo de antes.»

¿Pero qué había pasado en la Audiencia Nacional? ¿Es que acaso hasta que llegó a ella Garzón estaba dormida y era inoperante? ¿Desde que puso su pie en el juzgado se convirtió automáticamente en el mejor juez que existía y había existido?

Estos interrogantes los niega un alto cargo de la instancia judicial: «No. Yo no creo que Baltasar Garzón sea el mejor juez que ha pasado por aquí. Lo que creo es que los jueces son muy distintos en su modo de aplicar la ley a la investigación de los casos, en su modo de buscar las pruebas, los hechos y los documentos. ¿Que Baltasar Garzón no trabaja igual que otros? Pues muy bien. Yo también he sido juez de instrucción y no he trabajado igual que mis compañeros. Su forma no es ni mejor ni peor que otras, aunque sus resultados son muy buenos. Y llegados a este punto, hay que darse cuenta de un dato, yo creo que el juez que más etarras ha mandado a la cárcel no ha sido Baltasar Garzón, ha sido Carlos Dívar, pero eso no se sabe y Dívar es un juez con una cabeza jurídica y un orden extraordinario y como tiene mucha influencia sobre el magistrado del Juzgado número 2, pues ambos hacen las cosas muy bien. ¿Que lo hacen de otra manera? Sí, es verdad, pero luego el resultado es evidente.»

El magistrado pone coto a las críticas acerca de la forma de actuar de Garzón al estilo de un fiscal. «Garzón tiene iniciativa y los otros jueces se basan en lo que reciben, pero es que la ley permite las dos cosas. La iniciativa está mal vista desde el punto de vista del juez de instrucción; se dice que es algo que no debería existir, pero cuando cambie el principio acusatorio será entonces cuando cambien las cosas, cuando el fiscal será el personaje conocido, con la diferencia de que al fiscal le puede ordenar su jefe —elegido por el Gobierno— que no haga una cosa y haga la contraria y al juez de instrucción no le puede mandar nadie.»

EL INTERMEDIARIO CON ETA

«En la época de los primeros años noventa yo veía mejor a Baltasar —comenta un jurista y viejo amigo suyo—. En aquellos años difíciles, cuando se estaba haciendo una gran labor para el Estado de Derecho y cuando él y yo y todos los de la Audiencia Nacional estábamos contribuyendo con nuestro trabajo a esa mejora, reprimiendo el terrorismo y el narcotráfico.»

Eran los años en los que la lucha contra ETA atravesaba una de sus épocas más duras. Los sanguinarios comandos —Madrid, Vizcaya, Donostia, Araba e itinerante— sembraban el terror con dramática y dolorosa frecuencia. No era extraño que, en una semana de guardia, pudieran entrar en el juzgado quince o dieciséis personas detenidas bajo la acusación de colaborar con la banda armada, o que la Policía consiguiera detener a los integrantes de un comando. Era también la época en la cual Garzón estuvo a punto de actuar como intermediario ante ETA para llegar a un acuerdo de paz.

Esta sorprendente afirmación parte del ex secretario de Estado, Rafael Vera. Tras el fracaso de las conversaciones de Argel entre ETA y el Gobierno, las relaciones en 1990 estaban rotas y se buscaban nuevos canales de aproximación para hacer posible el diálogo. Una de las personas que podía propiciar el acercamiento era el abogado de las Gestoras Pro Amnistía, Iñigo Iruin, habitual defensor de terroristas y personaje tradicional en los pasillos de la Audiencia.

Iruin estaba acostumbrado a hablar tanto con Garzón como con otros magistrados. En cierta ocasión, le hizo una proposición que el juez no tardó en comentar al secretario de Estado para la Seguridad, a quien llamó por teléfono.

—¿Rafael?, soy Baltasar Garzón. Acabo de hablar con Iñigo Iruin y me ha pedido que le haga una gestión ante ti para propiciar un encuentro entre ambos. Al parecer, quiere hablar sobre ETA y la posibilidad de emprender vías de diálogo.

La idea le pareció muy interesante al secretario de Estado, quien quería aprovechar el encuentro para sondear la situación en que se encontraba la banda armada, el apoyo con el que contaba en el ámbito político *abertzale* y para tratar también de conseguir información sobre los puntos fuertes y los aspectos en donde flaqueaba el entorno de ETA.

—Me parece muy bien la idea, Baltasar. ¿Te ha dicho Iruin dónde y cuándo quiere que nos veamos?

—Pues no, pero cuando vuelva por aquí ya le pediré yo que me diga día y hora. Por cierto, que si quieres que estemos los tres en esa reunión, por mí no hay mayor problema.

A los pocos días de mantener esta conversación, Iñigo

Iruin y Rafael Vera se encontraron en el restaurante Araceli, situado en la localidad madrileña de San Agustín de Guadalix. Quedaron para tomar café, después de comer. A las cuatro y media de la tarde se presentó el abogado vasco acompañado de otra persona, y Rafael Vera con el comisario Manuel Ballesteros y con el jefe de su gabinete, José de la Puente. Baltasar Garzón no había sido invitado. Se sentaron en una mesa redonda situada en un reservado del establecimiento. Tomaron café y charlaron durante dos horas. Pasadas las seis y media de la tarde salían del establecimiento. Allí, salvo el encargado del local, ya no quedaba nadie.

Al día siguiente, el juez realizó otra llamada al Ministerio del Interior. Se interesaba por el transcurso de las conversaciones. Vera le contestó con evasivas.

—Pues ya sabes, Baltasar, se ha hablado de todo en general. Ha sido una de las charlas habituales con gente próxima a ETA, pero no se ha sacado nada en particular.

Fue la última vez que ambos hablaron sobre este asunto. El intento del juez de colaborar en un acercamiento entre ETA y Gobierno para llegar a la paz fue estéril.

Quizás, en el cambio de carácter de Garzón y en su mayor afán de notoriedad influyó también el hecho de ser cada vez más conocido y de recibir cada año más premios, lo que le hizo también comenzar a relacionarse con personajes de órbitas alejadas del mundo de la justicia, que le incrementaron la vanidad de su carácter.[3]

---

[3] Entre otros muchos honores, destacaremos algunos de su currículo. En 1990 recibe el Premio Derechos Humanos otorgado por la Asociación Pro Derechos Humanos y, de manera más desenfadada, el Más bonito que un San Luis entregado por los humoristas que participaban en la tertulia radiofónica de la COPE *El estado de la nación.*

Al año siguiente, 1991, la Asociación de Corresponsales de Prensa Extranjera le concede el premio a la personalidad con más impacto en los periódicos. La peña periodística Primera Plana también le da el Premio Naranja. Radio 5, la Escalerilla de Bronce del programa *¡Aúpa con ellos!,* dirigido por Manuel Ferreras.

«Yo creo —destaca un jurista— que la fama y la publicidad obraron un cambio radical, hasta llegar a una situación de no poder confiar ya en él, porque ya no sabías con quién hablaba, con quién comía, con quién se relacionaba. Y se hizo más cerrado, más calculador, hablaba menos y meditaba mucho más lo que decía. Además, se separó mucho de los compañeros y creo que empezó a tratar de ver lo que podía sacar de provecho de cada uno, y si no podía sacar ninguna ventaja se alejaba de ti.»

EL ENCANTADOR DE DETENIDOS

Una faceta del juez, elogiada por quienes están de su parte es su habilidad para ganarse a los acusados y conseguir que *canten*, aunque lo cierto es que también aquí hay quienes reprochan al magistrado su forma de hacer las cosas.

Un fiscal expone los antecedentes: «Es que cuando una persona cualquiera piensa en un interrogatorio a un detenido, se acuerda enseguida de alguna película y se imagina que el juez pregunta y que el detenido contesta. Garzón no lo hace así. Él usa un método curioso. Habla largamente con el detenido en un periodo al que podríamos llamar de pre interrogatorio. Va preguntando, va charlando con él y, de repen-

---

En 1992, el programa de Onda Cero, *Protagonistas*, dirigido por Luis del Olmo, le otorga su Premio Lumbrera, y al año siguiente, el Príncipe de Asturias le entrega el Master de Oro del Forum de Alta Dirección.

En 1998, el Frente Mexicano Pro Derechos Humanos añade a sus vitrinas la Medalla de Derechos Humanos «por sus servicios distinguidos en la causa para combatir el genocidio, la tortura y el terrorismo de Estado». En 1999, el Seminario Gallego de Educación para la Paz le nombra Premio Portapaz 98; el Club Internacional de Prensa le entrega su galardón anual por el proceso contra Pinochet. La revista *Cambio 16* le nombra Hombre del año 98 y la publicación de Miami especializada en negocios, *Latin Trade*, le escoge filántropo del año.

te, le dice a una señorita que está en el ordenador: «A ver, escriba», y le dicta lo que él entiende que se ha dicho en esa conversación. Hay que estar muy atento porque hay que transcribir íntegramente lo que se ha dicho y lo que se ha querido decir, y no lo que el juez cree que se ha dicho. Es una forma de hacer las cosas que la ley no prohíbe, ni mucho menos, pero al final se plasma la opinión que el juez ha recibido de ese interrogatorio, que es muy distinto de lo que se vaya respondiendo según se va preguntando.»

«Claro —explica un abogado—, no es una forma ortodoxa, pero muchos jueces lo hacen así, en Madrid, en Sevilla, en Orense y donde sea. Van tomando notas y después dictan. Lo recomendable, ¿qué sería? Que el juez dictara la pregunta y el justiciable su respuesta, pero este método es más lento.»

La técnica la ha utilizado Baltasar Garzón en numerosas ocasiones. La más famosa sería, sin duda, con Míchel Domínguez, cuando, a finales de 1994, el ex policía desveló la oscura trama que rodeó al secuestro de Segundo Marey. Pero también se dieron muestras de ello en la Operación Nécora, o durante los interrogatorios a detenidos en las operaciones Pitón y Hielo verde, contra el narcotráfico.

Domínguez llegó a afirmar en una ocasión: «Garzón te conquista sin darte cuenta y te presiona, como a mí me presionó, y suele hacerlo con lo que tú más quieres, que suele ser, como en mi caso, tu mujer. Cuando yo iba a declarar nos reuníamos en su despacho o en el de la secretaria. Estábamos sentados charlando unas horas, luego venía el fiscal y seguíamos hablando. Primero él a solas, después el fiscal hablaba de lo que le interesaba y luego llamaba al escribiente. Baltasar Garzón le dictaba y ya no me preguntaba nada. Le dictaba él solo. A lo mejor me hacía alguna pregunta y el fiscal a lo mejor hacia dos, y nada más.» «Ahora —advierte—, te digo una cosa, Baltasar Garzón es un tío preparado, ¿eh? Se chapa los sumarios y se los sabe al dedillo. Es un tío inteligente que se prepara mucho los asuntos. Cuando te cita a declarar, a los demás les quedan muy pocas preguntas que hacer, les quedan dos matizaciones nada más porque él te lo ha machacado todo.»

Su técnica no le ha servido con imputados de mayor peso. Rafael Vera se negó a seguir este procedimiento en 1995, aconsejado por su abogado Manuel Cobo del Rosal. Tampoco lo permitió en su día el etarra Josu Ternera, cuando Garzón trató de encandilarle hablando con él y tratando de romper el hielo charlando sobre sus comienzos en ETA y sobre la persona que le captó para la banda.

«Sí —puntualiza el abogado Manuel Murillo—, pero lo que no se dice es que, además de interrogar de una forma activa y sin agresividad, Garzón está muy atento al proceso, lo está siguiendo y pregunta si se quiere grabar lo que se diga. Si se acepta, pues se graba y se transcribe. Digamos que es de una enorme fiabilidad lo que allí se dice y cuida mucho que nadie pueda discutir una cosa cuando ha sido grabada y ha quedado dicha.»

Un fiscal subraya cómo Garzón mantiene siempre la serenidad y al mismo tiempo la firmeza y la energía necesarias. «Cuando nos están tomando el pelo en algunas declaraciones, sabe cortar y adoptar la decisión que corresponde, eso hay que destacarlo.»

Otro destaca cómo el magistrado consigue crear casi siempre un ambiente adecuado para que la declaración sea lo más fructífera posible.

«Crea una atmósfera de relajación, de total tranquilidad, de confianza. En absoluto es enérgico o inquisitivo, todo lo contrario, estudia el perfil psicológico del detenido y le rodea de serenidad. Eso desconcierta un tanto al arrestado que, de repente, después de haber pasado por el trauma de la detención, por la Policía, por los calabozos, etc., etc., se encuentra en un ambiente en el que le apetece hasta desahogarse delante del juez y contarlo todo. Ese clima favorable puede inducir a alguno a engaño por la benevolencia que se respira pero, desde luego, con él el justiciable está más a gusto.»

Este método le ha dado buenos resultados a Garzón con los detenidos por causar estragos en las calles del País Vasco, con los cachorros etarras de Jarrai que llevan a cabo la *kale borroca*, la lucha callejera. Si aprecia que llegan muy *gallitos*, como si fueran héroes o salvadores de Euskadi, dispuestos a enfrentarse a uno de «los peores enemigos de su tierra», trata de hablar con ellos y consigue desconcertarlos con gestos que no esperan. «¿Tiene usted novia?» «¿Sus padres viven?» «¿Qué está estudiando?» La estrategia le sirvió también, por ejemplo, con el etarra Valentín Lasarte, el asesino de Fernando Múgica, el abogado hermano del ex ministro de Justicia del PSOE, o con Ricardo Sáenz de Ynestrillas, o con la etarra Rosario Pérez de Nanclares, o con Ángel Duce, el policía condenado junto a Ynestrillas por el asesinato del diputado de Herri Batasuna Josu Muguruza, en el que hirieron también a Iñaki Esnaola.

Garzón consiguió *encantar* a Duce en una ocasión en que éste le pidió declarar.

El acusado se presentó ante el juez conducido por la Policía desde la cárcel y el recibimiento que le dio Garzón dejó pasmados a todos los presentes.

—Pero hombre, Ángel, ¿qué tal estás? Pasa, pasa y siéntate. Agente, ¿qué hace este hombre esposado? ¡Quítenle las esposas inmediatamente! Ángel, ven, siéntate aquí. ¿Qué tal?

—Pues hombre, en la cárcel...

—Ya me imagino, ya. Oye, ¿quieres tomar algo, un café, una copa? Que traigan un café y una copita de coñac también por si le apetece. ¿Quieres un cigarrillo? Bueno, pues nada, cuéntame.

Duce no daba crédito a lo que presenciaba. El juez que había ordenado su prisión y que le había encarcelado, de repente le trataba como a un invitado de lujo. Se desarmó y contó muchos detalles que Garzón quería conocer. De igual forma, con suma naturalidad, el juez le iba advirtiendo:

—Mira Ángel, es que si tú no colaboras y no me cuentas las cosas voy a tener que meter a tu mujer en la cárcel y eso, pues mira, no me gustaría hacerlo.

Ángel Duce dejó constancia por escrito de esta experiencia, poco antes de morir en un accidente de moto cuando ya se encontraba cumpliendo su condena en lo que se denomina en el mundo penitenciario «régimen abierto»; es decir, saliendo de la cárcel a las ocho de la mañana y regresando a ella por la noche para dormir.

Como comenta un fiscal, una de las características de Garzón es su increíble capacidad para sorprender. «Ya no se pueden imaginar sorpresas de tan alto calado ni en sus casos ni en sus formas de actuar. Baltasar ha hecho cosas altamente positivas y ha hecho cosas altamente negativas para la Administración de justicia. Creo que su precio lo estamos pagando ahora y lo seguiremos pagando más adelante. Es y será el precio de la espectacularización de la justicia, porque la justicia no se puede administrar en la plaza pública. Y esta casa, la Audiencia Nacional, ha tenido tres grandes males: la política, la vanidad y la publicidad. Y Baltasar Garzón ha hecho cosas muy buenas, muy grandes, históricas, sin duda, pero también ha contribuido a este deterioro, porque Baltasar es un trabajador, un ambicioso y un vanidoso. Estas tres cosas.»

CAPÍTULO TRES

POR TIERRA, MAR Y AIRE

El sol se levanta despacio en la ría de Arosa la madrugada del 12 de junio de 1990. Sólo se distingue cómo aumenta la claridad, porque un manto de nubes grises impide el espectáculo del amanecer. A pesar de la humedad, la temperatura es suave. Se ven algunas personas ajetreadas en torno a algunas barcas que vuelven de faenar por la noche. Un grupo de mujeres con cubos y rastrillos está ya cogiendo almejas, berberechos y navajas aprovechando la bajamar. Todo parece calmado, como el agua de la ría y las colinas de la orilla opuesta. Es un paisaje casi pictórico, fantasmagórico, mágico.

De repente, la idílica imagen de pacífico calendario de bar se rompe con brusquedad. El rugido de los rotores de un helicóptero rasga el silencio. La intensidad del sonido aumenta. Se está acercando. En las comisarías, policías de paisano apuran el último sorbo de café y abordan sus vehículos camuflados. Sus compañeros de uniforme suben aceleradamente a los coches patrulla, ponen en marcha los motores y hacen aullar las sirenas. Agentes antidisturbios, pertrechados con cascos, porras, armas y escudos, entran apresuradamente en los furgones. La Guardia Civil también se dirige a toda velocidad a las carreteras y cruces de caminos. Se sitúan en autopistas y en senderos rurales. Son más de quinientos agentes en total, muchos de ellos llegados desde Madrid, que llevan varios días concentrados en la zona para familiarizarse con ella. Apenas han dormido y están nerviosos, en tensión. Todos han recibido instrucciones precisas y saben adónde dirigirse y qué hacer. Llevan encima todo tipo de autorizaciones y órdenes judiciales. El juez Baltasar Garzón, como si de un general se tratara, domina todo el escenario y mueve sus piezas por el campo de batalla. Acaba de comenzar la Operación Nécora.

La primera vez que Ricardo Portabales llegó a la Audiencia Nacional fue en noviembre de 1989. Quería hablar con el juez cuyo nombre no paraba de escuchar en los telediarios desde hacía dos años. Era un magistrado que había saltado a la fama persiguiendo a dos policías que estaban *pringados* hasta arriba en atentados contra etarras en Francia. Además, había escuchado que, pese a su juventud, había sido el único capaz de poner en un brete al Gobierno acusando a los responsables del Ministerio del Interior de haber utilizado las arcas del departamento para fines no demasiado claros. Para él estaba claro, era el hombre que necesitaba. No creía que fuera un mártir, sino una persona que luchaba por la verdad y la justicia y que no le temblaba la mano a la hora de señalar a cualquiera como culpable de un delito. Además, según su opinión, estaba bien relacionado con los de arriba y no se iba a dejar intimidar por las zancadillas que le iban a poner los traficantes, los abogados, los grandes poderes económicos e incluso algunos políticos.

Ricardo Portabales venía de Galicia. Desde su juventud había estado ligado al mar. Allí había aprendido su oficio de maquinista naval entre el asfixiante ambiente de los motores de los buques. También había presenciado cómo los sucios negocios del contrabando habían ido en aumento hasta límites escandalosos. Había visto pasar ante sus narices fardos y fardos de droga, fajos y fajos de billetes, pistolas, mafiosos, corrupción, ajustes de cuentas, luchas entre bandas... Había contemplado cómo los tradicionales clanes gallegos habían pasado del contrabando de tabaco a la droga. Un solo cargamento al año les hacía cien veces más ricos que ocuparse del transporte de miles de cajetillas de rubio americano.

Pero el coste social era tremendo: delincuencia, familias destrozadas, sida, despojos humanos en busca de una dosis...

Portabales había participado activamente en todo esto desde 1981, año en el que comenzó a dedicarse al tráfico de estupefacientes a gran escala, lo que le propició estar en permanente contacto con diferentes clanes de narcotraficantes. Denunció ante el juez Baltasar Garzón a los principales *capos* del narco gallego, todos ellos en íntima conexión con los clanes colombianos. Proporcionó al magistrado una infinidad de nombres, fechas y lugares. Unos datos que tras años de investigación se comprobaría que en muchos casos adolecían de la suficiente solidez.

EL PRIMER ENCUENTRO

En aquel frío día de invierno de 1989 el juez Garzón no se podía creer lo que estaba ocurriendo en su despacho. Con gesto serio, de forma respetuosa y tratándole siempre de usted preguntó:

—Pero, señor Portabales, ¿por qué se ha decidido usted a declarar, a dar este paso?

—Mire, me han impulsado mi mujer y mis cuatro hijos. Son lo que más quiero, les he puesto en peligro y pese a eso nunca me han reprochado nada y me han animado a que declarara, a que dijera todo lo que sé. Pero si le digo la verdad, el auténtico motivo de que ahora yo esté aquí han sido esos drogadictos que yo conocí cuando estuve en la cárcel cumpliendo una condena por tráfico de drogas, esos chiquillos que habían robado el casete de un coche o que habían roto el cristal de una joyería o que habían pegado un tirón al bolso de una mujer para conseguir dinero para un *pico* de heroína o de cocaína. Les veías por los pasillos de la cárcel y ya no parecían personas, eran cosas que vomitaban, que chillaban, que se retorcían, que te pedían una dosis o que le rogaban a un funcionario que avisara a un médico para que les dieran un calmante para pasar el *mono*. Y los *camellos*, encima, se reían de ellos y no se querían dar cuenta de que éramos nosotros los que teníamos la culpa de cómo estaban esos chavales. Yo tenía culpa porque había facilitado el alquiler de buques y el transporte de droga desde América y otros tenían culpa porque la habían comprado y la habían comercializado. Me acordaba de mis hijos y me preguntaba, ¿y si fueran ellos los que se *pincharan* y estuvieran destrozados porque su padre era quien había traído la droga? Y yo ya no podía más. Mire, ya estoy hasta las narices de ese mundo. Aparentemente soy joven, pero tengo el cansancio de un viejo de setenta años. Estoy muy cansado de esto, muy cansado.

—Sabe que le va a ser muy difícil volver a su casa después de que hable.

—Lo sé. Y nada me gustaría más que volver a mi pueblo, se lo digo de verdad. Volver a Marín, a la villa más bonita del mundo, volver a mi casa, desde donde veo el puerto, donde está la gente más buena y más amable de España.

—¿Se da usted cuenta de que si declara y cuenta todo lo que sabe se va a convertir en una persona que va a ser perseguida por los clanes mafiosos y que van a tratar, no digo ya de hacerle daño a usted, sino de hacer daño a sus seres queridos?

—Señor juez, sé a lo que me enfrento. Voy a dar nombres de personas que sólo con levantar el teléfono saben que me quitan de en medio para siempre, pero ya he tomado esta determinación. Sé que me van a tachar de traidor, pero no me considero ni traidor, ni chivato, ni delator, ni confidente por descubrir lo que esta sociedad quiere sacar a la luz. En mi interior algo me dice que estoy dando un paso importante y, además, creo que todo el que tiene algo ilícito dentro de sí debe sacarlo poco a poco.

—Debe saber usted que si me relata hechos en los que ha estado involucrado no puedo dejar de acusarle de haber cometido un delito.

—Lo sé y también sé que, cuando acabe de contarle todo, la justicia tendrá que ver el grado de culpabilidad que tengo y el grado de inocencia que también tengo por el bien que voy a hacer denunciando muchos hechos y a muchas personas, y tendrá que decidir. Y yo lo que le pido a usted son tres cosas. Que me dé protección policial, y no sólo para mí, sino también para mi familia, que si llega el momento me aplique todas las ventajas que otorgue la ley para las personas que se deciden a colaborar con ella y que se me proporcione dinero para poder vivir, porque yo ahora ya sí que no tengo nada.

—Mire, yo voy a hacer todo lo que esté en mi mano, pero ahora tiene usted que empezar a contarme lo que sabe. ¿Cuándo y cómo empezó su relación con el narcotráfico?

—Me impliqué a principios de los años ochenta y fue por mediación de otra persona, alguien que me daba mucho dinero por hacer poca cosa, por poner en contacto a dos señores para que hicieran un negocio. No parecía nada malo. Así empecé.

Ricardo Portabales comenzó un denso relato, empezó a tirar poco a poco del hilo hasta ir deshaciendo una intrincada madeja. Durante los primeros meses de declaración sus datos eran imprecisos, algo destartalados. El arrepentido hablaba con miedo. Sus declaraciones estaban plagadas de muletillas que expresaban falta de confianza: «Pues sí», «puede ser», «yo no estaba en ese momento», «me enteré porque me lo dijeron», hasta que poco a poco se fue armando de valor y construyó un mensaje de mayor coherencia. Se convirtió en el *arrepentido* más famoso de la historia judicial española. Hasta treinta y siete veces declaró ante el juez Baltasar Garzón, unas con más acierto que otras. El fiscal antidroga, Javier Zaragoza, también participaba activamente en la investigación, en los interrogatorios y en las proposiciones de pruebas. Se le veía entusiasmado.

LAS PRESIONES DEL JUEZ

Junto a Portabales estaba además un segundo arrepentido, un gallego grandote, de manos anchas y ásperas, algo tosco: Manuel Fernández Padín, antiguo narcotraficante que había trabajado de descargador de alijos para el clan de los Charlines y que había ejercido también de *camello*. Fernández Padín fue la persona que delató a sus antiguos patronos y que relató ante el magistrado cómo se habían llevado a cabo muchas operaciones de introducción de hachís y cocaína en Galicia que él había vivido en primera persona. Él proporcionó todo tipo de datos y detalles muy valiosos al juez.

Pero Garzón quería más. Veía que las acusaciones de Fernández Padín daban de sí para imputar a ciertas personas, pero que otras con mayor peso y más graves responsabilidades en la trama delictiva, como Manuel Charlín Gama, *el Viejo*, quedaban fuera de su alcance. Baltasar Garzón se impacientaba. No estaba consiguiendo los datos que pretendía. Además veía cómo su apuesta más arriesgada, la instrucción de la enorme y espectacular Operación Nécora amenazaba con desmoronarse y cubrirle de ridículo dando la razón a los que le acusaban de presentar sumarios frágiles que no aguantaban la prueba de fuego de la vista oral.

Según testigos presenciales, en un momento dado presionó al testigo.

—Manuel, usted debe decirme que en las operaciones también participaban los mayores responsables de la banda.

—Pero es que yo no estoy seguro de eso... Yo vi lo que vi. Yo veía a los que se encargaban de los desembarcos y de los transportes, pero es que yo a los jefes, como usted dice, no los vi.

—Pues así no llegamos a ningún lado, eh, y si usted no colabora, ya sabe lo que le puede pasar, que se acaban las ventajas, se acaba la protección policial y se acaba todo.

Según fuentes que han querido mantener en el más absoluto secreto su nombre, años después, en concreto a finales de 1999, un abogado, famoso defensor de miembros de las fuerzas de seguridad del Estado, que tenía conocimiento de estas supuestas presiones sobre el testigo de la Operación Nécora, llegó a proponer a Fernández Padín el pago de una sustanciosa cantidad de dinero, cien millones de pesetas, para que el arrepentido declarara contra Garzón e hiciera oficiales, públicas y detalladas, las presuntas irregularidades que el juez habría llevado a cabo con él. Se pretendía acusar al magistrado, al menos, de coacciones a un testigo y de prevaricación. Pero, ¿para qué? Con toda seguridad, para emprender una campaña de desprestigio contra el juez en vísperas del comienzo de la vista por el caso Lasa y Zabala. Se pretendía manchar la imagen de Garzón como azote de los GAL y se quería beneficiar a los principales acusados en este procedimiento; nada menos que al general Enrique Rodríguez Galindo, a Rafael Vera y a Julen Elgorriaga, además de a los guardias civiles, en activo y retirados, sobre quienes recaían también las más duras imputaciones. Si se demostraba que Garzón era un juez que cometía irregularidades, se habría conseguido hacer planear la sombra de la sospecha sobre la investigación de todos los casos de guerra sucia contra ETA.

Después de horas, días y meses de declaraciones, finalmente, entre Ricardo Portabales y Manuel Fernández Padín se delató ante el juez a un total de treinta y tres personas.

Definitivamente, Baltasar Garzón había recuperado para la justicia al arrepentido, una figura nada novedosa, utilizada ya por el Tribunal del Santo Oficio. En el año 1324 el manual del inquisidor escrito por un canónigo ya estableció las características de estos personajes y dedicó un capítulo entero al análisis de los testimonios y al tratamiento y ventajas que se debía dar a aquellos que repudiaban su vida en la delincuencia y se entregaban para colaborar con la justicia.

Con sus arrepentidos trasladados al siglo XX y modernizados, tanto al juez como al fiscal del caso cada vez se les veía más convencidos de estar buceando en el mayor y más complejo sumario contra el narcotráfico que jamás se había llevado a cabo. Baltasar Garzón tenía ante sí una situación que casi le hacía estremecerse de placer. Por una parte veía cumplido su anhelo de convertirse en el gran luchador contra el delito, en este caso, nada menos que en la difícil y complicada tarea de poner al descubierto el gran crimen internacional organizado. Por otra parte, si la operación que se iba a poner en marcha y que en un principio se denominó «operación Mago» en alusión a su nombre tenía éxito, definitivamente se iba a convertir en el juez que mayor publicidad había tenido nunca en los medios de comunicación, y esa perspectiva también le atraía sobremanera.

OPERACIÓN EN MARCHA...

A las tres de la tarde del 11 de junio de 1990, Baltasar Garzón salió como siempre de la Audiencia Nacional, montó en su coche oficial y se marchó.

—Éste prepara algo —comentó el periodista de la cadena Ser Javier Álvarez a algunos compañeros.

—¡Anda ya! Déjate de coñas, no nos vayan a incordiar esta tarde, que ya estamos bien hasta arriba de trabajo con Amedo y compañía.

—Esta tarde... o esta noche. Ya verás... Lo que yo te diga.

—¿Pero tú vas a contar algo, Javi?

—No voy a contar nada porque no sé nada, pero te digo yo que algo hay, que el Mago andaba hoy muy revuelto y me ha mosqueado. A ver en qué acaba esto.

El veterano periodista se había olido la noticia. Baltasar Garzón no volvía a su casa, no. Se marchaba rápidamente a la zona militar del madrileño aeropuerto de Cuatro Vientos, donde pensaba coger un pequeño avión de la Fuerza Aérea Española con rumbo a Galicia. En la base aérea le esperaban el fiscal Javier Zaragoza y el secretario de Estado para la Seguridad, Rafael Vera. Irían juntos. El 8 de junio, tan sólo setenta y dos horas antes del comienzo del operativo, Ricardo Portabales había dado los últimos datos al juez. Incriminaba a los tradicionales *capos* gallegos, a los que habían sido considerados durante toda la vida los auténticos *corleones* del noroeste español. Tenían grandes fortunas y sus negocios se camuflaban en empresas que se extendían por todo el mundo, pero que se ubicaban sobre todo en los denominados «paraísos fiscales». Portabales había puesto el dedo acusatorio en Manuel Charlín Gama, *el Viejo*; en Marcial Dorado Baúnde[4], en José Manuel Padín Gestoso, alias *Manolo el Catalán,* en Laureano Oubiña y su mujer, Esther Lago; en Daniel Carballo, en José Paz Carballo y en otros muchos.

[4] Marcial Dorado, al que acusaron con gran publicidad, fue puesto en libertad sin cargos a los pocos días de su detención.

En la mañana del 12 de junio las sirenas de la policía no dejaban de sonar por las calles de Vilagarcía de Arousa, de Cambados, de Vilanova de Arousa y de otros tantos pueblos situados en las márgenes de la ría pontevedresa. Los policías iban llegando a las casas, enseñaban sus órdenes de registro y detención, los narcotraficantes iban cayendo uno tras otro. Dieciséis de la primera tacada, entre ellos Laureano Oubiña. Sus vecinos no daban crédito al ver al archiconocido y multimillonario contrabandista, famoso en la zona por su fortuna, su origen inculto y humilde y sus formas bruscas, en la calle, ataviado tan sólo con un pijama, sin afeitar, con cara de odio y estrechamente custodiado por varios policías. Le habían sacado de la cama. Se puso de tan mal humor porque irrumpieran en su casa y verse despertado así, que trató de emprenderla a puñetazos con los agentes. De inmediato, varios se le echaron encima y le tiraron al suelo. Estuvieron forcejeando con él hasta que consiguieron reducirle y colocarle las esposas.

Las radios locales fueron las primeras en dar la voz de alarma: «350 policías desmantelan la terminal española del cartel de Medellín. El juez Garzón se desplaza en helicóptero hasta la zona y supervisa las detenciones». La noticia llega como el alivio de un bálsamo a los locales de las asociaciones de familiares de drogodependientes.

De forma espontánea, centenares de madres se concentran ante las puertas de la comisaría de Villagarcía de Arosa, donde el juez ha instalado su cuartel general. Está en mangas de camisa, de pie y con las manos apoyadas sobre una gran mesa repleta de papeles y mapas. Le rodean el fiscal y altos cargos policiales. La escena parece sacada de *Los intocables de Elliot Ness.* Algunos de los presentes llevan hasta sobaqueras que guardan revólveres del 38. Tan sólo faltan los sombreros echados hacia la nuca y cigarrillos colgando de las comisuras de los labios. Cuando Garzón escucha los gritos de alegría que proceden de la calle se distrae por un momento, se incorpora, da media vuelta y se dirige al gran ventanal. Con gesto serio y ojos de incredulidad descorre un poco el visillo. Es suficiente, los que están abajo han visto a su héroe e irrumpen en una ovación. El juez sonríe y vuelve al trabajo. Ha mandado registrar incluso el despacho del conocido abogado y habitual defensor de narcotraficantes, Pablo Vioque. Parece que no se ha encontrado nada. Otra vez será. Desde la sede policial va poniendo a todos los detenidos a su propia disposición, a disposición del Juzgado número 5 de la Audiencia Nacional, adonde van a ser trasladados en pocas horas.

La mañana va pasando con suma rapidez. La noticia llega a Madrid muy temprano.

—¿Has visto? ¿Has visto como este tío preparaba una gorda? La madre que le parió, la que ha liado —dice con orgullo de ganador Javier Álvarez que lleva emitidas ya unas cuantas crónicas radiofónicas sobre el caso.

Pero la sorpresa mayor estaba aún por llegar.

SORPRENDIDO EN LA CAMA

A las trece horas y nueve minutos del 12 de junio de 1990, la policía entra en una nave industrial situada en la calle Montes de Toledo, número 14, en San Fernando de Henares, Madrid. Es la sede social de la empresa Estiroco, S. A., propiedad del conocido industrial Celso Barreiros. Los cinco empleados —tres secretarias y dos encargados de almacén— se quedan alucinados al ver a tanto policía junto. Los agentes revuelven la oficina y buscan entre los bultos que hay en la nave. Finalmente, se incautan disquetes de ordenador y documentos relativos a la empresa.

Pero antes, por la mañana, los agentes habían estado en la casa del empresario. Llamaron a la puerta. Barreiros no abrió, lo hizo otra persona. Tras identificarse y mostrar un mandamiento judicial, los policías penetraron en el domicilio hasta el fondo. En la alcoba principal estaba el empresario en la cama con su mujer. Se levantaron a toda velocidad y sobresaltados. La noche anterior habían estado cenando con el embajador de Estados Unidos en España y terminaron muy tarde. Había sido tanto el ímpetu que pusieron los agentes de policía en su entrada y registro, que lo primero que pensó Barreiros era que se trataba de un secuestro de ETA. En el domicilio del empresario hallaron una pistola, prueba con la que se le acusó de un delito de depósito de armas.

Las noticias se difunden de forma confusa, pero los nervios se incrementarían aún más al conocer que tan sólo una hora después, a las dos de la tarde y quince minutos, varios agentes de Policía, una abogada de oficio y un secretario judicial entran en el piso bajo del número 28 de la madrileña calle de Zurbarán. Allí tiene su despacho profesional Carlos Goyanes Perojo, ex marido de la cantante y actriz Marisol y conocido miembro de la *jet set*. Es el segundo registro que le hacen los agentes. Antes, a la una de la tarde, los funcionarios habían entrado en su domicilio. Detectaron una caja fuerte. Goyanes, personalmente, se la abrió. En su interior hay setecientas mil pesetas y una buena cantidad de chelines austriacos, francos, liras, marcos, libras, dólares e incluso dirhams. No se le requisa todo: le dejan a su mujer, Cari Lapique, cincuenta mil pesetas para los gastos del mes. En un escritorio del cuarto de estar se hallan diversos documentos, billetes de avión y diversas tarjetas de visita. Se practican detenciones. Las acusaciones son tráfico de estupefacientes y blanqueo de dinero. Además, en el caso de Barreiros se le imputa depósito de armas. Baltasar Garzón tiene la sospecha de que Carlos Goyanes había introducido en España quince mil kilos de hachís a través de varias operaciones de narcotráfico. Así lo hacía constar en el escrito en el que decretaba su prisión incondicional e incomunicada.

Las detenciones van en aumento. Cada vez son más los detenidos. Se acercan ya a sesenta. Las cárceles apenas tienen celdas donde asegurar que los encausados en el sumario bautizado como 13/90 no puedan comunicarse. Los acusados se ponen en marcha y enseguida se buscan a los mejores abogados penalistas del país para que les defiendan. Manuel Tuero se ocupará de Laureano Oubiña, Marcos García Montes de José Manuel Padín Gestoso, Manuel Cobo del Rosal de Celso Barreiros, Gonzalo Rodríguez Mourullo de Carlos Goyanes, Armando Ródenas de Manuel Charlín Gama; Fernando Muñoz Perea de Francisco Javier Martínez Sanmillán y de esta forma un largo etcétera. A Portabales le defendería en primer lugar Enrique Beaumond, actual delegado del Gobierno en Melilla, y después Manuel Álvarez de Mon, actualmente en Instituciones Penitenciarias, y al otro arrepentido, a Manuel Fernández Padín, José Luis López García.

Desde el 12 de junio de 1990 hasta el 20 de septiembre de 1993, fecha en que comenzó el gran macrojuicio de la Operación Nécora, transcurrieron más de tres años de intenso procedimiento judicial muy criticado por los abogados que intervinieron en él desde el primer momento.

«La investigación que hizo Baltasar Garzón fue errática —opina el letrado Manuel Tuero, abogado de Laureano Oubiña—. Hubo una aparente macroinstrucción. Entre el sumario y el rollo de Sala cientos de tomos para después ponerse en evidencia por parte de la Audiencia Nacional y del Tribunal Supremo unas grandes carencias. Hubo una gran aparatosidad, los aviones, las lanchas de vigilancia aduanera, los coches camuflados, los cientos de policías y guardias civiles actuando, jueces y fiscales, secretarios judiciales, arrepentidos descendiendo de los helicópteros, los registros y las detenciones espectaculares. Todo aquel despliegue recordaba a aquel antiguo programa de Televisión Española, *Por tierra, mar y aire.* Fue realmente espectacular y se podría ver en la distancia con cierta jocosidad si no fuera por cómo se gastaron los caudales del Estado y a la vista de lo que ocurrió. Yo no sé cuánto costó, pero muchísimo para los resultados que dio aquella "Operación Tormenta del Desierto", que generó unas falsas expectativas. Muchos llegaron a pensar que se había dado el gran golpe al narcotráfico y a la hora de la verdad se quedó en bastante poca cosa. Y de ahí la frustración de algunos, llámense asociaciones de madres contra la droga o personas que se habían dejado cegar por aquel falso espejismo de aquella famosa "Operación Nécora", que más bien se quedó en un modesto camarón.»

Los meses van pasando con rapidez. No hay un solo día en el que Garzón no realice alguna diligencia sobre el complicado y gigantesco caso. Es arrollador en la instrucción. Continúa practicando pruebas, pinchando teléfonos, llamando a acusados y a testigos para que declaren y se careen con los arrepentidos. Cuando pregunta, demuestra que se conoce con todo detalle el ingente sumario. Sus preguntas a los acusados son directas, dispara dardos, interroga sobre datos concretos que tiene y sobre otros que conoce por referencias. Aunque es impulsivo, a la vista de los presentes, no resulta agresivo.

Portabales acude todos los días al juzgado en medio de grandes medidas de seguridad: una aparatosa escolta y todo tipo de disfraces. Se presenta en la Audiencia con barba, sin ella, con bigote, afeitado, con coleta, rapado. Todo con tal de evitar que los narcos le detecten y lleven a cabo su venganza. Piensa en la *corbata colombiana*, que los sicarios hacen con los chivatos —cortarles la lengua y metérsela en el cuello rajado con una cuchilla de barbero—. Los abogados defensores recurren cada paso que da el juez, le acusan de no ser exquisito en sus actuaciones, de dejar cabos sueltos, de no actuar con la debida diligencia en ciertas ocasiones.

«Garzón dejó muchas lagunas en aquella instrucción. ¿Por qué —se siguen preguntando después de diez años— el juez no practicó determinadas pruebas que después los abogados tuvimos que pedir en el sumario y que si se hubiesen hecho en su día para algunos acusados no habría llegado una petición de pena tan elevada y quienes resultaron absueltos ni siquiera se hubieran sentado en el banquillo? Y fueron pruebas solicitadas y denegadas. Ese empecinamiento del magistrado nos llevó a tener que meternos sin más remedio en la práctica de unas pruebas diabólicas. Me acuerdo incluso que en una ocasión se llegó a decir, "fulanito y menganito se reunieron con el comisario perengano en un restaurante de Villagarcía de Arosa para tratar una operación de droga". Y el juez creyó a todos menos al funcionario de Policía que finalmente resultó ser un probo profesional. Pero no se le investigó, y cuando logramos demostrar que no había hecho nada, que nunca había tratado con narcotraficantes, el fiscal dice en su escrito de calificación "se reunieron en un restaurante...". Sabíamos que era falso y los abogados teníamos que demostrarlo, y sólo nos quedó pedir una certificación al ayuntamiento de Villagarcía para saber cuántos restaurantes y casas de comidas había para hacer desfilar por el juzgado a los dueños y a los camareros para que dijeran si alguna vez habían visto juntos al policía con los traficantes. Ya digo, se nos obligó a prácticas diabólicas para demostrar la inocencia de ciertas personas.»

Para otro de los defensores, a lo largo de la instrucción Baltasar Garzón dio muestras de auténtica obcecación. «En ocasiones se convirtió en una especie de *ayatolah*, de fundamentalista, e hizo oídos sordos a todo tipo de petición de prueba, o de protesta o de carencia de pruebas. Entendió que estaba poseído de la verdad.

«El juez Garzón siempre tenía un recurso —señala otro abogado—. Ante una queja replicaba: "Esto que usted me señala, ya se verá en el juicio oral porque se trata de una valoración." ¡Menuda valoración! Y mientras tenía a una persona un montón de años en la cárcel para luego ser absuelta.»

Un conocido letrado recuerda: «En muchas ocasiones tuvimos que invertir la carga de la prueba. Es decir, éramos nosotros quienes teníamos que demostrar la inocencia de una persona, no el fiscal quien, con pruebas en la mano, demostrara la culpabilidad. Teníamos que proponer y realizar un montón de actuaciones para dejar clara la inocencia. Con ese gran inconveniente contábamos. El justiciable llegaba al palenque, si no vencido de antemano, sí muy herido.»

«Era sorprendente —comenta otro antiguo defensor en el gran macroproceso—. Menos mal que, en mi opinión y afortunadamente para las defensas, Baltasar Garzón es un juez instructor que no remata los procedimientos. No le interesa el trabajo minucioso y artesanal de rematar. No sabe lo que es una buena investigación. ¿Qué ocurre con esto? Pues que luego los letrados recurrimos sus actuaciones y los superiores del juez, los magistrados que componen las salas de lo penal ante las que se recurren las actuaciones con las que no se está de acuerdo las pasan canutas porque tienen que absolver, tienen que echar abajo lo que ha hecho el instructor, en muchas ocasiones después de que se ha armado la de Dios es Cristo en los medios de comunicación y han salido noticias diciendo que alguien es culpable de un delito y que el juez le acusa, y todo sin pruebas. ¿Y cómo le quitas luego a esa persona el estigma de la culpa, y más en el caso de la Nécora, donde había gentes de pueblos pequeños en donde se olvida si a ti te han condenado o te han absuelto, lo único que se recuerda es que has estado en la cárcel y ya te quedas marcado de por vida aunque luego resultes exculpado?»

Los abogados cumplían al pie de la letra con su obligación y luchaban por conseguir los mayores beneficios para sus defendidos. De esta forma, el seis de noviembre de 1990, tras una ardua defensa y elaboradísimos recursos, Gonzalo Rodríguez Mourullo consigue que se deje en libertad bajo fianza de treinta millones de pesetas a su cliente, Carlos Goyanes. Su salida de la cárcel de Alcalá-Meco es recogida por los periodistas del corazón como un acontecimiento folklórico. Pese a la libertad, Goyanes sigue bajo el punto de mira de Baltasar Garzón. Deberá presentarse ante él todos los martes y viernes. Ha pasado en prisión cinco meses infernales. Celso Barreiros también saldría de la cárcel después de pagar una elevada cantidad de dinero.

Tan sólo seis días después de la puesta en libertad de Goyanes, el magistrado hace público su famoso auto de procesamiento. Un extenso documento de cuarenta y dos folios en el que el juez acuerda procesar a cincuenta y una personas. La lista es casi interminable. José Paz Carballo, Laureano Oubiña, Francisco Javier Martínez Sanmillán, Ramón Longa Vidal, Albino Paz Diz, *Sito Miñanco,* Daniel Carballo, Ramiro Sancho, Delmiro Rey Castro, Alfredo Cordero, Manuel Charlín Gama, Jorge Outón Caamaño, Antonio Cebollero, José Rey Vila, Joaquín Montañés, José Manuel Padín Gestoso, Carlos Goyanes, Celso Barreiros, Juan Ramón Matta, Ricardo Portabales, Fabio Ochoa, Manuel Charlín Pomares, y otros tantos.

Entre otras acusaciones, figuran la mayoría de las realizadas por Portabales. La denuncia de éste contra Oubiña acusándole de haber vendido a José Paz Carballo veinte kilos de cocaína y de adquirir en otras ocasiones partidas de droga procedentes del colombiano «clan de los Ochoa». También se indicaba que Portabales había denunciado a Carlos Goyanes por intentar vender diez kilos de coca en el club nocturno de Valencia El Molino Rojo. A Barreiros se le acusaba de haber cobrado veinte millones de pesetas por gestionar el transporte de cuatrocientos cincuenta kilos de cocaína procedente de Panamá.

El escrito del juez es demoledor. Garzón no deja títere con cabeza. Pero la magnitud del caso, la cantidad de personas a las que imputa, su poder, su falta de escrúpulos y su contacto con las mafias colombianas, capaces de todo con tal de proteger su negocio y acostumbradas a la extorsión y al asesinato, hacen al magistrado temer por su integridad. Son comunes los rumores sobre un posible atentado contra Garzón. Se redobla la escolta, se agudizan las vigilancias. La venganza podía llegar en cualquier momento y el juez pasa una de sus peores épocas.

Se llega a escuchar el rumor de que uno de los procesados, el colombiano Alberto Vargas Vera, considerado por el fiscal como «uno de los miembros destacados de la organización», es quien está preparando el asesinato del juez. Es en esos días, a comienzos de 1991, cuando Baltasar Garzón comunica a la presidencia de la Audiencia Nacional que espera una acción de represalia por parte de los narcos. Puede sufrir un ataque físico, tanto él como algún miembro de su familia, pero también teme un complot contra su persona y alerta a su banco de que puede recibir en sus cuentas una enorme cantidad de dinero ilícito ingresado por los propios contrabandistas para desprestigiar con él su labor en el juzgado.

Los abogados recurren el amplio auto de procesamiento y a finales de octubre de 1991 la Sala Tercera de la Audiencia Nacional decreta la libertad bajo fianza de siete de los cincuenta y un procesados. Entre los que salen a la calle está Manuel Charlín Pomares. A Barreiros y a Goyanes les mantiene el procesamiento, aunque a este último le rebaja su fianza de treinta a veinte millones de pesetas.

Dos años después de que se realizara la gran operación policial contra el narcotráfico gallego, le llega la ocasión de hablar al fiscal. Javier Zaragoza redacta un amplio documento de setenta y cuatro folios en el que detalla de manera pormenorizada las actividades ilícitas de los cincuenta y un procesados por Garzón y hace constar sus acusaciones y sus peticiones de cárcel. El representante del ministerio público acorrala a los *capos* de la droga y pide para ellos un total de 700 años de prisión y 9.000 millones de pesetas en multas. Sobre Carlos Goyanes recae una petición de 8 años de cárcel y una multa de 105 millones por un delito de narcotráfico. Para Celso Barreiros pide 18 años de prisión. A Laureano Oubiña 22 años y 1.340 millones de multa. Una solicitud de 16 años de reclusión cae sobre su esposa Esther Lago, además del pago de 1.280 millones. Los arrepentidos reciben un buen trato. Tanto Ricardo Portabales como Manuel Fernández Padín, Georg Deininger y Antonio Cebollero ven considerablemente reducidas sus peticiones de penas por haber colaborado con la justicia.

EL DÍA DEL JUICIO

Hacía calor ese día. Lucía el sol y la gente aún recordaba con nitidez las imágenes de su veraneo, todavía se iba bien en manga corta. Era el 20 de septiembre de 1993 y todo estaba preparado ya para el gran espectáculo judicial que iba a comenzar. El escenario, una gran sala de juicios montada en un antiguo pabellón de la Casa de Campo donde en los años setenta se celebraba una de las más nombradas ferias franquistas, la que reunía los mejores productos de la ganadería y la agricultura de toda España. En el mismo lugar, aunque en distinto edificio, se habían celebrado otros juicios sonados, como el del intento de golpe de Estado del 23-F o el juicio de la colza.

Desde primeras horas de la mañana el gran parque madrileño se llenó de policías. Los municipales controlando los accesos de coches y los aparcamientos; los nacionales vigilando la zona, sacando a sus perros para que detectaran posibles artefactos explosivos y bajando de sus furgonetas para apostarse en los lugares estratégicos desde los que dar protección a los acusados y cobertura al resto de las personas que se encontraban en el lugar.

Los periodistas también llegaron pronto. Había que adelantarse a la entrada de los procesados. Las unidades móviles de televisión aparcaban en la zona y subían sus antenas, conectaban los monitores y se tendían los enlaces con Torrespaña. Las radios hacían lo propio. Además de los habituales especialistas en tribunales, estaban analistas de cada medio que se encargarían de elaborar las columnas de opinión sobre el comienzo y la marcha del juicio. Todo el país tenía puesta su atención informativa en aquel punto.

También estaban decenas de madres que se encuadraban en los colectivos de lucha contra el narcotráfico y que llegaban procedentes de distintas comunidades autónomas, pero sobre todo de Galicia, para escupir a los acusados sus insultos de repudia por la situación que habían provocado en sus familias. Las representantes de la Federación Gallega de Asociaciones de Ayuda al Toxicómano desplegaban pancartas, algunas a favor de Baltasar Garzón. Era el héroe ausente.

En esta ocasión, el magistrado no seguía ya el acontecimiento desde su despacho de la Audiencia Nacional. Lo hacía desde los pasillos del Congreso como eminente diputado del Partido Socialista y desde su despacho de delegado del Gobierno para el Plan Nacional sobre Drogas con categoría de secretario de Estado. Su prestigio estaba en juego. No había duda de que la Operación Nécora era el caso judicial que más influencia había tenido en su designación por parte de Felipe González como número dos de su lista por Madrid. La mayor operación contra el narcotráfico que se había llevado a cabo en toda la historia era lo que le había hecho popular en todo el Estado y lo que le había conferido un aura de honradez y de espíritu luchador contra el delito y la injusticia que le venía de perlas al PSOE para lavar su imagen de corrupción.

Un resultado final del caso poco contundente o la detección de lagunas en la investigación que dieran lugar a la puesta en libertad de algunos de los acusados sería fatal para su imagen y posiblemente para el futuro de su carrera política. Los nervios estaban a flor de piel, pero Garzón no quería ni oír hablar del asunto pese a las preguntas que le hacían los informadores con los que se encontraba por los pasillos del Parlamento. Otros opinaban por él y le defendían argumentando que durante los tres años que había durado la investigación había puesto todo su empeño en ella y que ahora lo que debía hacer era concentrarse en su actual trabajo en la Delegación Nacional y no mirar hacia atrás. Incluso uno de sus oponentes jurídicos, el catedrático Manuel Cobo del Rosal, señalaba entonces que «un verdadero juez o magistrado, que únicamente tenga como norte la aplicación de la ley y como función la de juzgar y ejecutar lo juzgado, no tiene por qué pensar en su prestigio, en el qué dirán o en su imagen, sino en si ha cumplido correctamente la ley penal sustantiva, el Código Penal, la Ley de Enjuiciamiento Criminal y la Constitución española».

Otros, en cambio, eran más mordaces y arremetían contra el juez afirmando que su salto a la política llevado de la mano de su prestigio social se había producido gracias a una investigación del caso Nécora a la que faltaban auténticas pruebas de cargo y que estaba plagada de defectos de forma, de incorrecciones y de acusaciones «cogidas con pinzas». El abogado Marcos García Montes, defensor de uno de los principales acusados, indicaba que el juez había querido montar un proceso ejemplarizante «y de momento sólo lo ha conseguido en parte, aunque, errores al margen —reconocía—, estamos ante el desenlace de una operación de eficacia policial importante».

Con este escenario se constituyó el tribunal, formado por los magistrados de la Sección Tercera de la Sala de lo Penal de la Audiencia Nacional, Francisco Castro Meije, como presidente; Ángela Murillo, como encargada de redactar la sentencia; y Jerónimo Barnuevo, como vocal.

Pasadas las diez de la mañana del 20 de septiembre, desfilaron ante ellos las cuarenta y siete personas que finalmente se sentarían en el banquillo de los acusados bajo la acusación de ser los máximos culpables del narcotráfico en España. Antes, a su llegada al pabellón habilitado para el juicio, habían tenido su sesión de insultos a cargo del público concentrado para la ocasión. Los peor parados fueron los que estaban en libertad bajo fianza y llegaron a pie. Fue el caso, por ejemplo, de Carlos Goyanes y de Celso Barreiros, quienes ataviados con sus trajes ligeros de verano y maletín en mano, trataban de parecer inmunes a los gritos de «asesinos» y «traficantes» que les lanzaban las madres de los drogodependientes. Tampoco salió muy bien parada la esposa de Laureano Oubiña, Esther Lago, que recibió todo tipo de piropos.

Los otros acusados, los que llegaban conducidos, recibían una menor cantidad de exabruptos. La policía les conducía hasta la entrada trasera del pabellón en furgones que llegaban desde distintas cárceles. Tan sólo quedaban a la vista durante un momento. Muchos se tapaban con periódicos y otros, como Manuel Charlín, *el Viejo,* hacían caso omiso e incluso miraban a su alrededor.

Ya dentro de la sala los acusados se comportaban como viejos amigos que volvían a encontrarse. Algunos eran parientes y llevaban años sin verse. Charlaban entre ellos mientras la policía implantaba orden. Los más de cincuenta abogados defensores se sentaban en sus sitios, el fiscal y las acusaciones hacían lo mismo y el tribunal tomaba su posición.

Todo se preparaba para que diera comienzo el mayor proceso contra la droga, el más complejo, el que, además, contaba con todos los inconvenientes de un sumario terriblemente enrevesado.

EL *ESCAQUEADO* Y LA HIJA DE FRANCO

Las primeras sesiones se consumieron en cuestiones técnicas y peticiones de los abogados. Un proceso tan grande y tan largo tenía que contar con medidas especiales respecto a la presencia o ausencia de acusados que estaban en libertad y fueron muchas las horas que se emplearon en tratar este y otros aspectos de procedimiento como la solicitud del fiscal de que Ricardo Portabales realizara su declaración de forma fraccionada, tratando sobre cada uno de los acusados para dar luego lugar a que éstos contestaran. Era tal el lío que había en la sala, con decenas de procesados, abogados, policías, periodistas y público, que hasta pasados dos días de sesión nadie se dio cuenta de que uno de los imputados, Benito Rey Ambrós, en libertad provisional, no había ido al juicio. A los tres magistrados que componían la sala se les puso la cara colorada y no fue poca la guasa que se vivió en los pasillos tras el hallazgo. Los magistrados ordenaron de inmediato la busca y captura del acusado.

Pero no todo quedó ahí. La tensión fue máxima cuando subió a declarar al estrado Ricardo Portabales. Lo primero que dijo era que había denunciado a unas personas y unos hechos para que se hiciera justicia y dijo no guardar rencor a nadie, ni siquiera a Laureano Oubiña, a quien acusó de haber atentado contra él en varias ocasiones. Entonces una voz se alzó de entre el grupo de procesados.

—¡Dos hostias más te tenían que haber dado!

Era el propio Oubiña. Como si de una clase traviesa de un colegio se tratara, se oyeron carcajadas. El presidente, ejerciendo de maestro, llamó la atención al gracioso y le expulsó de la sala.

Otro incidente lo protagonizó el otro arrepentido, Manuel Fernández Padín. A él se le oyó exclamar «¡Bendito sea Dios!», y el presidente Castro Meije entendió que le llamaba «vendido» al abogado Cobo del Rosal, por lo que también le obligó a coger la puerta y largarse. Para colmo, el tercer día de vista pública, el propio abogado de Portabales, Manuel Álvarez de Mon, se puso repentinamente enfermo y tuvo que ser sacado de la Casa de Campo en ambulancia.

«Son los inconvenientes lógicos de un macroproceso —comentaban los letrados—, las consecuencias claras de una masificación innecesaria. Un día uno está enfermo, otro día otro; otro, un acusado se *escaquea*, más tarde se plantean cuestiones que son inevitables para los derechos de la acusación y un determinado día aparecen otras necesarias para los derechos de las defensas y así no hay quien avance.»

La cuarta jornada ya fue más normal. Ricardo Portabales ejerció su papel de acusador e implicó a Goyanes en operaciones de tráfico de cocaína y a Celso Barreiros, además, en otras de tráfico de armas. Pero continuaron los incidentes. Los dieciocho acusados que acudían todos los días conducidos desde diversas cárceles madrileñas se amotinaron y se negaron a comer los bocadillos que les daban al mediodía, en el receso entre la sesión de mañana y tarde, y que les servía Instituciones Penitenciarias. Querían comer caliente y el tribunal decidió que se les pagara la comida que a partir de entonces serviría un restaurante. También este día se presentó en la sala el desaparecido Benito Rey, quien argumentó que no se había personado antes en el juicio porque no se había enterado de la fecha de inicio al estar en una aldea de Galicia haciendo una cura de desintoxicación.

El jolgorio del día lo protagonizaron Cobo del Rosal y Portabales. El arrepentido recordó que empezó a trabajar en una empresa de Celso Barreiros en la que participaban como socios, Pío Cabanillas, Manuel Benítez, *el Cordobés,* Íñigo Cavero y «una de las hijas de Franco». El abogado hizo una última pregunta:

—¿Qué hija de Franco?

Portabales respondió sin dudar:

—La tercera.

La carcajada se hizo general en la sala. Hasta los mismos jueces ocultaron la cara para no mostrar una sonrisa y dejar en evidencia al confidente que no sabía que el general Franco había tenido una sola descendiente.

Ricardo Portabales estuvo muchos días declarando. La tensión y los nervios del juicio le hicieron enfermar. Llegó a orinar sangre a causa de una infección renal y tuvo que ser ingresado en un hospital. Días después, de vuelta al juicio, continuó con sus acusaciones y soportando los contraataques de los abogados defensores, que le hacían incurrir en unas imprecisiones y contradicciones que resultarían esenciales para la redacción de la sentencia.

También tendrían un enorme peso los estudios psicológicos y grafológicos sobre el arrepentido. Los psicólogos presentaron un devastador informe durante el juicio en el que afirmaron que Ricardo Portabales, la persona en la que había confiado ciegamente el juez Garzón y sobre la que había construido el mayor proceso contra la droga de toda la historia, no presentaba trastornos de memoria ni tendía a fabular, pero «distorsionaba la realidad, creando fantasías». «Padece dos trastornos —especificaban los psicólogos—, uno de neurosis de ansiedad y otro de personalidad narcisista que supone que es un ególatra con afán de notoriedad y ganas de llamar la atención porque subyace en él inseguridad y bajo este prisma demuestra lo que no es.» «No es un fabulador —detallaban más adelante— porque no crea recuerdos nuevos para completar lagunas de memoria, sino que fantasea inconscientemente y distorsiona la realidad mediante alteraciones cronológicas de hechos distintos y mezclas de circunstancias.»

Dos grafólogos también contribuyeron decisivamente a que la credibilidad de Ricardo Portabales estuviera en entredicho e influyeron sobremanera en el tribunal a la hora de valorar negativamente sus acusaciones. Los peritos indicaron que Portabales poseía «una personalidad insincera» y que, por lo tanto, sus afirmaciones podían cuestionarse. «Hay gestos de egocentrismo y sobreestimación de sí mismo —precisaban—, así como signos de agresividad y de una personalidad superficial e insincera. Puede resultar inconsecuente ante situaciones concretas, lo que hace que sus apreciaciones puedan ser puestas en entredicho.» No obstante, los expertos en el análisis de escritura no se aventuraban a decir si las acusaciones de Portabales al juez y sus relatos eran verdaderos o falsos. «Sus cuadernos, anotaciones y agendas —indicaban también— tienen un estilo novelesco, prototipo del vanidoso con afán de protagonismo, con sobrevaloración de la realidad y sus circunstancias e infravaloración de los que le rodean. Los episodios suyos los engrandece y los periodos en los que pasó a un segundo plano los borra de su memoria», concluían.

Pero el informe de estos grafólogos no fue el único. Contra él se presentó uno realizado por expertos de la policía que dejaba en mejor lugar al arrepentido. Los agentes, al contrario que sus colegas, señalaron que Portabales tenía «una escritura sincera». «Sus agendas reflejan que fueron escritas de forma espontánea, sin signos de coacción, presiones, amenazas, angustias o nerviosismo. No se aprecia afán de disfraz o engaño ni puede deducirse al cien por cien que tenga afán de protagonismo.»

La credibilidad de la figura clave del proceso había quedado gravemente dañada y por expansión, en cierto modo también la profesionalidad de Garzón. Durante los interrogatorios, incluso, varios acusados dejaron ver que el juez había cometido irregularidades en la instrucción y que había alterado las declaraciones de los imputados. Delmiro Rey Castro indicó que incluso acudió ante un notario para desmentir las manifestaciones del acta de una de sus declaraciones judiciales. El acusado señaló que el 16 de julio de 1990 pidió ver al juez Garzón para que le levantara su incomunicación. «Una vez en el juzgado —dijo— todas las personas que estaban allí empezaron a hacer comentarios que eran rumores de lo que se decía en la prensa. En un momento dado, el magistrado empezó a dictarle a su secretaria y posteriormente me puso un folio para que lo firmara. Garzón me dijo que si no lo firmaba daba igual y yo, para congraciarme con él, lo firmé. Pero él se inventó esa declaración. Yo jamás llegué a pensar que estaban escribiendo todo eso. Eran comentarios de todo lo que se decía en la prensa. Nada más.»

En cuanto se escuchó esta grave denuncia en la sala, el fiscal arremetió contra el acusado y pidió que se leyera la última parte de su declaración, en la cual Rey indicaba que sus palabras fueran utilizadas «con reservas por las posibles represalias a él y a su familia». Rey Castro también explicó que firmó esa declaración «porque creía que se trataba del levantamiento de mi incomunicación. Mi abogado estaba atemorizado y el juez me dijo que si no firmaba se uniría al secreto del sumario y entonces yo firmé, pero dos años más tarde fui a un notario, sin que me asesorara nadie, por problemas de conciencia, ya que se había malinterpretado mi declaración y me remordía que esas personas pensaran que había declarado contra ellos. Yo —añadió— iba a ir al juzgado, pero después de aquella experiencia no quise».

La otra persona que señaló que Garzón pudo haber cometido algún tipo de presión durante sus interrogatorios fue Ramón Longa Vidal, quien aseguró que el juez «me quería emborrachar coaccionándome constantemente, el abogado que tenía estaba de bulto y yo tenía la cabeza llena de pájaros y el juez puso en la declaración lo que quiso». Longa precisó que respecto a Oubiña «es mentira que yo dijera que se le conocía en la zona como a un *capo*, eso lo dijo el señor Garzón, que también dijo que *Manolo el catalán* era otro capo y después lo puso en la declaración como si lo hubiera dicho yo». En esta ocasión el fiscal Javier Zaragoza tan sólo intervino para decir: «Tomo nota de las manifestaciones del acusado a los efectos legales que proceda.»

El día 22 de noviembre de 1993, el acusado Eulogio Romero Betanzos también llegó a afirmar, aunque con bastante menos credibilidad, «El juez Garzón buscaba algo de mí, como ser un arrepentido» y añadió que el magistrado le ofreció la libertad si implicaba a varias personas.

Las declaraciones de los acusados continuaron hasta el 29 de noviembre de 1993, fecha en la que acabó de declarar el que era considerado «gran *capo*», Manuel Charlín Gama, presunto jefe del llamado «clan de los Charlines» para quien el fiscal pedía 26 años de cárcel, y comenzó el turno de los testigos. 441 personas se preparaban para acudir ante el tribunal. Desde el jefe del Servicio Central de Estupefacientes en la época de la Operación Nécora, Alberto García Parras, hasta el antiguo mando de la Unidad Central de Investigación Fiscal y Antidroga de la Guardia Civil (UCIFA), el coronel Arsenio Ayuso, hasta empresarios como Alfredo Fraile y Alfonso Cortina Alcocer, pasando por una amplia lista que recogía los nombres de numerosos policías, familiares de procesados, camareros, profesores de universidad, psicólogos y otras muchas personas.

LOS FALLOS DE GARZÓN

Tras las declaraciones testificales, los abogados defensores protagonizaron uno de los más intensos ataques contra la forma en que Baltasar Garzón llevó a cabo la investigación del caso. El 28 de febrero de 1994, los letrados arremetieron contra el juez instructor y denunciaron la falta de rigor legal con la que se habían llevado a cabo las grabaciones de conversaciones entre acusados. Tal era el convencimiento de la ilegalidad con la que se obtuvo esta prueba, que los abogados solicitaron que no se escucharan ni siquiera las grabaciones en la sala y pidieron que se declararan nulas en ese momento. Los defensores de varios detenidos manifiestan con rotundidad a la salida de una de las sesiones: «Durante la vista se está demostrando que las intervenciones realizadas por el juez no cumplieron las garantías exigidas y vulneraron derechos fundamentales como el secreto de las comunicaciones. Además, la Policía no remitió al Juzgado las grabaciones originales, no hubo un control judicial, no se cumplió el tiempo permitido para tal medida, la selección de las regrabaciones la hizo la Policía en lugar del Juzgado y los agentes grabaron a personas no investigadas.»

Algunas de las cintas sí que sirvieron para imputar a determinados acusados la compra de droga en Colombia, pero otras fueron mucho más polémicas, como las registradas entre Manuel Charlín y un holandés llamado Toni. Ambos hablaban de «atún blanco»; según la Policía palabras en clave con las que se denominaba a la cocaína, que se vendía «a cuatro»; según los investigadores, a cuatro millones de pesetas el kilo, y de «atún negro», para los agentes, hachís, bastante más barato.

La deducción policial parecía muy lógica. Aparentemente se trataba de argot de traficantes de droga. Pero, tal y como se comentaría en la sentencia, era muy difícil probar que realmente se hablaba de drogas. Quien hablaba de atún blanco y negro era una persona que, al fin y al cabo, poseía una empresa de conservas de pescado.

Sería el propio presidente de la sala, Francisco Castro Meije, quien preguntaría por el tema de fondo de la cuestión de la nulidad: ¿habían sido identificadas las voces de los interlocutores? Si no era así, como resultó, se partía de una irregularidad cometida por el instructor y se llegaba, por tanto, a una prueba que tenía que ser declarada nula por falta de rigor judicial.

Otro motivo de nulidad fue detectado por los abogados en el hecho de que, durante la instrucción del proceso, dos policías estuvieron presentes en los interrogatorios de Garzón a cuatro acusados. Uno de los funcionarios que protagonizó este error judicial fue un inspector con más de veinte años de servicio en la comisaría de Villagarcía de Arosa, y que llegó a reconocer públicamente que eso no le había pasado nunca, pero que estuvo presente en la toma de declaración del juez a los detenidos Alfredo Cordero y Eulogio Romero porque así lo requirió el magistrado.

Días después de estas peticiones de nulidad de actuaciones debidas a irregularidades cometidas por Garzón durante la instrucción del caso, el gran macrojuicio llegó a su recta final. El fiscal, que emplearía nada menos que tres días en la exposición de su informe oral definitivo, se ratifica entonces casi en la totalidad de sus acusaciones. Mantiene la petición de ocho años de cárcel para Carlos Goyanes. Rebaja de 18 a 6 años la solicitud de prisión para Celso Barreiros e incrementa las penas para acusados como Laureano Oubiña y su esposa Esther Lago. En general, sigue solicitando cerca de 700 años de cárcel para las 47 personas que se sientan en el banquillo y 9.000 millones de multa.

Después de ocho meses de juicio, el caso Nécora queda por fin «visto y concluso» el 24 de mayo de 1994. Tras el verano, la sentencia es hecha pública el 27 de septiembre. La sorpresa es mayúscula. Sólo 30 acusados eran condenados y nada menos que 17 absueltos. La sentencia era un buen varapalo al instructor Garzón. De los 700 años de cárcel pedidos por el fiscal se imponían menos de la mitad, 300, y de los 9.000 millones de multas se establecían algo más de 5.000. Se absolvía a Celso Barreiros, a Carlos Goyanes y al colombiano Hernando Gómez. Incluso Laureano Oubiña quedaba libre de culpa de un delito de tráfico de drogas, aunque sí fue castigado por blanquear dinero. Entre los condenados estaba Alberto Vargas, quien se llevó la mayor pena; los dos arrepentidos, Portabales y Fernández Padín, que cargaron con condenas menores por las cuales no tuvieron que ingresar en prisión. [5]

[5] Además fueron condenados los hermanos Gerardo, Carlos y Antonio González Padín, José Luis Viñas Morgade, Antonio Cebollero, Jorge Gabriel Outón, Joaquín Montañés, José Rey Vila, Luciano Núñez, José Luis Abal, Baltasar Vilar, Eulogio Romero y Francisco Javier Martínez Sanmillán, por citar sólo a las personas sobre las que recayeron las mayores penas.

Fue el fiscal antidroga Javier Zaragoza quien sacó pecho por sí mismo y por el juez. Cuando se le oía se intuía que hablaba por boca de ambos:

—Presentaré recurso. No estoy de acuerdo con que se haya absuelto a personas como Manuel Charlín Gama o Alfredo Cordero, principales responsables de una red que introdujo en España más de 2.000 kilos de cocaína y contra quienes había pruebas de cargo suficientes para condenarles a los 23 años que se les pedían. Además, tampoco estoy de acuerdo con que el tribunal haya impuesto a los condenados penas mucho más leves de las que yo solicité.

A la decepción del juez y del fiscal se unía la indignación de las madres contra la droga. Tras la lectura pública del fallo, hecha por la magistrada Ángela Murillo, llegaron a mostrar su rabia insultando e incluso agrediendo a Goyanes y a Barreiros cuando salieron de la sala del juicio.

Pero si las condenas desilusionaban ya a cualquiera, los argumentos de la sentencia dejaban a Baltasar Garzón poco menos que en ridículo. Se destacaba en el texto de 529 folios que las declaraciones de Ricardo Portabales no eran suficientes para condenar, y tampoco algunas intervenciones telefónicas acordadas por el magistrado. Se criticaba asimismo la decisión de Garzón de formar con la Operación Nécora un macrosumario que desembocó en el más abultado juicio contra la droga celebrado hasta el momento. «El sumario —decía la sentencia— está compuesto por cuatro partes bien diferenciadas que poco tienen que ver unas con otras, pues poseen sólo en común que algún procesado aparece en dos apartados, y nada más.»

Tácitamente se le decía al magistrado que si hubiera abierto cuatro procedimientos todo hubiera sido más fácil, no se habría perdido tanto tiempo ni se hubiera empleado tanto dinero en el juicio, entre otras cosas para pagar los desplazamientos y las dietas de cientos de testigos. Y quizás se hubiera llegado a otras conclusiones, porque la sencillez de los casos hubiera podido dar lugar a una mayor presencia de pruebas. Respecto a Portabales precisaba el fallo judicial que sus declaraciones podían servir de prueba de cargo, pero que el tribunal daba más valor a las manifestadas por el otro arrepentido, Manuel Fernández Padín. Casi citando los informes emitidos meses antes por los psicólogos y grafólogos, se decía: «Las palabras de Portabales adolecen de enorme inconcreción y de contradicciones. Relató cosas por referencias y su testimonio no puede ser el único pilar para una condena, ya que además ha sido puesto en entredicho por otras pruebas.» Sus manifestaciones contenían «importantes contradicciones en puntos fundamentales, entre lo manifestado por él en el sumario y lo que dijo en el juicio oral». Sus datos eran «los menos de ciencia propia y los más por referencias de otras personas». «Lo sé porque me lo dijeron», repitió en demasiadas ocasiones, lo cual llevó al tribunal a no dejarse convencer por él, textualmente, «ni por asomo».

Respecto de la absolución de Goyanes y Barreiros se decía: «La única prueba de cargo contra ellos son las declaraciones de Portabales, y al margen de ellas no aparece ni un indicio inculpatorio más.» Las acusaciones del arrepentido contra ambas personas, decía la sentencia, «quedaron en agua de borrajas durante el juicio».

Así pues, se concluía que Ricardo Portabales, sobre quien se había levantado el proceso, había servido de bien poco. Los 800 folios con sus declaraciones apenas sirvieron de nada a la hora de la verdad y en su día Garzón cometió un trascendental fallo al no querer ni escuchar a los responsables policiales que le pedían más tiempo para recabar nuevas pruebas para incorporarlas al sumario y con las que confirmar sus palabras.

«Sin embargo —añadían los tres magistrados— las declaraciones de Manuel Fernández Padín son concretas, hechas con mucha seguridad, carecen de contradicciones, no relata hechos por referencias, mantuvo sus imputaciones sin vacilaciones ni dudas y convenció al Tribunal.»

Cuando los miembros de la Sala Tercera tocaban el asunto de los 99 pinchazos telefónicos que ordenó el juez y de las 112 autorizaciones realizadas por él para prorrogar las intervenciones de las líneas telefónicas, volvían a verter un cubo de agua fría sobre el magistrado. A lo largo de 40 folios, daban la razón a los abogados que tan duramente las habían criticado. «Las intervenciones eran necesarias para atajar lo que no se podía investigar por otros medios... pero carecen de las mínimas condiciones procesales para ser aceptadas al no cumplir requisitos legales.» Recordaba la sentencia que la policía no entregó las cintas originales al juzgado, la selección la realizaron los agentes, las transcripciones no fueron íntegras, ya que los propios funcionarios hacían copias de los fragmentos que ellos consideraban de interés, realizaban las traducciones del gallego al castellano por su cuenta y riesgo y nadie verificó la identidad de las voces, por lo que esas pruebas debían ser declaradas nulas «al no haber existido un pleno control judicial».

De esta forma, por culpa del descuido del juez se tiraban por tierra las grabaciones realizadas a Manuel Charlín Gama desde la taberna Balboa. Se echaba a la basura la única prueba que existía contra quien era considerado el jefe de uno de los clanes más peligrosos de Galicia. De Charlín se llegaba a la conclusión, por tanto, que su fama de *capo* obedecía a «simples dichos, frutos de una aureola de sospechas». Pero no quedaron ahí las garrafales meteduras de pata de Garzón sobre las intervenciones de teléfonos. El tribunal no podía por menos que anular también las grabaciones que se hicieron en los aparatos de Laureano Oubiña y de su mujer entre el 2 y el 4 de abril de 1988, porque se realizaron ilícitamente al no contar la policía con autorización judicial para mantener los «pinchazos».

Explicaba sobre estos procedimientos la sentencia que Baltasar Garzón autorizó algunas intervenciones telefónicas y prorrogó otras «con escritos genéricos de solicitud por parte de la Policía, sin atender a las exigencias de la Ley de Enjuiciamiento Criminal». También se criticaba la intervención de cinco teléfonos, dos de ellos situados en bares públicos cuyos titulares no estaban inculpados en el sumario.

Sobre las entradas en domicilios y los registros ordenados por Garzón, comentaba la sentencia que «han estado respaldados por autorizaciones judiciales, pero sirvieron para bien poco, pues no se halló ni un gramo de sustancias estupefacientes, excepto mínimas cantidades en dos hogares y un arma, aunque en algunos registros sí que es cierto que se hallaron documentos de mucha importancia».

La Audiencia Nacional también dio la razón a las defensas en su denuncia relativa a que dos policías habían estado presentes en las declaraciones de cuatro imputados para asesorar al juez en caso necesario. Criticaba esta medida, «una situación que no es de lo más corriente», si bien, admitía que «aunque un tanto anómala, no genera nulidad de las primeras declaraciones de los procesados ni del testimonio de los policías».

Un palo mayor le daba la sala al magistrado al señalar que al no haber notificado a las defensas de los acusados el texto de la querella contra ellos hasta seis meses después de presentada había «chocado frontalmente con el artículo 118 de la Ley de Enjuiciamiento Criminal, vulnerando el derecho de defensa». De esta forma, 32 declaraciones de Portabales, entre otras pruebas practicadas, eran declaradas nulas.

Y ya puestos a dar tirones de orejas, los había para todos. Decían los jueces que las acusaciones particulares que se personaron en el juicio no habían hecho nada y dejaba ver que actuaron como rémoras del fiscal del caso. Los abogados de estas partes fueron, por la Xunta de Galicia, José Manuel González Perón; por el Ayuntamiento de Vigo, Juan Ignacio Fernández de la Torre; por el de Madrid, José María Mesa, y por las asociaciones vascas Salhaketa y Askaguintxa, Begoña Lalana. Su actuación durante la instrucción del caso y también durante el juicio fue insignificante. «Fueron tan de la mano del fiscal —decía la sentencia— que alguna de ellas, a la hora de presentar un escrito de conclusiones provisionales se limitó a aportar en tal concepto una fotocopia obtenida del escrito del Ministerio Público, suprimiendo el encabezamiento identificativo.» La vergüenza que le dio al tribunal la actuación de las acusaciones particulares fue tal que incluso les negó la posibilidad de cobrar las costas derivadas del proceso por su nula labor.

Los abogados defensores estaban eufóricos. La sentencia confirmaba sus tesis. Garzón había abusado de los pinchazos telefónicos, de las entradas y registros y de los embargos de cuentas bancarias. Durante la Operación Nécora había cambiado la toga por la placa de policía. Había actuado como el jefe ideal de una brigada contra el narcotráfico y en muchísimas ocasiones ha hecho caso omiso de la ley.

BOFETADAS PARA UN JUEZ

Baltasar Garzón está de nuevo en su despacho de la Audiencia cuando se escucha la noticia. Hace apenas unos días que ha vuelto a la judicatura después de abandonar su corta carrera política, con un portazo, pero con la sensación de evidente fracaso. Y esta sentencia es un nuevo y enorme fiasco. Para muchos analistas, la prueba evidente de que el famoso juez-estrella está más pendiente de la espectacularidad, los titulares y los focos de la televisión —de su vanidad y su ambición por ascender, en suma— que de la rigurosidad a la hora de plantear una instrucción y de velar por el cumplimiento de las garantías procesales.

Se niega a hacer ninguna declaración: se traga las bilis y trata de aparentar frialdad e indiferencia. Está abatido, pero al menos, piensa, sus oponentes políticos ya no podrán usar contra él este batacazo. La nécora, como se mofaban algunos abogados, había resultado un camarón.

La sentencia emitida por la Sala Tercera levanta ampollas. Las culpas de las numerosas absoluciones y de las leves penas no se echan a los jueces del tribunal, sino a Baltasar Garzón que ve cómo le llueven críticas por todas partes. El entonces portavoz de la asociación Jueces para la Democracia, Cándido Conde Pumpido, declara: «Esta sentencia es la crónica de un fracaso anunciado y la demagogia que ahora se va a realizar no nos va a permitir obtener la enseñanza de que la justicia no es un espectáculo y que el estrellato y los maxiprocesos no constituyen un modo correcto ni eficaz de hacer justicia.»

El ministro de Justicia e Interior, Juan Alberto Belloch, se sitúa por encima de su antiguo oponente, Baltasar Garzón, y trata de humillarle aún más. Deja constancia de su crítica a la labor del juez escribiendo una carta a todas luces innecesaria al fiscal general del Estado, entonces Carlos Granados, en la que le dice que «por interés público», considera que debe promover «ante el tribunal sentenciador el oportuno recurso tendente a acomodar el contenido de la sentencia a las peticiones acusatorias formuladas por el ministerio fiscal en primera instancia».

Desde el Consejo General del Poder Judicial, su entonces presidente, Pascual Sala, comenta que lo malo de los macroprocesos es que «todo lo que se gana en ellos de espectacularidad se pierde en eficacia».

La propia ponente de la sentencia, la magistrada Ángela Murillo, hizo ante los periodistas de tribunales una defensa de su actuación en la que dejaba patente una crítica clarísima al instructor. Para ella, la sentencia estaba completamente ajustada a Derecho y aunque se recurriera ante el Tribunal Supremo, éste no podría incrementar las penas impuestas ni inculpar a los absueltos porque en su día no se presentaron suficientes pruebas en su contra. «Quienes critican la sentencia —dice— no se la han leído ni tienen ni idea de lo que pone en ella, porque sin pruebas, o con pruebas obtenidas de forma ilegal, no se puede condenar a nadie, y la decisión judicial estuvo sentada sobre la doctrina del Tribunal Supremo, que está ahí para algo.»

El 3 de octubre de 1994, el fiscal especial antidroga, Javier Zaragoza, principal aval de las actuaciones de Garzón durante el proceso de investigación de los hechos y *alter ego* judicial del magistrado, recurrió la sentencia ante el Alto Tribunal. Presentó dos escritos. En el primero anunciaba el recurso de casación «por infracción de ley y vulneración de preceptos constitucionales», contra la absolución de Manuel Charlín y Alfredo Cordero y por la levedad de las condenas impuestas a otros siete procesados. El segundo escrito anunciaba el recurso por «infracción de ley» contra el fallo que condenó a Laureano Oubiña y a su mujer, Esther Lago, a doce años de prisión a cada uno. No recurría el fiscal la absolución de Carlos Goyanes, Celso Barreiros, José Paz Carballo y José Manuel Padín Gestoso.

El 9 de diciembre de 1996, dos años después de presentado el recurso contra la sentencia de la Operación Nécora y cuando parecía que ya nadie se acordaba del asunto, el Tribunal Supremo vuelve a ponerlo de moda emitiendo una sentencia que cae como un mazazo y que, en este caso, pone la puntilla final al juez Baltasar Garzón. En una amplia sentencia de 225 páginas en las que se analizan los 86 motivos de recurso expuestos por la Fiscalía Antidroga y más de veinte partes del proceso, no sólo da la razón a los magistrados de la Audiencia Nacional que decidieron imponer benévolas penas y absoluciones a los acusados ante la escasez de pruebas, sino que, además, y ante el asombro de todos, rebaja aún más las condenas, decreta nuevas absoluciones y critica severamente al juez instructor.

El Supremo recrimina a Garzón que comunicara la querella a los abogados defensores seis meses después de interpuesta. «Los delitos de narcotráfico cometidos por grandes organizaciones —decía el ponente de la causa, Joaquín Delgado— exigen actuaciones policiales o judiciales sin que de ellas tengan conocimiento las personas implicadas. Pero para proceder así, el juez tenía que haber declarado el secreto del sumario. No lo hizo, y es evidente que hubo una irregularidad procesal al respecto.»

Respecto a Portabales dice: «Protagonizó toda esa fase inicial inquisitiva. (...) En el juicio fue sometido a un amplio interrogatorio con el que quedó prácticamente desbaratada la prueba de cargo que constituyeron sus declaraciones en solitario, sólo en presencia del instructor, del fiscal y sin que nadie supiera nada.» «Sus declaraciones —añadía el alto tribunal— se caen por su propio peso, y tan sólo son útiles en la medida en que benefician a los procesados, habida cuenta de las imprecisiones y vaguedades en las que incurrió.»

El Supremo reducía a la mitad la pena de 12 años impuesta a Oubiña y a su esposa, ya que les absolvía del delito de receptación «al no haberse podido probar que los 429 millones de pesetas que el matrimonio ingresó en un banco procedieran del blanqueo de capitales». De igual forma, el Tribunal Supremo confirmaba las absoluciones de Manuel Charlín y de Alfredo Cordero y dejaba sin cargos a Joaquín Montañés, condenado a 19 años por la Audiencia Nacional, y a Eulogio Romero, condenado a 12.

La vergüenza profesional vuelve a ser mayúscula, tanto para Baltasar Garzón como para su compañero el fiscal Zaragoza, quien asume la sentencia y con voz apenada comenta: «Creíamos que el recurso de la Fiscalía era serio, fundado, con rigor y que había posibilidades de que prosperara, pero ahora lo que cuenta es la decisión del Supremo, contra la que ya no caben más recursos.»

UN ESPERPENTO JUDICIAL

«Si durante años aquel proceso no hubiera sido tan dramático —comenta con indignación uno de los abogados que intervino en él— se podría decir que fue un pitorreo por parte del juez. Cuando me enteré de la sentencia del Tribunal Supremo, la que ponía ya punto final a todo, no sé si me entraron ganas de reír o de llorar, porque entonces se demostró que todo había sido un auténtico esperpento, el colmo del disparate.»

«A Celso Barreiros, por ejemplo —dice su letrado, Manuel Cobo del Rosal—, Garzón le tomó declaración y sobre la marcha le metió en la cárcel sin más corroboración, aunque, y de eso me acuerdo perfectamente, comentaba el abogado de Portabales: "Ya veréis, los abogados defensores ahora estáis muy cabreados, pero me cuentan que Garzón ha dicho que va a corroborar todas las acusaciones porque va a recibir importantes documentos y pruebas de América."» De América nunca vino nada y por eso Barreiros salió absuelto y libre de toda culpa. Pero ¿y los siete meses que pasó ese hombre en Alcalá Meco? Eso es una cosa inmoral e impresentable que hizo el juez, dejar como dejó destruida a una persona totalmente inocente.»

«La mayor barbaridad que cometió Garzón —apunta otro antiguo defensor— fue articular toda la instrucción en torno a las declaraciones de un arrepentido. Aquello fue un desatino, un despropósito. Lo plasmamos en nuestros escritos, en nuestros recursos y peticiones de libertad, pero parecía que Garzón estaba convencido de que lo que le decían era cierto, o se quería dejar convencer. Su talante entonces era muy distinto al de ahora. Hoy en día ha ganado, tiene más años y tiene, sobre todo, la experiencia, que no es más que un sistema de fracasos digeridos.»

Pero muchas de las críticas que se han hecho contra el magistrado, se deberían haber dirigido también contra los responsables de las fuerzas de seguridad. Los mandos policiales, con el consentimiento del secretario de Estado, le permitieron todo a Garzón. No le pusieron ni un impedimento.

Entre juez y policías se vivía una auténtica luna de miel. Se mimaban mutuamente, se agasajaban, se alimentaban. Cada uno le daba al otro lo que pedía. «Garzón es un gran comisario», llegó a decir un alto cargo de la Policía gallega. Desde el Ministerio del Interior, además, se veía con buenos ojos el noviazgo. Se creía que beneficiaba a la seguridad del Estado y la buena imagen del cuerpo policial. Se constataba, además, que mientras otros jueces eran más melindres a la hora de tomar decisiones, Baltasar Garzón se lanzaba a las piscinas y hacía cosas que otros jamás hubieran pensado hacer.

Eran los tiempos en los que no era extraño ver al Garzón que se bajaba de un helicóptero para detener narcotraficantes de cocaína en Galicia o que se subía a un barco repleto de fardos de hachís que había sido interceptado en Andalucía o Canarias. Era la época del juez que aparecía con una imponente comitiva de coches policiales en el lugar del crimen y que velaba por el cumplimiento de la ley firmando órdenes, levantando actas y ordenando prisiones desde el mismo escenario del crimen. Garzón daba a los policías todo lo que necesitaban y ellos a cambio le montaban grandes operaciones en las que le ponían al frente, y le metían personajes de relevancia social para que tuvieran los efectos propagandísticos que él también buscaba.

En aquellos días, Garzón resultaba un funcionario caro para el Ministerio del Interior, pero no importaba, ya que facilitaba mucho la acción policial. Rafael Vera, antiguo secretario de Estado para la Seguridad, fue uno de los que hizo grandes elogios en aquellos tiempos a Garzón. Al cabo de los años, tras ser procesado y condenado por su vinculación con los GAL, su visión de este modelo de actuación ha cambiado radicalmente: «Comportaba indudables riesgos para los imputados y detenidos, que precisamente no caían en las mejores manos a la hora de ver cómo se defendían sus derechos. Garzón no era un juez que observara al detalle las garantías judiciales. Tal es así que operaciones policiales que en otros juzgados se rechazaban, Garzón las aceptaba y las ponía en marcha con los mismos datos. Él jugaba a ser más un fiscal perseguidor de determinadas actividades criminales que un juez imparcial.»

Un destacado miembro de la Fiscalía de la Audiencia Nacional reconoce desde el anonimato: «Garzón ha cometido excesos con el dinero del Estado. Sus actos han repercutido en el erario público porque en muchas ocasiones no ha sido necesario trasladarse rápidamente en helicóptero hasta el lugar de los hechos. Las cosas se hacen igualmente desde aquí. Cuando se realizan ciertas operaciones, te lo explica todo por teléfono la Guardia Civil, la Policía o la Ertzaintza y se tira para adelante desde el despacho, incluso con la cabeza más centrada y más fría. Además, que un juez esté en una operación desconcierta a los guardias, que no saben a quién obedecer, si a él o a sus superiores.»

José Luis Corcuera, que permitió la utilización por parte del juez de todo tipo de medios para su peculiar lucha contra el delito, hace memoria y se permite criticar al Garzón de las grandes redadas: «Demostró cómo era realmente, una persona que basó todo un sumario en las palabras de un hombre y que no quiso dar su brazo a torcer y contrastar sus versiones.» «En una ocasión —aclara— nos manifestaron que aquel arrepentido era alguien con una gran capacidad de inventiva, un testigo poco fiable que decía cosas que no tenían sentido. Me aconsejaron la conveniencia de ponerle a prueba. Yo no era nadie para hacerlo. El que tenía que ponerle a prueba era el juez. Así se le pidió, que le sometiera a ciertas preguntas, a ciertas situaciones para ver realmente si lo que estaba contando podía tenerse en cuenta o no, para comprobar su solvencia. Pues bien, Baltasar Garzón se negó, no quiso que verificáramos la fiabilidad. Baltasar Garzón no quiso someterlo a esa solvencia y después, tristemente, los acontecimientos se desencadenaron tal y como quedó todo fielmente reflejado en las sentencias.»

«Fue lo peor que hizo Baltasar Garzón —asegura un letrado—, consagrar la figura del arrepentido, pero del arrepentido que cobra una especie de beca del Estado y que da la apariencia de ser la gran panacea en la lucha contra la delincuencia. Sus manifestaciones eran tomadas como cosa cierta tanto por el instructor como por el fiscal. Parecía que había una presunción de veracidad sobre todo lo que decía, un dogma de fe que fue asumido por el magistrado instructor. Creo que el juez, llevado por una especie de gran celo arrollador, fundamentalista y patriótico llegó a mantener una actitud hostil hacia el encausado y procuró consignar más lo que le desfavorecía que lo que le favorecía.»

Otro de los abogados que intervinieron desde el primer día en el largo e histórico proceso afirma: «Fue una vergüenza que la columna vertebral de unas investigaciones que se llevaban a cabo en la Audiencia Nacional la constituyeran dos delatores a sueldo, dos delatores interesados. Ya era un enemigo acérrimo de los arrepentidos, pero a partir de las sentencias de la Nécora lo fui más. Al propio Garzón le dije que lo que estaba haciendo era un disparate, que era una vergüenza que tuviera que recurrir al procedimiento de los arrepentidos para poder incriminar a determinada gente. Entonces yo ya había tenido conversaciones hasta con ministros para que recortaran el tema de los arrepentidos. Había hablado de ello incluso con De la Cuadra cuando fue titular de Justicia, porque era penoso ver las cosas que se hacían. Una persona llegaba a la Audiencia Nacional, decía que otro había asaltado el Banco de España o que se había traído mil kilos de cocaína, le tomaban declaración y acto seguido al denunciado le metían en la cárcel sin más corroboración. ¿En qué cabeza cabía eso?»

Entre los abogados se criticaba también una peculiaridad muy inusual de Garzón: el hecho de que fuera el juez quien tuviera confidentes. «Eso es propio de policías, que son quienes tienen que usarlos. La Policía utiliza al arrepentido, chequea la veracidad de lo que dice y proporciona pruebas. Si no corrobora sus palabras le despacha, sin más, pero no puede tolerarse que un arrepentido se constituya en la columna vertebral de un proceso, porque se establece una relación de dependencia del juez y del fiscal a vaivenes del personaje, que un día dice una cosa, otro dice otra, un día da marcha atrás, otro día va hacia delante. Son esperpénticas las figuras de los arrepentidos en España con los que se ha metido en la cárcel durante meses o incluso años a personas que después han sido declaradas libres de toda culpa.»

Para algunos de los abogados que trabajaron en la Operación Nécora desde los primeros momentos, en la ansiedad de Baltasar Garzón por controlar absolutamente todo lo que ocurría a su alrededor, se translucía una cierta inmadurez. Al mismo tiempo, la exagerada valoración de sí mismo, le llevó a cometer serios errores a la hora de dirigir la instrucción del proceso.

Manuel Cobo del Rosal, catedrático de Derecho Penal y abogado del empresario Celso Barreiros inculpado en este caso, asegura: «Garzón demostró que no es un buen penalista, le faltaba formación y, lo que es peor, dejó en evidencia errores como procesalista. Se vio, por ejemplo, cuando hizo los careos entre Ricardo Portabales y las personas a las que acusaba. En el caso de Celso Barreiros, ambos mantuvieron su posición de una forma férrea. Eran dos rectas paralelas que nunca jamás podían encontrarse y yo le protesté al juez la forma de hacer el careo sin dar oportunidad a que se cruzaran las palabras los dos intervinientes y le dije que así no firmaba el acta. Le dije: "Con la ley en la mano, señor magistrado, esto no es un careo porque, además, al final ni siquiera ha dicho quién ha tenido más firmeza en su postura" y me respondió: "Hombre, cada maestrillo tiene su librillo." Yo repliqué: "De eso nada, aquí todos tenemos el mismo librillo que es la Ley de Enjuiciamiento Criminal" y ahí se quedó, en su despacho dando unas voces que se escuchaban desde fuera.»

El mismo Cobo del Rosal critica que el magistrado no terminó bien el sumario de la Operación Nécora ni otras investigaciones. «No las remata, no amarra los asuntos y deja un montón de cabos sueltos. Este hombre tiene la idea de que la detención y la prisión provisional son el éxito del procedimiento y no señor, después en el juicio oral se demuestra que sus asuntos están mal instruidos y el tribunal tiene que absolver. Yo conozco un montón de casos de Baltasar que están mal instruidos. El denominado Hielo Verde contra el narcotráfico, el realizado contra el traficante de armas sirio Monzer Al Kassar, el caso Marey... En este último, por ejemplo, el magistrado del Tribunal Supremo Eduardo Móner tuvo que rehacer toda la instrucción porque se quedó pasmado cuando vio la instrucción que había hecho Garzón y todos los nuevos trámites demoraron el caso dos años más.»

EL EPÍLOGO DE NÉCORA

Principios de enero del 2000. Vestido con una gruesa zamarra, un hombre entra en la Audiencia Nacional. Pasa bajo el arco detector de metales con tranquilidad y saluda con confianza a los policías que se ocupan del escáner. «Qué hay, Agustín, buenos días. Escobar, ¿qué tal?» Habla con un marcado acento gallego. Tiene el pelo entrecano, largo y cogido atrás con una coleta. En esta ocasión no lleva bigote y tiene una barba como de no haberse afeitado en días. La cara parece ajada, aunque no es un hombre viejo, ni mucho menos. Llega hasta el control y enseña su DNI. Se dirige a los ascensores.

—Hombre, Portabales, ¿qué tal? Feliz año nuevo.

—¿Qué tal, periodista?, feliz año.

—¿Qué te trae por aquí? ¿Nos vas a dar sorpresas?

—No, qué va. Yo ya no doy nada. Voy a ver al *jefe* a felicitarle el año y a hablar con él de ciertos asuntillos, pero nada importante, vamos.

—Bueno, te veo ahora cuando salgas de ver a Garzón, por si hay alguna novedad.

—Vale, pero ya te digo... Lo que pasa es que de vez en cuando tienes que venir por aquí a justificar el sueldo, para nada más. Poca cosa. A ver si un día nos vemos con más tranquilidad y te cuento algo.

—Vale, Ricardo, como quieras. Te veo.

—Hasta ahora.

Y sube en el ascensor hasta la segunda planta acompañado de su guardaespaldas.

Algo más tarde, otro personaje hace el mismo trayecto. Es el gigantesco Manuel Fernández Padín. La conversación vuelve a repetirse casi en idénticos términos.

—Manolo, tú todavía no me has contado a mí cómo fueron aquellas charlas con Garzón de hace diez años.

Se ríe y contesta con un acento más cerrado aún que el de Portabales:

—¡Ya las contaré, ya! Lo que pasa es que yo no quiero decir nada aún hasta que no se arregle lo mío, hasta que yo ya vea que no tengo que preocuparme más ni de dinero ni de nada, porque para eso hablé y conté todo al juez, para que luego me protegieran. Yo contaré mis cosas a quien me quiera pagar y me asegure el futuro, nada más.

—No te quejes, hombre, si tú ahora estás de puta madre.

—Hombre, mal no estoy. Cobrar, cobro del Estado y con lo que estoy encantado es con el niño que acabo de tener y con mi mujer. Pero hace poco me han quitado el coche oficial que tenía, que antes decía «vámonos a Málaga», y los escoltas lo preparaban en un momento y nos los pasábamos genial.

—Oye, ¿y a Galicia has vuelto?

—Pocas veces, pero sólo en visitas cortas y siempre con escolta. A quedarme ya no puedo volver, porque ahí no valgo un duro. Yo ya me quedo aquí, con mis cosas, hablando de vez en cuando con el juez para contarle algo de asuntos que lleve, y con mi escolta, que no me lo quito ni para dormir, pero nada más. Así vivimos ahora los famosos arrepentidos de la Nécora diez años después. ¿Qué te parece?

CAPÍTULO CUATRO

GARZÓN, EL TERTULIANO

Baltasar Garzón paseaba con gesto muy deprimido por la hermosa plaza de la Villa de París, flanqueada por el Tribunal Supremo, el Consejo General del Poder Judicial y la Audiencia Nacional. Era 1989, y ETA acababa de dar un mazazo a la sociedad española con el asesinato de la fiscal Carmen Tagle, una íntima amiga de Garzón con quien compartía su actitud valiente y la afición por las sevillanas.

—¡Hombre, Baltasar, tú por aquí!

Era el también juez Joaquín Navarro, ex senador y ex diputado del PSOE por Almería, famoso por sus intervenciones radiofónicas matutinas junto a Iñaki Gabilondo en la cadena Ser. Garzón le había conocido dos años antes, en 1987, cuando estaba en el Servicio de Inspección del Consejo General del Poder Judicial. Una noche incluso acudió a cenar a su casa junto a dos abogados amigos del ex político y también de Garzón.

—Estoy deshecho, Joaquín. El asesinato de Carmen me ha dejado destrozado. Me estoy planteando incluso para qué sirve toda esta lucha desde la Audiencia Nacional. Me ronda incluso por la cabeza la idea de volver de nuevo a Andalucía. Estoy pensando en incorporarme a una Audiencia Provincial en cuanto encuentre una vacante a mi medida.

—Debes animarte. La vida sigue y nosotros tenemos que

continuar con nuestra labor. Además, es la mejor forma de combatirles, con la ley en la mano.

Al juez almeriense se le ocurrio una idea:

—¿Por qué no te vienes conmigo y con otros amigos a unas comidas que celebramos en el restaurante Lhardy? Lo pasamos muy bien. Nos vemos, charlamos y se lían unas tertulias y unas polémicas que *pa qué*. ¡Vente hombre! Te va a gustar.

Se trataba de unas tertulias que se celebraban en un típico y centenario establecimiento de la capital cuya especialidad gastronómica había variado a lo largo del siglo desde un afrancesado menú a base de langosta *à l'américaine* y capones del país galo, hasta el castizo cocido madrileño. Lhardy está situado en pleno centro de Madrid, en la Carrera de San Jerónimo, justo al lado de la Puerta del Sol. En sus mesas, agasajadas como corresponde a un restaurante de cinco tenedores, se habían sentado en el siglo pasado desde políticos como don Antonio Maura hasta los más poderosos banqueros y empresarios de la actualidad.

Navarro era uno de los fijos en unas reuniones que se convocaban una vez al mes. Asistían personas de muy distinta procedencia y de colores políticos también muy variados. De ese grupo principal se desgajaban después otras reuniones más reducidas y que tenían lugar con mayor frecuencia.

Allí se daban cita personajes como Jaime García Añoveros, ex ministro de Hacienda y consejero de Prisa, los periodistas de *El País* Bonifacio de la Cuadra y Soledad Gallego Díaz, el abogado Antonio García Trevijano, el juez Antonio García Paredes, el periodista y empresario Antonio Navalón, que trabó más adelante una gran amistad con Garzón, el cronista de *Abc* Lorenzo Contreras, Ezequiel Jaqueque, ex director general de Protección Civil y ex director general de Cooperativas, así como antiguo gobernador civil de Álava y Huelva en los tiempos de la Unión de Centro Democrático. El grupo lo completaban desde diplomáticos hasta médicos naturistas.

Garzón destacó rápidamente en las reuniones. Enseguida, entre cervecitas y coca-colas *light* que el juez tomaba de vez en cuando como medida para mantener vigilado su peso, sacaba a relucir su acento andaluz, sus chascarrillos y sus aventuras. Alardeaba de ser de Jaén y contaba chistes, alguno subido de tono. Pero el caso es que se metía al personal en el bolsillo, se convertía en el centro de la tertulia y eso le encantaba.

«Al poco tiempo de comenzar intentaba hacerse el eje del grupo —recuerda un juez que asistió en alguna ocasión—. Además de los chistes solía hablar de asuntos judiciales y a mí eso, francamente, me parecía algo insólito.»

Según rememoran otros tertulianos, Garzón pecaba de indiscreto hasta unos límites peligrosos. Uno de los asistentes recuerda cómo vio a Garzón en una de las primeras comidas a las que asistió. «Llegó como siempre, con su eterno traje y su abrigo marrón largo. Se le veía muy animado. Se encontraba a gusto. Era la primera época de la investigación de los GAL y del caso Amedo, que le traían de cabeza. Estaba entusiasmado con las cosas que iba descubriendo sobre la guerra sucia contra ETA. En un momento dado, entre bromas y veras, comenzó a hablar de Felipe González y entretanto hacía un gesto con las manos uniendo las muñecas, en una clara alusión a que el entonces presidente del Gobierno iba a terminar con las esposas puestas y que iba a dar con sus huesos en la cárcel debido al caso GAL y gracias a las indagaciones que él estaba practicando.» Por aquel entonces, Garzón ya había escrito su famoso auto judicial, donde sugería que Felipe González estaba colocado en la cumbre de la pirámide de la guerra sucia contra ETA y estaba identificado como el «Señor X». «Éste va a ir *p'alante* el día menos pensado», decía el juez ante todos los comensales sin ningún tipo de recato.

Javier Gómez de Liaño, el antiguo titular del Juzgado de Instrucción número 1 de la Audiencia Nacional, actualmente expulsado de la carrera judicial por sus actividades en el caso Sogecable, y ahora enemigo declarado de Garzón, que declaró en ese caso en su contra, recuerda: «Era un hombre muy indiscreto, o al menos en las ocasiones en las que yo estuve con él se portó como tal. Hablaba sin ningún tipo de reserva de asuntos de la Audiencia Nacional y de casos judiciales que tramitaba. Me llamó mucho la atención y se lo comenté al juez Joaquín Navarro, quien se sonrió porque él era amigo de Garzón y aunque le reprendía en ocasiones o se enzarzaba con él en polémicas, le caía bien por su carácter, quizás porque uno es de Jaén y el otro de Almería.»

«El caso —continúa— es que por aquel entonces Garzón hablaba mucho de Felipe González. Cuando yo me incorporé él ya había roto con el presidente del Gobierno y las palabras hacia él desde luego que no eran nada elogiosas, eran enormemente despectivas y esa actitud que mantenía preocupaba porque, desde luego, no manifestaba ningún tipo de respeto hacia alguien que al fin y al cabo en ese tiempo aún era presidente del Gobierno.»

No obstante, pese a los ataques contra González y a la vehemencia y aparente actitud irreflexiva del juez, en aquella época Garzón tuvo buen cuidado de no hacer ningún tipo de comentarios respecto a un caso de suma importancia que tramitaba, el caso Marey. Delante de Gómez de Liaño jamás dijo palabra alguna en contra del ex ministro José Barrionuevo o del ex secretario de Estado Rafael Vera. Era lógico, en caso de que éstos presentaran una recusación contra él, quien debía resolver el asunto era Liaño. Si el juez hubiera escuchado insultos o palabras en contra de los acusados tendría que haber admitido la recusación, tendría que haberse manifestado a favor de apartar a Garzón del caso debido a su parcialidad, ya que en conciencia no podría haberse opuesto a una realidad que habría palpado y que era que Garzón manifestaba abiertamente un sentimiento de enemistad hacia las personas que había conocido durante su época de político en el PSOE.

Cuentan que en alguna ocasión el gusto de Garzón por las comidas con sus conocidos no sirvió a sus enemigos para que cayera en una trampa. El propio ex agente del Cesid Juan Alberto Perote ha recordado que, tratando de utilizar las aficiones del juez por las tertulias se le preparó una fiesta en la que no iban a faltar prostitutas y drogas. En un principio el magistrado iba a acudir convencido de la inocuidad de la reunión, pero en el último momento *se olió el pastel*, cambió su decisión y dejó con la boca abierta a quienes incluso tenían previsto sacarle fotografías y grabarle en vídeo para emprender una campaña en su contra.

En sus otras tertulias, en las habituales, él seguía con su estilo alegre y a la vez indiscreto. En una ocasión llegó a ofrecer que también acudiera a los encuentros el ex magistrado del Juzgado Central de Instrucción número 3, Miguel Moreiras, aunque la idea no tuvo mucha aceptación entre los presentes. Quien sí llegó a ir, aunque una sola vez y quedó tan impresionado que no volvió, fue el juez Modesto Justo, un gran magistrado de la Sección de lo Civil de la Audiencia Provincial de Madrid. Dejó de asistir porque decía que no le gustaba oír a Baltasar Garzón hablar de cosas de las que no debía mencionar jamás ni una sola palabra.

Otras comidas tuvieron un carácter más solidario y en ellas se vio cómo el grupo arropó al magistrado cuando éste atravesaba momentos tristes. Ocurrió así, por ejemplo en una comida celebrada al poco tiempo de que Garzón regresara de la política. Estaba deprimido y frustrado, además, acababa de recibir el mazazo de las numerosas absoluciones que establecía la sentencia de la Operación Nécora, e incluso comentaba que se sentía acabado como juez de instrucción de la Audiencia Nacional, donde ya había hecho todo cuanto podía. Los habituales le acogieron con cordialidad y le escucharon decir que incluso había pensado en irse a Málaga, donde le gustaría ocupar la presidencia de su Audiencia Provincial, o si no esperar «a que escampara» y optar a la primera vacante que surgiera en el Tribunal Supremo.

Fueron momentos bajos, aunque pasaron pronto y el juez regresó enseguida a sus habituales comentarios encendidos. Sus revelaciones encantaban sobre todo a los periodistas, aunque éstos cumplieron a rajatabla su compromiso de confidencialidad y de prohibición de publicar lo que se dijera en aquellas comidas. Pero las personas que allí se reunían y que estaban relacionadas con el mundo de la justicia se molestaban bastante. No les parecía correcto que Garzón hablase tanto de asuntos *sub iudice* y además en los términos en los que lo hacía. Algún juez comentó que no eran tertulias sanas porque en ellas no se encontraban precisamente las compañías más adecuadas para un magistrado.

Sus antiguos compañeros dicen que al exhibicionismo permanente y al pavoneo de Garzón «se unía una cierta tosquedad y un lenguaje abrupto y malsonante procedente de su origen social humilde, porque Baltasar Garzón —comenta Joaquín Navarro— llegó tarde a los libros. Él no es un hombre cultivado, no tiene sensibilidad para las formas. Toda su grandeza, que es lo único que le importa en esta vida, reside en su actividad profesional y tiene que residir ahí porque si no, ¿en qué va a destacar? Cuando a mí me dicen que es que es un juez estrella, respondo, "Eso es porque él quiere, porque otros muchos jueces llevan casos que nunca conoce la opinión pública y si acaso gozan de cierta trascendencia jamás hablan de ellos". Los jueces deben ser conocidos por sus autos, por sus resoluciones y nada más, y con Garzón sucede exactamente al revés, es conocido por su profesión y sin ella sería una persona anónima, lo que no le hace ninguna gracia».

GARZÓN Y EL REY

De aquellas tertulias se recuerda una grave e increíble anécdota que inició involuntariamente Julio Anguita. En una ocasión, después de que el líder de Izquierda Unida se entrevistara con el Rey en La Zarzuela habló con uno de los tertulianos:

—Oye, ¿por qué no nos vemos y comemos juntos donde te parezca?

—Venga, vamos, elige tú el lugar.

—Hombre, yo quiero ir a un restaurante de esos que tienen manteles de cuadros, ya sabes, no quiero grandes restaurantes.

—Bueno, pues venga, ya me dirás tú el que quieres.

—Hombre, la verdad es que yo prefiero que nos reunamos en tu casa, por ejemplo, si no te viene muy mal.

—Pues venga, yo encantado.

Julio Anguita llegó a casa de su amigo acompañado de su compañera, Juana, y de su preciosa niña.

—Mira —le dijo en un momento de la comida—, me ha extrañado muchísimo que hablando el otro día con el Rey me dijo que Baltasar Garzón era un «cazafamas».

—¿Sólo le llamó «cazafamas»?

—Me dijo algo así como «Oye, Julio, ese cazafamas...» y yo le dije, pues no le conozco, pero me sorprende muchísimo que sea tratado así. Está realizando investigaciones vitales para este país en la guerra sucia contra ETA y está ayudando a la limpieza de la función pública. Y el Rey me dijo «bueno, bueno, bueno, te lo digo porque yo no tengo ningún inconveniente en que esto se le transmita a Garzón.

La conversación entre Anguita y el amigo de Garzón sirvió para que éste tratara de poner en antecedentes al juez y prevenirle de la fama que tenía en determinados ambientes. Aprovechó una reunión que habían concertado en Casa Domingo, porque en un momento dado los cocidos madrileños de Lhardy empezaron a cansar y las reuniones se pasaron a este otro restaurante, un lugar más barato. En aquella ocasión, además, se inauguraban los encuentros en el nuevo establecimiento.

El compañero del juez le llamó por teléfono. «Mira —le dijo—, haz el favor de venir un poco antes que quiero hablar contigo a solas.» Garzón llegó a la hora acordada y entre algunas cervezas y aperitivos su amigo le contó lo ocurrido con Anguita. La reacción del magistrado fue sorprendente.

—¡Dice que yo soy un cazafamas! ¡Con los favores que me debe!

Garzón estaba descompuesto. En ese momento llegaron también a la reunión otras personas de la Audiencia Nacional que recuerdan que se quedaron pasmadas ante el ambiente que se encontraron.

—Pero bueno, Baltasar, ¿qué te pasa?, ¿a quién te refieres?

—¿A quién? ¡Al Rey!

Javier Gómez de Liaño recuerda perfectamente que en otro momento Garzón volvió a referirse de manera irrespetuosa hacia don Juan Carlos por ese comentario.

«Lo comentó en su despacho, delante de mí y de mi actual mujer, la fiscal María Dolores Márquez de Prado, y creo que también estaba el fiscal Pedro Rubira. El lenguaje que utilizó estaba fuera de todo decoro, porque Baltasar es muy mal hablado y en ese momento estaba muy alterado y habló en tono muy despectivo y muy desagradable del Rey. Lo que dijo era tan grave que yo personalmente le llamé la atención.»

El incidente quedó grabado en la cabeza de todos los que lo conocieron. ¿Qué favor le podía haber hecho al Rey como para que éste no debiera decir que era un cazafamas?

Un día se desveló la razón de este supuesto trato. Al parecer, cuando Garzón investigaba el sumario del mal uso dado por el Ministerio del Interior a los fondos reservados encontró dos matrices de talones por un valor total de 50 millones de pesetas. Dos matrices que, según dijo en una de sus famosas tertulias, rompió delante del fiscal para no involucrar a la Corona.

El hecho pareció tomar visos de credibilidad años después. A finales de 1999 la titular del Juzgado de Instrucción número 5 de la Plaza de Castilla Carmen Valcarce imputó graves delitos de malversación, de apropiación de fondos reservados y de mal uso de éstos a los antiguos miembros del Ministerio del Interior. En concreto, a los ex ministros José Barrionuevo y José Luis Corcuera; al ex secretario de Estado para la Seguridad, Rafael Vera; a su ex secretario personal, Juan de Justo; al ex director de la Seguridad del Estado, Julián Sancristóbal; también al ex jefe superior de Policía del País Vasco, Francisco Álvarez; al ex director de la Guardia Civil, Luis Roldán; al ex gobernador civil de Vizcaya, Ignacio López; de igual manera, al ex subdirector de la Policía, Agustín Linares; a su jefe, José María Rodríguez Colorado, y al abogado Jorge Argote.

El 26 de noviembre de 1999, *El Periódico de Cataluña* publicaba que, quizás para defenderse de estas imputaciones o para «tirar de la manta», Barrionuevo, Corcuera y Vera habían desvelado en una cena con periodistas que estaban dispuestos a demostrar que una importante cantidad de los fondos reservados había ido a parar a necesidades de la Casa del Rey. Según su testimonio, mientras ellos estuvieron al frente del ministerio durante algunos años se destinaron periódicamente cincuenta millones de pesetas a La Zarzuela.

La noticia cayó como una bomba en la Casa Real, que se apresuró a emitir un comunicado. En él, la jefa de relaciones con los medios de Comunicación, Asunción Valdés, afirmaba que durante ese tiempo todo el dinero que se recibió de Interior estaba destinado «únicamente a gastos de seguridad» y que las cantidades estaban «perfectamente documentadas y justificadas en los archivos». El antiguo jefe de la Casa del Rey, Sabino Fernández Campo se pronunció en el mismo sentido, añadiendo además que estos fondos reservados estaban destinados «a atender cosas que no estaban presupuestadas, que surgían o, simplemente, que eran secretas». Más adelante explicaría que gran parte de estos fondos se utilizaban en pagar las dietas de los agentes de seguridad del Rey cuando el dinero que había se quedaba corto. Una situación que se prolongó hasta que se cambiaron las órdenes ministeriales al respecto.

La Casa Real no fue la única en salir al paso de la información, sino que los propios Vera, Barrionuevo y Corcuera la desmintieron inmediatamente.

«Pero según Garzón, este dinero de los fondos reservados sí que se entregó y sí que podía ser sospechoso de ilegalidad, por lo que decidió romper las matrices de los talones —asegura el juez Joaquín Navarro— y éste era el favor que él dice que le hizo al Rey. Naturalmente, todo esto nos lo contó en las reuniones porque éste, como suele decirse, "no da puntada sin hilo". Y el caso es que ahora, cuando se le recuerda el hecho, se pone indignado, pero aquello ocurrió porque yo estaba allí y lo oí.»

En otra ocasión, cuentan que al final de una copiosa comida, cuando los tertulianos habían tomado ya los dos primeros platos y degustaban los postres, en medio de un ambiente relajado y satisfecho Garzón espetó:

—El Rey me ha llamado desde el palacio de La Zarzuela para pedirme que no siguiera investigando los GAL porque eran un asunto de Estado.

Los bocados se quedaron atragantados, algunas cucharillas permanecieron en el aire sin llegar siquiera a las bocas y se oyó alguna que otra tos nerviosa.

Naturalmente, las palabras del juez desataron todo tipo de comentarios, apoyos y reproches. Alguno de los comensales recriminó la actitud al magistrado:

—Pero hombre, Baltasar, cómo dices esas cosas en público. Será verdad o mentira, pero hombre, eso no se dice en medio de la gente y si te ha pasado de verdad creo que es algo que debes guardar en tu más estricta intimidad o si quieres, como mucho, hacerlo saber en círculos pequeños, pequeñísimos de amigos de toda confianza, porque decir estas cosas que tú dices es algo tremendo.

El temor a los exabruptos del juez hizo que sus más allegados tomaran medidas de prudencia y le advirtieran antes de otras comidas que no soltara «más burradas» en medio de las tertulias porque esos comentarios podían tener consecuencias inimaginables.

—¿A qué os referís? ¿Por qué decís eso? —contestó Garzón con cara de asombro.

—Hombre, Baltasar, a que no vayas a decir más cosas como las del otro día del Rey que te dijo no sé qué.

Ante lo cual, haciendo gala de una amnesia sorprendente, el magistrado respondió:

—¿Qué? No, no, yo no he dicho nada de eso. En absoluto, yo no me acuerdo de haber comentado nada.

—¿Que no te acuerdas? ¿No te acuerdas que contaste delante de todo el mundo que te había llamado el Rey para que no investigaras más?

—¿A mí? No, no, no, en absoluto. Vamos, me extraña muchísimo que pongas eso en mi boca.

—Pero hombre, ¿vas a negar ahora eso si lo dijiste con toda claridad delante de todos? —intervino otro tertuliano.

Garzón volvió a negarlo todo, aunque en esta ocasión lo hizo con la misma rotundidad pero muy nervioso y diciendo que todos los que estaban allí habían inventado ese episodio y estaban en su contra.

LAS CONSPIRACIONES DE SOGECABLE

Los episodios relativos al Rey quedaron ahí, pero aún vendrían otros muchos de los que resultarían graves e importantes acontecimientos. Ocurrió hace ya cerca de tres años. Baltasar Garzón había quedado para cenar con Antonio García Trevijano, Joaquín Navarro, el profesor de Derecho Constitucional, Jesús Neira y el entonces director de *Abc*, Luis María Ansón. La reunión se celebró en un comedor espléndido con una preciosa mesa redonda en el centro que el prestigioso y veterano periodista monárquico tenía al lado de su despacho. Un mayordomo se ocupaba de servir los manjares de aquel ágape donde se iban a desvelar hechos de suma importancia.

Aquella cena era la culminación de un deseo de Baltasar Garzón. *Abc* estaba llevando a cabo una contundente campaña contra el juez, a quien había dedicado cinco portadas en las que criticaba su actividad en determinados sumarios. Entonces, Garzón comentó a sus amigos Antonio García Trevijano y Joaquín Navarro que tendría muchísimo interés en tratar personalmente con Luis María Ansón para charlar con él y que de alguna manera le explicara el porqué de la hostilidad que estaba manteniendo su diario contra él. A la vez, le informaría a Ansón de sus posiciones y se podría llegar a un entendimiento para terminar con aquella situación tensa.

Después de algunas conversaciones entre los tertulianos habituales se concertó una comida en el restaurante El Montecillo en la localidad de Húmera, próxima a Madrid. Luis María Ansón comentó entonces que él tenía mucho gusto de reunirse, pero que le parecían incómodos los lugares públicos porque estaba amenazado de muerte por ETA y no le resultaban agradables los desplazamientos e incluso los mismos restaurantes por no reunir las suficientes medidas de seguridad. «Además —dijo Ansón—, en un restaurante no podemos hablar a gusto porque entran y salen camareros permanentemente y cualquiera sabe de qué padre y de qué madre serán.»

Sugirió que cenaran en la sede de su periódico. «Allí estaremos muy a gusto, gozaremos de absoluta reserva y tendremos a nuestra disposición un camarero de total confianza, con lo cual no habrá riesgos para nadie.» La idea era buena y los futuros comensales quedaron citados para poco después. A Ansón no le gusta desvelar el contenido de las charlas que tenían lugar en esas cenas. Asegura que en ellas se daban muchos titulares periodísticos, pero que se hacían en la más absoluta confidencialidad y ni siquiera él las utilizaba para su propio periódico.

No obstante, en una ocasión en la que incluso se encontraba el juez Javier Gómez de Liaño, todos estaban tomando el aperitivo previo a la cena cuando Luis María Ansón hizo un anuncio, con gran ceremoniosidad y cierta dosis de misterio, que traería consigo unas consecuencias que nadie en ese momento era capaz de predecir: «Tengo muchísimo interés en leeros unos papeles que me han dado. Son muy importantes. Se trata de un informe con solidez y solvencia sobre el grupo periodístico de Jesús de Polanco, Prisa y Sogecable, elaborado por un secretario de Estado o por encargo de un secretario de Estado.»

Todos los que estaban allí no habían oído hablar ni de forma remota de ese supuesto informe. Era la primera vez que escuchaban algo así. Luis María Ansón lo leyó de arriba abajo delante de todos los presentes. En aquellos folios se explicaba que Sogecable podría haber cometido graves delitos al disponer de un millón y medio de fianzas de quince mil pesetas cada una entregadas por los suscriptores de Canal Plus a la hora de contratar el servicio de televisión y de recoger el descodificador.

Al terminar de leer lo que se decía en aquellos papeles, los comensales quedaron impresionados porque daba la sensación de que el dossier recogía una serie de hechos delictivos que podía haber cometido el grupo del diario *El País*. Nadie pronunció ni una sola palabra hasta que el propio Ansón rompió el hielo:

—Bueno, ¿qué?, ¿qué os parece?

El primero en hablar fue Baltasar Garzón:

—Eso es una apropiación indebida, y como me correspondiera a mí la investigación, vamos, yo metía inmediatamente en la cárcel a Jesús de Polanco, a Juan Luis Cebrián y compañía.

Antonio García Trevijano apuntó:

—Yo no soy penalista, pero sí mercantilista y civilista y creo que depende de la distinción técnica-jurídica que podamos establecer entre una fianza y una prenda.

El juez Joaquín Navarro también intervino:

—Hombre, así de pronto no se debe adelantar un criterio, porque la apropiación indebida tiene unas características técnicas y jurídicas muy difíciles de probar. Es necesario que, en definitiva, haya unos perjudicados. Es necesario que haya una disposición de dinero ajeno. Pero si no hay perjudicados, si no hay un perjuicio a alguien en concreto no hay delito de apropiación indebida.

La intervención provocó una discusión con Baltasar Garzón, que quería hacer gala de sus amplios conocimientos en materia de Derecho Penal.

Aquello fue lo más característico de aquella reunión en el *Abc.*

Pasado algún tiempo, concretamente el 27 de febrero de 1997, se celebró un almuerzo en el restaurante Lur Maitea. Allí se reunieron diversos compañeros de la Audiencia Nacional invitados por los fiscales. En la comida se echaba en falta a alguien muy especial, habitual compañero de tertulias, el juez Gómez de Liaño.

—Qué raro que no haya venido Javier, con lo puntual que es para estas cosas.

Por fin apareció Liaño, alterado y con un anuncio sorprendente:

—Perdón por el retraso —se disculpó—, pero a última hora se ha realizado el reparto y me ha correspondido una denuncia contra los administradores de la empresa Sogecable.

Antonio García Trevijano, que al igual que algunos de los presentes ya conocía el caso por el documento leído por Luis María Ansón en la cena de *Abc,* exclamó:

—¡Javier, eso que tienes es importantísimo! —y dirigiéndose a Garzón le apuntó—: Baltasar, me vas a perdonar, pero este caso tiene más importancia política que todos los casos de los GAL que has llevado tú.

A Garzón se le puso la cara del color de la ceniza. A partir de ese momento adoptó una actitud reservada y se quedó callado prácticamente durante toda la comida.

A los pocos días se reunían en una cafetería el fiscal Ignacio Gordillo, la fiscal María Dolores Márquez, el juez Joaquín Navarro y Gómez de Liaño.

El juez confesó algo inaudito:

—¿Podéis creer que Baltasar se me acercó el otro día delante de María Dolores y me dijo que por qué no le traspasaba el caso Sogecable? Me lo ha pedido, me ha dicho que por qué no me voy y se lo doy a él y ha afirmado con toda tranquilidad que yo no sirvo para esa investigación porque hay que tomar medidas drásticas como la prisión de Jesús de Polanco, de Juan Luis Cebrián y quizás de otros y me ha dicho que yo soy muy irresoluto, que él tiene mucha más capacidad que yo y me ha llegado a proponer que me dé de baja por enfermedad y que se lo ceda entonces.

Nadie dijo nada. Las palabras de Liaño sonaron cargadas de preocupación. Los asistentes se habían quedado de piedra ante lo que habían escuchado. Garzón, que tenía un conocimiento anterior del caso, le pedía a otro juez que se lo cediera, lo quería para sí, no estaba dispuesto a que otro alcanzara mayor fama que él en un asunto que podía remover los cimientos empresariales del país. Por fin se escuchó una frase lapidaria: «Este hombre se está volviendo loco.»

Algún episodio curioso y bastante embarazoso para el juez lo ha vivido Baltasar Garzón en un restaurante que frecuentaba con mucha asiduidad. Se trataba de El Pazo de Monterrey, un local de ambiente gallego situado en la calle Abada, paralela a la madrileña Gran Vía, donde compartían mantel, aunque no mesa, Baltasar Garzón y el *capo* del narcotráfico Laureano Oubiña, otro asiduo del lugar y antiguo conocido del magistrado, que le procesó durante la Operación Nécora. Juez y condenado se vieron muchas veces allí, aunque cuidaron de sentarse en mesas alejadas. Una situación especialmente incómoda para Garzón se produjo un día muy señalado con ocasión de una de las primeras comparecencias de Rafael Vera ante él con motivo del caso Marey.

Ese mediodía el juez fue a almorzar al Pazo. El asunto periodístico de la jornada era sin duda alguna la presencia del ex secretario de Estado ante él y los periodistas estaban atentos a cualquier movimiento de Garzón. Era el personaje que en ese momento traía en vilo a la opinión pública y a la clase política. Garzón llegó al restaurante y pidió su comida.

Oubiña también degustaba mariscos. En un determinado momento entraron unos fotógrafos. La situación era comprometida. Se podía conseguir una imagen que demostrara que el juez que perseguía al GAL tenía los mismos gustos culinarios que uno de los delincuentes más conocidos del país. Garzón se alteró, lo dejó todo y se marchó corriendo. La foto no se logró tal y como se había pensado.

En el mismo restaurante Baltasar Garzón solía encontrarse con dos grandes amigos suyos, con Jaime García Añoveros y Antonio Navalón. A la sazón, a Navalón se le relacionaba en el caso Argentia Trust, en el que resultó condenado Mario Conde por apropiarse indebidamente de varios cientos de millones de pesetas. Una condena que quedó plasmada en una sentencia elaborada por el magistrado Ventura Pérez Mariño, compañero de Garzón en su periplo político socialista.

Las relaciones entre Garzón y Navalón no estaban bien vistas en determinados círculos jurídicos. Se asegura que juez y periodista-empresario viajaron hasta Nueva York, se alojaron en un apartamento de Navalón y llegaron a estar presentes como invitados en la toma de posesión del presidente Bill Clinton. Garzón tenía mucho interés en acudir hasta Estados Unidos y quería incluso llegar a estrechar la mano del presidente norteamericano.

Mucho se ha hablado de las comidas, de las tertulias y de las cenas en las que participó Baltasar Garzón junto a sus amigos y en las que se habló sobre delicados temas de la actualidad y de la actividad judicial del magistrado. Una de las dudas que siempre ha asaltado a la opinión pública, y una de las justificaciones que desde distintos ámbitos se ha dado a estas reuniones, ha sido que servían para que desde ellas se urdiera una compleja trama para derrocar al Gobierno, para terminar con el mandato de Felipe González y propiciar así el que el Partido Popular se alzara con el triunfo en las urnas.

Quienes asistieron a estas tertulias admiten que en ellas se hablaba de todo y se criticaba al Gobierno en ocasiones con palabras más que altisonantes. También se reconoce, como se ha visto, que en medio de un mundo de envidias, de intereses y de celos profesionales incluso se llegaban a tramar planes para que los cursos naturales de las cuestiones judiciales cambiaran de rumbo.

Se ha demostrado que hubo maniobras cuyos fines últimos quizás no conoceremos jamás o quizás se reduzcan a simples intereses de dinero. Pero los tertulianos de entonces niegan que formaran parte de una conspiración general, de un plan minuciosamente trazado y en el cual se jugaba con figuras instaladas en la judicatura, en el periodismo, en el mundo de las finanzas y en otros puestos clave del Estado para conseguir derrocar al Gobierno e incluso, como se ha llegado a apuntar, llegar a derrocar a la Monarquía para instaurar un nuevo régimen.

Tanto los jueces como otros profesionales que asistieron a esas reuniones procedían de distintos campos y alardeaban de sus diferentes colores políticos. Todos coinciden en señalar que, allí, de ninguna forma se urdía ninguna conspiración. «Se hablaba mal del Gobierno —dice uno—, incluso muy mal, de forma hasta descortés y poco elegante, pero allí había personas que, como yo, sabíamos muy bien lo que es la conspiración, una trama para delinquir y ni estábamos dispuestos a formar parte de ella ni a permitirla.»

CAPÍTULO CINCO

EL ASUNTO LIAÑO

Al poco tiempo de llegar al Juzgado de Instrucción número 5, Baltasar Garzón se dejó una barba que le encantó a Pedro Almodóvar. Tanto le gustó la imagen del juez, ya de sobra conocido por sus múltiples aunque fugaces apariciones en la televisión subiendo y bajando las escaleras de la Audiencia, que el director de cine la utilizó para dar vida al personaje que interpretaba Miguel Bosé en la película *Tacones lejanos*. El actor encarnaba a un magistrado que por la mañana ejercía su profesión en el juzgado y que por la noche se divertía en los tugurios disfrazado de travesti. El aspecto de Bosé en esa película era idéntico al de Garzón casi en todo, aunque el actor estaba algo más delgado. Por lo demás, se vestía como él, llevaba sus gafas doradas y con una montura casi imperceptible y la barbita del Garzón de entonces, muy fina y que le recorría la mandíbula.

Cuando el juez Javier Gómez de Liaño conoció a Baltasar Garzón, era éste el aspecto que tenía. Se había incorporado al Juzgado número 5 a comienzos de 1988 y Liaño estaba en la Sala Segunda de lo Penal desde 1984. Uno investigaba y el otro ponía sentencias, aunque todos los casos de Garzón no los resolvía la sala de Liaño.

Esta relación primera fue estrictamente profesional. Para Liaño, Garzón era un juez al que saludaba por las escaleras cuando se lo encontraba y del que tenía un buen concepto porque era muy trabajador. Para Garzón, Liaño era un miembro más de una sala de justicia. Quien sí conocía y trataba —personal y profesionalmente— a los dos era la malograda fiscal Carmen Tagle, que jugaría sin saberlo un papel esencial en el acercamiento de ambos. El día en que ETA la asesinó, en 1989, se produjo un giro en las relaciones entre ambos. Una imagen captada en el entierro de la fiscal da fe del cambio que acababa de gestarse. En ella aparecen abrazados ante la tumba Garzón, el juez Carlos Bueren, Liaño y el magistrado Ismael Moreno.

La piña que se formó en ese momento sería la misma que actuaría de forma conjunta contra el terrorismo y el crimen organizado en uno de los periodos más peligrosos y quizás también más bellos de la Audiencia Nacional. Todos actuaron en dos frentes. Por un lado querían luchar contra ETA y por otro buscaban mayor protección personal para no ser las siguientes víctimas. Así se lo hicieron saber al ex secretario de Estado para la Seguridad, Rafael Vera, a cuyo despacho acudieron los jueces acompañados de los fiscales Ignacio Gordillo, Eduardo Fungairiño y María Dolores Márquez de Prado.

La reunión fue muy emotiva, tanto que el propio Gómez de Liaño no pudo reprimir las lágrimas. Bueren también estaba muy emocionado y Garzón, más frío, disimulaba más sus sentimientos. Todos plantearon la necesidad de adoptar mayores medidas de protección y se diseñó un nuevo plan de seguridad. Se asignó una compañía de la Policía para proteger la Audiencia Nacional, se les dio a todos coches blindados y se les colocaron escoltas tanto personales como en sus domicilios.

El trato entre los jueces y los fiscales se incrementa desde entonces. Sus relaciones son cada vez más fluidas y Gómez de Liaño y Garzón comienzan a tejer una tupida amistad. Una relación que se prolongaría más allá de los muros de la Audiencia, ya que continúa cuando Liaño se marcha de la Sala Segunda y se incorpora en 1990 al Consejo General del Poder Judicial como vocal nombrado por el Senado y a propuesta del Partido Popular.

Fue precisamente otra muerte la que ayudó a apretar más aún el lazo de la amistad entre los dos jueces: el asesinato por la mafia italiana del juez Giovanni Falcone, conocido tanto de Liaño como de Carlos Bueren y de Baltasar Garzón. El 23 de mayo de 1993 un salvaje atentado terminó con la vida de Falcone, con la de su esposa Francesca Morvillo y con la de tres de sus escoltas. El plan asesino trazado por el jefe de la mafia Totó Riina había cumplido su objetivo con toda eficacia.

Una llamada de teléfono puso en antecedentes a Liaño. Su compañero Bueren le llamó nada más escuchar la noticia y le propuso acudir hasta Palermo, donde se iban a celebrar los funerales. Los tres inseparables —Liaño, Garzón y Bueren— no dudaron ni un momento. Fueron al aeropuerto y embarcaron en el primer avión. Liaño, que había conocido a Falcone en 1985, representaba al Consejo General del Poder Judicial. Los tres acompañaban en esas horas trágicas a los miembros de la magistratura italiana y a los familiares del juez asesinado. No se separaron ni un minuto. Viajaron juntos, regresaron en el mismo avión y se alojaron en el mismo hotel. Eran los únicos representantes de la judicatura europea. Contemplaron estremecidos el lugar donde fue asesinado Falcone y fueron testigos de cómo los asistentes al funeral arrojaron monedas a las autoridades políticas presentes.

Sus conversaciones en aquellos días no pudieron girar en torno a ninguna otra cosa. Hablaban casi continuamente de la gran pérdida que se había producido en la lucha contra la delincuencia organizada y del peligro que existía de que un atentado similar pudiera repetirse en España contra los miembros de la Audiencia Nacional. Ya habían sido duramente golpeados por el terrorismo, pero también podían sufrir los ataques de las bandas de narcotraficantes o los de delincuentes internacionales contra quienes se arremetía cada vez con mayor dureza desde las filas de la justicia. Giovanni Falcone había muerto por investigar casos muy similares a los que se estaban produciendo en España y había que unirse cada vez más, luchar y prevenir posibles atentados.

Tras estos hechos y a lo largo de los seis años que estuvo Liaño en el Consejo General del Poder Judicial, Garzón acudió en innumerables ocasiones a visitar a su amigo y éste llegó a convertirse incluso en su paño de lágrimas cuando el juez de

Jaén atravesó algunos de los peores momentos de su carrera. La investigación del caso Segundo Marey, reabierto a finales de diciembre de 1994 y tramitado durante largo tiempo, provocó a Garzón situaciones muy adversas, tantas que llegó a solicitar amparo al máximo órgano de gobierno de los jueces y su mayor apoyo en el edificio de Marqués de la Ensenada lo encontró en Javier Gómez de Liaño quien hizo todo lo posible para defenderle y para que el Consejo rompiera lanzas a su favor.

Cuando en 1995 y 1996 se producen los feroces ataques contra Garzón por parte de la prensa, sobre todo del diario *Abc,* y del Partido Socialista, Liaño se siente más unido a él que nunca, le defiende, le ampara e incluso respalda sus actuaciones más allá de lo meramente oficial. También le apoya en espacios públicos y programas de radio. Era una relación de amigo a amigo: salían a comer juntos, iban a cenar con sus esposas y mantenían, en definitiva, una abierta relación de afecto y simpatía.

En el Consejo General del Poder Judicial, Liaño se mostró a favor de emitir un comunicado de amparo hacia la independencia judicial de Baltasar Garzón a raíz del escándalo surgido cuando Televisión Española entrevistó en la cárcel al ex director de la Seguridad del Estado, Julián Sancristóbal, quien manifestó públicamente su inocencia ante los cargos que le imputaba el titular del Juzgado Central de Instrucción número 5 en relación con el secuestro de Segundo Marey a manos de los GAL y afirmó que si Garzón había reabierto este caso era para tratar de derrocar al Gobierno socialista, de cuyas filas había salido malparado hacía poco tiempo. Si los encarcelamientos llevados a cabo por Baltasar Garzón contra la antigua cúpula del Ministerio del Interior trastocaron los cimientos del Gobierno, las entrevistas no autorizadas que realizó Sancristóbal desde la cárcel sin consentimiento judicial desataron un corporativismo que redundó a favor de Garzón.

Su amigo Javier Gómez de Liaño también se revolvió contra las declaraciones que el 3 de enero de 1995 hizo el ex ministro del Interior José Barrionuevo. Una intervención en una de las salas del Congreso de los Diputados en donde Barrionuevo arremetió contra Garzón y en la que llegó a acusar abiertamente al juez de dictar resoluciones aun sabiendo que eran injustas y de cometer, por tanto, un delito de prevaricación.

El vocal adjunto a la presidencia del Consejo General del Poder Judicial, Javier Gómez de Liaño, quiso enmendar las palabras del ex ministro y buscó las alianzas necesarias para ello. Vio con agrado cómo una persona como el entonces vicepresidente del Consejo, el conservador José Luis Manzanares, le apoyaba en sus propuestas de respaldo a la independencia de Garzón, pero también apreció con perplejidad cómo otros vocales, compañeros suyos en la gran mesa de plenos, no compartían sus opiniones y se resistían a respaldar su defensa a ultranza del juez de la Audiencia Nacional.

Varios de ellos sostenían en privado que detrás de las resoluciones de Garzón no había sólo motivos jurídicos, sino también razones que parecían inconfesables y por supuesto ajenas a la justicia. Pese a la polémica suscitada, el 25 de enero de 1995 el pleno del Consejo General del poder Judicial emitió por unanimidad su más contundente declaración institucional hasta entonces. En ella respaldaba con toda firmeza a Baltasar Garzón contra los ataques que había sufrido por parte de Barrionuevo, del entonces portavoz del PSOE en el Congreso, Joaquín Almunia; del presidente de Extremadura, Juan Carlos Rodríguez Ibarra; del ex presidente del Senado, Juan José Laborda; del presidente del Partido Nacionalista Vasco, Xabier Arzalluz; del ex presidente de la Comunidad Autónoma de Madrid, Joaquín Leguina, o del presidente de Andalucía, Manuel Chaves, entre otros. Era un gran triunfo para él y una satisfacción para su amigo Javier. Era a la vez un signo más de amistad entre ellos y en cierto modo también una muestra de que en los despachos oficiales no se trataban los casos atendiendo única y escrupulosamente a razones judiciales.

BUEREN DEJA LA AUDIENCIA

El 16 de enero de 1996 saltó a los informativos una noticia que cambió notablemente el curso de la vida de los tres jueces que en otro tiempo habían sido uña y carne: Baltasar

Garzón, Javier Gómez de Liaño y Carlos Bueren. Este último, titular del Juzgado Central de Instrucción número 1 de la Audiencia Nacional, anunciaba que dejaba la carrera judicial y que afrontaba nuevos y mejor pagados casos en el campo de la abogacía privada. En breve se incorporaría al prestigioso bufete de abogados de Rodrigo Uría y Aurelio Menéndez, uno de los más importantes del país y en el que trabajaban más de ciento cincuenta profesionales. Carlos Bueren dejaba atrás nueve años como *superjuez* instructor a lo largo de los cuales se había hecho cargo de la investigación de los famosos «papeles de Sokoa» incautados a ETA, de las investigaciones sobre el secuestro del industrial Emiliano Revilla y, más recientemente, del espinoso caso Lasa y Zabala sobre la presunta muerte de los dos etarras a manos de guardias civiles del cuartel donostiarra de Intxaurrondo.

Bueren pedía al Consejo General del Poder Judicial una excedencia voluntaria de dos años y abandonaba también al entonces ministro de Interior y Justicia Juan Alberto Belloch. Dejaba atrás a los políticos que le cortejaban con promesas de nombrarle director general de la Policía y rechazaba las proposiciones de Belloch para ser su hombre de confianza en el Consejo General del Poder Judicial. También perdía de vista a Garzón, con el que por aquel entonces había roto la amistad y apenas se hablaba ya a causa de ciertos incidentes en las investigaciones del caso Segundo Marey.[6] Carlos Bueren se incorporaría al bufete de abogados como socio número veinte, sin sueldo fijo, pero ganando un porcentaje anual que le haría ingresar varias decenas de millones de pesetas al año —en torno a cincuenta, según estimaciones fiables— por encabezar el área de Derecho Mercantil de la firma.

Baltasar Garzón ve una oportunidad única para que su amigo Javier Gómez de Liaño regrese a la Audiencia Nacional y esté a su lado. Habla con él: «Garzón —recuerda Liaño— me pide que me vaya con él a la Audiencia porque está muy solo. Delante de mi mujer me pidió que optara a la vacante

---

[6] Ver capítulo ocho.

que había dejado Bueren, "me harías un gran favor, me ayudarías, me respaldarías, y serías mi sustituto reglamentario...". Él —añade Liaño— estaba muy apurado en aquella fecha por todos los ataques que recibía.»

Liaño no estaba muy convencido, pero sopesó otra razón. Tarde o temprano tendría que salir del Consejo General del Poder Judicial y regresar a la Sala Segunda de la Audiencia Nacional, y tenía dos problemas para ejercer como juez imparcial en esa sala. Por un lado, su relación sentimental con la fiscal María Dolores Márquez de Prado, que le podía acarrear más de una abstención en algún caso y posiblemente alguna recusación. Pero por otro lado, Liaño debía incorporarse a la sala que iba a juzgar el caso Banesto contra Mario Conde, en el que estaba imputado su hermano Mariano Gómez de Liaño, abogado del ex banquero. Si volvía a la Sala Segunda podría abstenerse de conocer cualquier aspecto de esta causa, pero como mejor solución al problema que podría plantearse decidió optar a un juzgado de instrucción y, de esta forma, poner tierra por medio y alejarse aún más de cualquier interferencia con el polémico y espinoso asunto de Conde.

Finalmente, el 13 de febrero de 1996, un minuto antes del día de los enamorados y cuando estaba a punto de finalizar el plazo para optar al puesto que había dejado Bueren, Liaño entrega su propuesta en la central de Correos, en la Plaza de Cibeles. Se acababa de producir la declaración formal de amor entre los dos jueces. El 8 de abril de 1996, Gómez de Liaño lleva a cabo su reentrada oficial en la Audiencia Nacional. Nadie podía imaginar que ése era el comienzo de su fin como juez. Una caída que empezaba entonces para él y que culminaría tan sólo tres años más tarde.

Pero como todo lo recién nacido es bello, en esa época los dos jueces y amigos viven una de sus relaciones profesionales e incluso personales más estrechas. Recuerda Liaño: «Cuando llegué a la Audiencia Nacional el trato con Baltasar se intensifica. Nuestros juzgados se sustituyen cuando uno de los dos no está; también nos vamos ayudando, él me consulta, me habla de muchos asuntos que investigaba y en especial de los problemas que tenía con los GAL.»

Las visitas entre despachos son constantes, los comentarios entre ellos también. Si Garzón tramitaba el asunto Marey, Liaño investigaba al mismo tiempo el caso Lasa y Zabala. En ocasiones, cuando un testigo terminaba de declarar en uno de los juzgados por un sumario, a continuación entraba en el otro para esclarecer ciertos aspectos del otro asunto judicial, aunque Liaño se niega en redondo a admitir este tipo de maniobras.

«Si Baltasar tenía dudas o problemas me los consultaba, pero en absoluto nos hemos pasado testigos. No ha sido nunca mi forma de trabajar ni mi manera de ver las cosas.»

Un ex ministro del Interior como José Luis Corcuera asegura que el trato entre los jueces iba más allá de lo puramente judicial y defiende que ambos colaboraban en el acoso al Gobierno y que la amistad personal, que trascendía a las razones puramente jurídicas, perjudicó a muchas personas, entre otras a él mismo. «¿Cómo puede decir un juez que ha pedido el traslado desde el Consejo General del Poder Judicial hasta la Audiencia Nacional para ir a ayudar a otro? —se pregunta Corcuera—. ¿En qué tenía que ayudarle? ¿Es que hacían las instrucciones en comandita? Estaba claro que su amistad jugaba entonces a favor del uno y del otro. ¡Qué interesante! ¡Qué buena vara de medir! Y por esa vara, contaminada a causa de la amistad entre ambos, se nos midió a Rafael Vera y a mí cuando durante la investigación del caso Marey presentamos nuestros escritos de recusación diciendo que Garzón no podía investigar aquel caso porque tenía intereses personales en él. Y nuestros papeles, nuestras peticiones eran resueltas por Liaño, que era amigo suyo y que no iba a actuar en su contra, y que ahora dice que si hubiera sabido cómo era realmente Garzón hubiera actuado de otra manera. ¡Qué curioso que por aquel entonces la justicia se aplicara sin tener en cuenta que la administraban dos amigos que de ninguna forma se iban a perjudicar entre ellos y sí en contra de nosotros!»

La amistad entre Liaño y Garzón se capta públicamente cada día en las puertas de la Audiencia Nacional. A la hora del desayuno los dos salían de sus despachos y se encaminaban hacia la cafetería Riofrío. «Acostumbrábamos a vernos todas las mañanas para ir a tomar café —recuerda Liaño—. Dábamos un paseo corto y charlábamos. Eran unas conversaciones en las que predominaban la frivolidad. A mí no me gustaba salir a desayunar siempre, y de hecho defendí que se pusiera en la Audiencia Nacional un barecillo o unas máquinas de café para no tener que pasar continuamente por delante de las cámaras de los fotógrafos y de las televisiones, algo que a Baltasar le encantaba porque es un obseso de la imagen aunque fingiera lo contrario.»

Los dos jueces también acostumbraban a comer o a cenar junto a sus esposas en casa de Garzón o en algún restaurante. Liaño y María Dolores conocieron a Rosario, la mujer de Garzón, por entonces ocupada en sus clases en un instituto de la localidad madrileña de Pozuelo y en cuidar a los tres hijos que tiene el matrimonio. Quienes la conocen aseguran que Rosario, la Yayo a la que conoció Garzón siendo adolescente, es una mujer excelente, de personalidad dulce, templada, equilibrada y resignada a la gran actividad y al incesante dinamismo de su marido.

Baltasar Garzón llevó a su amigo Javier y a su mujer María Dolores al famoso Pazo de Monterrey. En un par de ocasiones acudieron al restaurante El Montecillo, donde también se juntarían con ocasión de otro tipo de reuniones con el periodista Luis María Ansón. También acudieron en un par de ocasiones a conciertos en el Auditorio de Música de Madrid, situado en la calle Príncipe de Vergara. De forma menos formal, estuvieron en un concierto de Luis Eduardo Aute en el Palacio de Exposiciones y Congresos y en la Plaza de Toros de Las Ventas escuchando el espectáculo de Ana Belén, Víctor Manuel, Miguel Ríos y Serrat, *El gusto es nuestro.*

Garzón trató incluso de contagiar a sus amigos su afición por los toros y un fin de semana les llevó a una tienta que se organizó para presentar a un torero que él mismo apadrinaba; un joven andaluz que comenzaba entonces su carrera. La fiesta campera se celebró a las afueras de Madrid, cerca de El Escorial, y en ella, como es habitual, se vieron los toros, se comió y se bebió en abundancia y se entablaron distendidas conversaciones entre los asistentes. Garzón estaba en su salsa y le gustaba que Liaño fuera partícipe de su alegría. Lo cierto es que aquella fiesta gastronómica y taurina dejó un buen recuerdo en todos los que estuvieron allí.

LOS CELOS DE GARZÓN

A lo largo de tres años, de 1996 a 1999, las relaciones entre los dos jueces recorrieron una trayectoria que fue desde el amor al odio elevado incluso a instancias judiciales. De los momentos de fiesta y alegría, de vino y rosas, se pasó a los agrios enfrentamientos entre Garzón y Liaño nada menos que ante los mismísimos magistrados del Tribunal Supremo. Dos personas que fueron grandes amigos rompían poco después sus relaciones para toda la vida.

No era la primera vez que Baltasar Garzón pasaba de la amistad más entrañable al desprecio. El primer personaje que se apeó —o al que apearon— de aquella emotiva fotografía de los jueces de la Audiencia Nacional abrazados ante la tumba de la fiscal Carmen Tagle fue a Carlos Bueren.

Compañeros de ambos jueces mantienen que Garzón sentía unos celos enfermizos por Carlos Bueren, un instructor que tramitaba asuntos de tanta importancia o más que los del propio Garzón pero que, al contrario que él, nunca quiso destacar en los medios de comunicación y evitaba toda presencia ante las cámaras y casi todo contacto con los periodistas. Pero él lo hacía de verdad, no como una farsa.

Su juzgado y el de Baltasar Garzón se sustituían entre sí. Pero ya surgían temores a que Garzón tratara de inmiscuirse. Ese temor llevó a Bueren en ocasiones a romper su descanso anual. El 24 de julio de 1995, el titular del Juzgado número 1 prefirió suspender sus vacaciones para tomar declaración en persona a un testigo del caso Lasa y Zabala, para evitar que Garzón interfiriera en este asunto. No era para menos, ya que se trataba de la declaración de un teniente del cuartel de Intxaurrondo que relató cómo su compañero Carlos Marrero le contó a su novia poco antes de suicidarse que Lasa y Zabala habían sido asesinados por guardias civiles.

Las rupturas de relaciones del juez con compañeros a los que había estado muy unido responden a problemas de celos profesionales. «Garzón —indica un fiscal— siempre ha roto con la gente cuando ha visto que destacaba más que él.» Otro miembro del ministerio público recuerda: «El distanciamiento con Bueren se va haciendo cada vez mayor y la primera fisura se produce precisamente cuando Carlos instruía el caso Lasa y Zabala y se realizaron unos trámites, una comisión rogatoria que se había encargado a la Guardia Civil sobre la obtención de piezas balísticas.»

La atracción que sentía Garzón por investigar el caso Lasa y Zabala persistió tras la salida de Bueren de la Audiencia: fue tal que, según revela el juez Gómez de Liaño: «Cuando empecé a encarrilar el sumario y a avanzar en la investigación, un día, en el despacho de mi mujer, María Dolores —pues normalmente nos reuníamos allí o en el del fiscal Ignacio Gordillo—, Baltasar, abiertamente, casi descaradamente, me dijo que le pasase el caso Lasa y Zabala. Simplemente con mirarle ya me entendió que no, que de ninguna de las maneras y entonces pretendió justificar su petición diciendo que en su juzgado había unos precedentes del caso y que por tanto yo tenía una excusa para poder inhibirme y él podría unir el asesinato de Lasa y Zabala a su investigación sobre los GAL. En fin, era una de esas cosas que él suele hacer, guardarse dossieres en el cajón para cuando los necesite, pero el caso es que yo zanjé de golpe la discusión porque aquella proposición me pareció que era demasiado grave.»

Un conocido abogado, curtido en mil procesos, tiene muy claro que la amistad entre Garzón y Liaño se fue fragmentando a causa de los celos: «Garzón rompió con Liaño porque no le toleraba, porque Liaño empezó a jugar también a ser un juez estrella y aunque hubo un tiempo en que estaban muy unidos, de pronto se produjo el estallido. Hay que conocer a Baltasar para darse cuenta de que no soporta a alguien igual o superior a él a su lado.»

Pero sin duda alguna, la gran cicatriz que se abre entre Garzón y Liaño llega a su peor momento en una fecha muy señalada, el 25 de marzo de 1997. Ese día, el juez Baltasar

Garzón dictó un auto de prisión contra el abogado gallego Pablo Vioque por su presunta relación con un alijo de dos mil kilos de cocaína. Vioque, que estaba establecido entonces en la localidad de Villagarcía de Arosa, fue asesor del conocido narcotraficante Laureano Oubiña y también del clan de los Charlines. La detención de este abogado se llevó a cabo tras la declaración voluntaria en la Audiencia Nacional de Manuel Vázquez, una persona que se encontraba en rebeldía desde febrero de 1995 cuando el entonces juez Carlos Bueren desarticuló una red de narcotraficantes que se encontraba detrás del barco *Dobell*, que en 1991 transportó casi dos mil kilos de cocaína que aparecieron flotando en la ría de Cedeira. Después de tres años de paralización, las declaraciones de Manuel Vázquez dejaban ver que entre los supuestos organizadores de esa red de narcotráfico se encontraba el abogado Vioque entre otros y Garzón no dudó en meterle entre rejas.

Hasta aquí todo parecería normal si no fuera porque el juez del Juzgado número 5 dicta la orden de prisión cuando no estaba presente quien llevaba el sumario en el que estaba imputado Vioque, Javier Gómez de Liaño, el titular del Juzgado número 1, que en aquellas fechas se encontraba pasando unos días de vacaciones con su mujer en Fuerteventura.

«Garzón se inmiscuyó en mis asuntos y la detención de Vioque fue el detonante que produjo la ruptura porque sus métodos no fueron nada ortodoxos —asegura Liaño—, María Dolores y yo estábamos en la playa disfrutando de un permiso oficial y Garzón me sustituía de forma reglamentaria. Hablábamos por teléfono todos los días y él me decía "no pasa nada Javier, no te preocupes que no hay nada de particular". El caso es que otro día hablé con un oficial del juzgado que llevaba precisamente este caso de tráfico de drogas y me dijo que Baltasar Garzón se había hecho cargo de la investigación. No respetó lo que hacemos los jueces cuando nos sustituimos unos a otros, que es tramitar sólo las cosas rutinarias hasta que vuelva el titular. Y Garzón, con la excusa de que yo estaba ausente, ¡tres días!, argumentó que el asunto era urgente, encarceló a Pablo Vioque y se metió a saco en mi investigación. Yo regresé a Madrid disgustado y al día siguiente entré en mi despacho con ganas de aclararlo todo. Llamé a Garzón. Bajó a mi juzgado y le pregunté qué había pasado, qué era tan urgente como para no poder esperar sólo tres días y tener que tomar en mi ausencia una determinación tan grave como es la de meter en la cárcel a una persona. La contestación que me dio Baltasar me dejó helado. Me dijo textualmente que había encarcelado a Vioque ¡porque le tenía muchas ganas! Él tramitaba un caso en el que no había podido implicarle por falta de pruebas y entonces utilizó a dos personas, dos famosos arrepentidos que estaban procesados en el caso que yo llevaba, para que cambiaran su testimonio a cambio de la libertad e hicieran una declaración en mi ausencia implicando a Pablo Vioque. Fue un hecho muy grave y en lo personal, para mí, fue el comienzo del declive de una relación.»

«SALVAD A ORTEGA LARA»

Ese ansia por salir en la foto y figurar en todos los casos relevantes provocó otro roce que, a la postre, sería definitivo, cuando se inmiscuyó en la liberación de José Antonio Ortega Lara, un caso que también estaba en manos de Gómez de Liaño.

Garzón se encontraba de guardia en aquella semana del 31 de junio y el 1 de julio de 1997. A su juzgado llegó el aviso de que existían muy fundadas sospechas de que se había localizado el lugar donde se encontraba el zulo en el que los terroristas tenían encerrado desde hacía un año y medio al funcionario de prisiones. En vez de avisar al titular del juzgado que tramitaba esa investigación, Garzón asumió el protagonismo y se puso en marcha. Organizó todo, firmó órdenes, encargó los traslados hasta el País Vasco, movilizó a funcionarios, dirigió a agentes, hizo de todo... excepto llamar a quien llevaba desde hacía muchos meses la investigación.

«La Guardia Civil se puede dirigir a ti —puntualiza un fiscal—, pero ahí está tu honradez para decirles que vayan al juzgado que lleva el procedimiento abierto y que se lo digan al juez natural. Luego, ya todos de acuerdo, se puede hacer todo lo que se quiera.»

Garzón prefirió tomar la delantera. Avisó al fiscal Pedro Rubira, pidió un avión al Ministerio del Interior y se fue hacia Mondragón. Estuvo presente en la detención de los secuestradores, levantó actas, tomó cuenta de declaraciones y de transcripciones, todas las cuestiones burocráticas y legales se realizaron de manera exquisita. Poco más tarde se fue con los etarras hasta la nave industrial donde se sospechaba que estaba el zulo.

—¿Qué hay ahí dentro? —preguntó antes de penetrar en la fábrica.

—Nada, nada —respondió uno de los terroristas con un marcadísimo acento vasco—, sólo un perro.

Era quizás la clave para entrar y revolver todo lo que allí había, sobre todo maquinaria de gran tonelaje, y tratar de descubrir el escondite. Los etarras miraban cómo los guardias civiles se esforzaban inútilmente. Las horas de la madrugada iban pasando, el frío se incrementaba y el desánimo empezaba a hacer mella en todos.

Garzón comienza a desanimarse. Los guardias civiles, ante la incredulidad del juez, tomaron la determinación de levantar entre todos una pesadísima máquina bajo la cual se descubrió por fin el infecto zulo en el que se había mantenido a Ortega Lara.

«Entonces Garzón volvió a su papel estelar —dice un fiscal—, cuando vio que allí había una entrada quiso bajar para que le viera Ortega Lara y quedar como el gran salvador, pero no fue así. Entró un agente, habló con la víctima, la tranquilizó y José Antonio no tenía ni idea de Garzón y no tenía ninguna gana de verle. Estaba muy asustado y lo que quería era marcharse a su casa con su mujer y su hijo. Así que el juez se quedó sin entrar en el zulo y la verdad es que no sé si hubiera pasado porque la entrada era muy estrecha y yo creo que él a lo mejor no hubiera cabido.»

Mientras todo esto sucedía Javier Gómez de Liaño dormía plácidamente en su casa. Había tenido noticias de que la liberación de Ortega Lara podía estar al caer, pero nadie le había avisado de nada en concreto. La mañana de la puesta en libertad se despertó pronto y se quedó perplejo ante lo que escuchó en la radio. De golpe dos liberaciones, la de Cosme Delclaux y la de Ortega Lara. Sin duda dos buenas noticias, pero ¿por qué nadie le había avisado del feliz desenlace del secuestro del funcionario de prisiones si éste era un asunto de su juzgado?

La respuesta le llegó enseguida. A las siete y media de la mañana recibió una llamada de Baltasar Garzón desde Mondragón, desde el mismo lugar de los hechos.

—¿Javier?

—Sí.

—Soy Baltasar. Estoy en Mondragón. He venido aquí y hemos liberado a Ortega Lara. Llevo en este lugar desde anoche porque como estaba de guardia me avisaron y salimos corriendo. Simplemente te he llamado para que lo sepas.

—¡Ah!, muy bien. Buenos días.

Y le colgó el teléfono. Fue la última vez que ambos jueces, antaño inseparables amigos, tuvieron una conversación.

Pasados dos días es Liaño quien junto al fiscal Ignacio Gordillo se traslada a Mondragón para realizar las últimas pesquisas judiciales sobre el terreno. La situación es ridícula, en tan sólo 48 horas dos magistrados de dos juzgados de una misma Audiencia habían pasado por el lugar de los hechos.

Los dos jueces ya apenas se hablaban. Atrás quedaban también otras rupturas de Baltasar Garzón, por ejemplo con los fiscales de la Audiencia Nacional. Con uno de ellos en especial, el actual fiscal jefe, Eduardo Fungairiño, había mantenido una buena amistad y un trato de cariño dentro de los muros del juzgado y de la Fiscalía. En múltiples ocasiones había recibido un trato protector y poco a poco fue perdiendo también todo contacto con él.

La separación se produjo a raíz de la inspección que llevó a cabo la Fiscalía General del Estado en la Fiscalía de la Audiencia Nacional para detectar posibles irregularidades cometidas por los entonces denominados «fiscales rebeldes» o «fiscales indomables».

Tal denominación había surgido con motivo de la brecha que se abrió entre éstos y su anterior jefe, José Aranda, a propósito de la presentación de la querella contra el ex banquero Mario Conde y los antiguos gestores de Banesto. La Fiscalía quedó dividida en dos partes. De un lado el fiscal jefe Aranda, apoyado por sus superiores en la Fiscalía General, y del otro «los rebeldes», Eduardo Fungairiño, María Dolores Márquez de Prado, Pedro Rubira e Ignacio Gordillo. El fiscal jefe de la Inspección, Juan José Martínez Zato, envió a un grupo de expertos a realizar un análisis exhaustivo de la marcha de los procedimientos y de la forma en que se tramitaban. Encontró defectos que terminaron en sanciones que después no llegaron a ninguna parte y la peor parada fue la fiscal María Dolores Márquez, que fue trasladada a un juzgado de instrucción pero que finalmente ganó los recursos y tras pasar por la Audiencia se incorporó a un nuevo destino en el Tribunal Supremo.

«Cuando estuvimos expedientados y en todos los periódicos aparecíamos como rebeldes —dice Ignacio Gordillo, considerado uno de ellos—, a Garzón ya no le interesó que le relacionaran con nosotros y evitó cosas que antes le encantaban, como salir a tomar café. Para su imagen no era bueno aparecer con ciertas personas. Una televisión, no sé si Tele 5 o Antena 3 le sorprendió cuando regresaba de la cafetería Riofrío y se le escuchó decir: "No, si ahora me van a pescar con los rebeldes." Estaba claro, para la opinión pública éramos un grupo expedientado, sancionado y con carácter incluso *golpista* y no le venía nada bien aparecer con nosotros. En cambio, si en ese momento nos hubieran dado una medalla, ¡anda que no hubiera venido enseguida para invitarnos a desayunar! Pero la situación era la contraria y eso dañaba mucho la imagen de alguien que sólo busca subir, subir y subir.»

SOGECABLE: LA BATALLA FINAL

Y si Baltasar Garzón ya se había separado hacía tiempo de Carlos Bueren, estaba distanciado de los «fiscales indomables» y entre Gómez de Liaño y él se había abierto un precipicio cuyos bordes eran ya imposibles de unir; el cambio entre ruptura y enemistad manifiesta se produce por la tramitación que Liaño hace del caso Sogecable.

En el registro general de la Audiencia Nacional se presentó una querella acompañada de un informe técnico contra los gestores de la sociedad Canal Plus a quienes se imputaba haber usado los depósitos de sus abonados para financiarse y repartirse dividendos. Los querellantes pedían que se investigara si los directivos de Sogecable se habían apropiado de 23.000 millones de pesetas propiedad de los abonados —las fianzas a cambio del decodificador— que según ellos serían intocables. Por su parte, las defensas argumentaban que los depósitos de los abonados se habían utilizado legítimamente y que los gestores de Sogecable no se habían apropiado de ellos porque la ley no obligaba a la inmovilización de este capital y otras muchas grandes empresas ya habían actuado de forma semejante sin que pasara absolutamente nada.

El caso Sogecable cayó en el juzgado de Liaño y la postura de Garzón ante él cambió de un extremo a otro: si en un principio se manifestaba partidario de mandar a todos los presuntos responsables a la cárcel, según distintos testimonios recogidos, después se convertiría en uno de sus mayores defensores.

Liaño llegó a tomar declaración a la máxima autoridad de Sogecable, a Jesús de Polanco, a quien impuso una serie de medidas cautelares enérgicamente rechazadas por la Sala de lo Penal de la Audiencia Nacional y posteriormente también por el Tribunal Supremo, quien en 1999 puso punto y final a este caso condenando al juez por un delito continuado de prevaricación y expulsándole de la carrera.

Pero antes de esto ocurrieron muchos percances entre bastidores, tras el escenario judicial de la Audiencia y durante la tramitación del caso, que duró doscientos cincuenta días y que terminó con su archivo en el otoño de 1998.

Según uno de los que apoyaron a Liaño, el acercamiento de Garzón al grupo de Polanco no solamente le proporcionaba la satisfacción de estar en el carro vencedor sino también algunos ingresos: «Antonio Navalón, tan cercano a Prisa y al PSOE, es su amigo íntimo y es él quien le hace ganar buenas sumas de dinero. Le proporciona invitaciones de universidades norteamericanas y de instituciones privadas para que vaya a dar conferencias que se pagan a peso de oro. Me han asegurado que le han llegado a pagar 50.000 dólares, más de

7 millones de pesetas, con viaje y estancia aparte, por cada conferencia.»

En efecto, Baltasar Garzón ha estado en algunas ocasiones en Estados Unidos impartiendo conferencias sobre drogas, tráfico de armas y criminalidad organizada, aunque no se ha podido contrastar la cantidad de dinero que ha percibido por ello. ¿Estará ahí la razón de su cambio de actitud?

Garzón comenzó a comentar entre sus allegados que Liaño estaba prevaricando en el caso Sogecable con las actuaciones que estaba realizando y con las medidas cautelares que estaba tomando. Pero la culminación de su transformación llegó cuando Juan Luis Cebrián fue llamado a declarar por Liaño y el imputado recusó al juez. Presentó contra él una serie de motivos para apartarle del caso.

Argumentaba el antiguo director de *El País*, por ejemplo, que Liaño mantenía una animadversión contra él porque a comienzos de los años ochenta el padre del juez, junto a otros cuatro magistrados, había dictado una sentencia condenatoria contra el periodista. También indicaba que *El País* había criticado a Liaño y a su esposa y que por ese motivo el juez actuaba en su contra. Por último, decía que tenía interés en la causa porque uno de los querellantes, el periodista Jaime Campmany, era suegro de la hermana de la fiscal María Dolores Márquez, con quien Liaño mantenía una relación sentimental.

Liaño tramitó la recusación y como era preceptivo la envió para su resolución a Baltasar Garzón. Se abrió el proceso para tramitar la pieza separada de la recusación. El 1 y el 2 de septiembre de 1997 se citó a declarar como testigos a Jaime García Añoveros, a Joaquín Navarro y a Jesús Neira. Se les hicieron, literalmente, estas preguntas:

«1º Diga ser cierto que D. Joaquín Navarro le refirió a usted que el 28 de marzo de 1997 —a la sazón, Viernes Santo— el citado Sr. Navarro Estevan participó en el Restaurante Lur Maitea, de Madrid, en una cena en la que, asimismo, fueron comensales el Juez D. Javier Gómez de Liaño Botella, la Fiscal Dña. María Dolores Márquez de Prado, el Fiscal D. Ignacio Gordillo, D. Antonio García Trevijano y D. Jesús Neira.

2º Diga ser cierto que D. Joaquín Navarro le comentó a usted que en dicha cena-reunión se abordó de manera clara, directa y nuclear la cuestión de la denuncia formulada por D. Jaime Campmany contra D. Jesús de Polanco y otros, que dio lugar a las Diligencias Previas 54197, en el Juzgado Central de Instrucción nº 1.

3º Diga ser cierto que D. Joaquín Navarro le comentó a usted que en el curso de la aludida cena-reunión D. Antonio García Trevijano insistió reiteradamente en que tanto la denuncia de D. Jaime Campmany a que se refiere la anterior pregunta como la posterior querella formulada por D. Javier Sáinz Moreno, aun careciendo de suficiente fundamentación jurídica sustantiva constituían el pretexto idóneo para atacar de manera frontal los intereses del Grupo Prisa y —según palabras textuales del Sr. García Trevijano— acabar de una vez con Polanco y lo que representaba.

4º Diga ser cierto que D. Joaquín Navarro le comentó a usted que él personalmente objetó que tal planteamiento del Sr. García Trevijano (al que se refiere la pregunta anterior) era, literalmente, «una barbaridad», y ello no sólo por la palmaria ausencia de ilícitos penales derivada de los hechos objeto de la denuncia del Sr. Campmany y de la querella del Sr. Sáinz Moreno, sino, igualmente, en razón de la evidente falta de legitimación del Sr. Sáinz Moreno para actuar como letrado de la acción popular.

5º Diga ser cierto que el Sr. Navarro Estevan le comentó a usted que tanto el juez D. Javier Gómez de Liaño Botella como la Fiscal doña María Dolores Márquez de Prado expresaron, en la tantas veces aludida cena-reunión, una opinión exactamente coincidente con la de D. Antonio García Trevijano, a la que se hace referencia en la tercera pregunta de este interrogatorio.

6º Diga ser cierto que a la vista de las objeciones formuladas por el Sr. Navarro Estevan —y que se relacionan en la cuarta pregunta—, siempre según los comentarios que a usted le hizo D. Joaquín Navarro, el Juez D. Javier Gómez de Liaño Botella, la Fiscal Dña. María Dolores Márquez de Prado y D. Antonio García Trevijano consideraron la conveniencia de que D. Antonio García Trevijano redactase y presentase otra querella "con el fin de mantener vivo el asunto", según palabras textuales que a usted le refirió el Sr. Navarro Estevan concluyendo, igualmente, la conveniencia de introducir a nuevos letrados en el asunto y particularmente a D. Manuel Murillo.

7º Diga ser cierto que D. Joaquín Navarro le ha referido a usted que a raíz de la tan reiterada cena-reunión del 28 de marzo de 1997, han venido siendo constantes los encuentros entre el Juez D. Javier Gómez de Liaño Botella, la Fiscal doña María Dolores Márquez de Prado y D. Antonio García Trevijano, siempre con el objeto de buscar cauces para procurar que la causa 54/97 genere, ya por su duración ya por las medidas cautelares adoptadas, el mayor gravamen posible a D. Jesús de Polanco y al Grupo Prisa.

8º Diga ser cierto que D. Joaquín Navarro Estevan le ha referido a usted que a raíz de la cena-reunión del 28 de marzo de 1997, el Juez D. Javier Gómez de Liaño Botella ha reiterado la remisión, a D. Antonio García Trevijano de borradores de diversos autos recaídos en la causa 54/97 antes de proceder a dictar dichos autos de manera formal.

9º Diga ser cierto que, siempre según referencias de D. Joaquín Navarro, el pasado 1 de mayo de 1997 se celebró una reunión entre el Juez D. Javier Gómez de Liaño, la Fiscal doña María Dolores Márquez de Prado y D. Antonio García Trevijano, con el fin de hallar una cobertura formal que explicara la intensa relación que venían manteniendo dichas tres personas, para lo cual las mismas personas concluyeron en decidir que D. Antonio García Trevijano asumiera formalmente la defensa de doña María Dolores Márquez de Prado en el expediente disciplinario que dio lugar a su traslado forzoso de la Audiencia Nacional.

10º. Diga ser cierto que desde la incoación de las diligencias previas 54/97 que se tramitan ante el Juzgado Central de Instrucción nº 1, D. Jaime Campmany —siempre según le ha referido a usted D. Joaquín Navarro Estevan—, ha venido manteniendo constante comunicación con el Juez D. Javier Gómez de Liaño Botella y la Fiscal doña María Dolores Márquez de Prado, siempre con el monotemático objeto de evitar el sobreseimiento de la causa contra D. Jesús de Polanco.

11º Diga ser cierto que a usted le consta la existencia de una relación profesional de asesoramiento entre D. Antonio García Trevijano y las cadenas Televisa y Vía Digital y, así mismo, que dicha relación data de fechas anteriores a la comida-reunión a que se viene haciendo alusión y exprese usted, igualmente, desde cuándo data en términos concretos la mentada relación de asesoramiento.»

El interrogatorio era durísimo y dejaba entrever las sospechas de que se había urdido una conspiración, guiada por García Trevijano y secundada por Liaño y su mujer, para terminar con uno de los principales grupos de comunicación del país que además apoyaba al gobierno del PSOE.

En las respuestas se puso en evidencia quién estaba claramente encuadrado en cada uno de los bandos que se habían formado, y quién mantenía una postura diplomática.

Jaime García Añoveros, amigo de Garzón, respondió a la pregunta sobre la cena del Viernes Santo, 28 de marzo de 1997, en el restaurante Lur Maitea, que fue un almuerzo y que ya se habían celebrado reuniones iguales en las que se había comentado que García Trevijano preparaba junto a Liaño una querella contra los administradores de Sogecable. Añoveros hizo la mayoría de las declaraciones subrayando que los datos los conocía porque se los había comentado el juez Navarro. Declaró que Trevijano tenía interés político en que Polanco fuera a la cárcel como paso previo para terminar con el sistema socialista y recordó que el juez Navarro le dijo que los planteamientos de Trevijano eran una barbaridad y que no eran propios de un jurista. Peor parados salían Liaño y su mujer, sobre quienes dijo que opinaban lo mismo que Trevijano y que además le animaron a presentar una nueva querella por si fallaban las ya presentadas. El objetivo, según Añoveros, era perjudicar a Prisa y para ello no había inconveniente en que el propio Liaño enviara a su amigo Trevijano los borradores de sus decisiones judiciales incluso antes de dictarlas como, según afirmó, había ocurrido con la decisión del juez de prohibir la salida al extranjero de Jesús de Polanco para ir a recibir un doctorado *honoris causa* en Estados Unidos.

Jesús Neira, también próximo a Garzón, declaró que en la famosa reunión de Lur Maitea no se dijo nada y recordó que ese preciso día fue a buscar a Navarro a Radio Nacional para tomar un café con él. Más tarde se reunieron con García Trevijano y estuvieron hablando del asunto de Sogecable. Sobre otros posibles comentarios acerca del mismo tema indicó que podían haberse producido, «de pasada», mucho antes de Semana Santa, con motivo de unas jornadas sobre la justicia en el Palacio de Congresos y Exposiciones a las que también asistió Baltasar Garzón junto a los fiscales Eduardo Fungairiño y Pedro Rubira y el jurista Enrique Gimbernat. Indicó que la conversación la sacó Trevijano, que mostraba por Sogecable un cierto interés pero desde el punto de vista de la opinión, ya que había publicado varios artículos sobre el caso. Neira no cargó las tintas. Se limitó a reconocer ciertas «charlas de café» sobre Sogecable, pero sin mayor importancia. No apreció en ningún momento conspiración alguna, «sino varias posiciones sobre el particular, porque García Trevijano consideraba que existía un gravísimo delito de apropiación indebida, mientras que Navarro y yo no estábamos de acuerdo. Tampoco tenía idea de que García Trevijano fuera asesor de Televisa».

El profesor universitario afirmó asimismo que nunca nadie le dijo que Liaño tuviera enemistad con Juan Luis Cebrián. «Solamente hubo un comentario en el restaurante Lur Maitea en el que Javier dijo que él ni siquiera era abonado de Canal Plus, que lo eran sus hijos y que no tenía ninguna relación con Polanco ni con Cebrián. En aquella reunión de Lur Maitea, solamente hubo comentarios entre amigos.»

Por su parte, el juez Navarro negó la mayor. Dijo no tener conocimiento de ningún tipo de comentario «conspirador» y señaló que en las reuniones con sus amigos íntimos lo mismo se hablaba de Sogecable que de política internacional. Lo que sí negó con rotundidad fue que él supiera que Liaño enviaba los borradores de sus autos a Trevijano antes de publicarlos. Destacó mucho que se estaba hablando de charlas mantenidas con sus amigos íntimos «con los que hablo de lo que me parece y que mis amigos son los que yo quiero y los que quieren serlo y comeré y cenaré con ellos cuantas veces quiera y nadie tiene derecho a inmiscuirse en nuestra esfera de intimidad».

Con estos antecedentes, el miércoles 3 de septiembre de 1997, Baltasar Garzón dictó un auto que sorprendió a todos. En él, no sólo se abstenía de resolver la recusación presentada por Juan Luis Cebrián contra Gómez de Liaño, sino que acusaba a sus antiguos amigos de formar una trama para perjudicar al Grupo Prisa.

«Por el contenido de alguna de las preguntas formuladas por la parte recusante a los testigos, y por las respuestas del Sr. García Añoveros se han puesto de manifiesto en esta pieza separada una serie de datos de los que este Instructor tiene cierto conocimiento anterior a través de las informaciones y comentarios extraprocesales que, ocasionalmente, le han suministrado dos de los ahora testigos —Sres. Neira y Navarro—, y algunas otras personas, datos que al no haber aparecido hasta este preciso momento en las actuaciones no han permitido la resolución que ahora se dicta para que tal extremo sea valorado por la Sala de Gobierno y quede amparada objetivamente la actuación del Instructor que está tramitando este incidente por obligación legal, tanto en el caso de que aquélla se estime como en el de que se rechace.

Es de rigor resaltar que desconozco la veracidad intrínseca de las informaciones recibidas —cuestión de fondo y por ende, aspecto que tendrá que ser resuelto en definitiva por quien corresponda—, pero también exige la ética profesional y la buena fe procesal —art. 11 de la LOPJ—, que en todo caso deben presidir cualquier actuación judicial, exponer que tal suministro de datos se ha recibido.

En sustancia, tanto uno como otro testigos a los que conozco y con los que me une una cordial relación me han comentado en diferentes ocasiones, ya personalmente, ya a través del teléfono, alguno de los encuentros, charlas y reuniones —incluso a una de ellas llegué a ser invitado a asistir, declinando el ofrecimiento—, que se dicen, mantenidas por el

Ilmo. Sr. Gómez de Liaño juez instructor, el Sr. García Trevijano, el Sr. Campmany y otras personas—, en las que se han tratado aspectos relacionados con el fondo de las querellas, la forma de apoyar la acción inicial a través de otras acciones, la necesidad de que el procedimiento debía pervivir el mayor tiempo posible en una labor prospectiva, aun cuando no existiera base para ello y la conveniencia de tomar medidas de prisión respecto de algunos de los querellados. Todo ello según el relato de las personas citadas.

Por todo lo anterior, una vez que se ha tenido constancia del contenido material de una de las causas de recusación alegadas —interés indirecto por el relato desarrollado en los pliegos de preguntas y respuestas—, según lo expuesto antes, es necesario poner de manifiesto y hacer constar, como se hace, todos los elementos que pueden incidir en la marcha del incidente y de la causa principal para que sean resueltas en aras a la más estricta pureza procesal e imparcialidad objetiva.

Por lo expuesto y vistos los artículos 221 y 222 de la LOPJ y los de general aplicación, dispongo:

—Acordar la abstención del instructor que suscribe tanto en la pieza separada de recusación, como en la causa principal a la que se llevará testimonio de esta resolución.

—Comunicar a la Sala de Gobierno de la Audiencia Nacional para que decida lo que estime oportuno sobre la justificación o no justificación de la abstención.

—Comunicar al sustituto legal —el Magistrado Juez de Instrucción Central número 6— la abstención, pasándole la causa principal y la pieza de recusación para que decida sobre la continuación del procedimiento.

—Así lo manda y firma, el Ilmo. Sr. Don Baltasar Garzón Real Magistrado Juez del Juzgado Central de Instrucción número 1, en funciones de sustitución.»

La decisión de Garzón cayó como una bomba. A las dos del mediodía, la sede del Juzgado Central de Instrucción número 1 se convierte en un hervidero de comentarios. Javier

Gómez de Liaño sale de su despacho con cara de perplejidad y niega rotundamente haberse reunido en ninguna ocasión para tratar sobre aspectos de la instrucción de Sogecable. Muy poco tiempo después envía un escrito al Consejo General del Poder Judicial en el que solicita que se abra una urgente y completa investigación de los hechos que, de ser ciertos, exigirían, en su opinión la intervención del fiscal general del Estado.

LA SUERTE ESTÁ ECHADA

Viernes, 6 de septiembre de 1997. Doce del mediodía. Consejo General del Poder Judicial. El presidente de la Audiencia Nacional, Clemente Auger, sale del despacho del presidente del Consejo, Javier Delgado, tras una larga reunión en la que ambos se habían comunicado su honda preocupación por las graves acusaciones vertidas por Baltasar Garzón. A las trece horas, ya en su despacho de la Audiencia Nacional, Auger llama a su subordinado del Juzgado número 5, con el que conversa a lo largo de varias horas.

Al mismo tiempo, Javier Delgado convoca una reunión extraordinaria de la Comisión Permanente del Consejo General del Poder Judicial. Dada la gravedad del asunto, el máximo órgano de gobierno de los jueces decide enviar al fiscal general del Estado, Jesús Cardenal, las acusaciones contra Liaño. El escándalo está totalmente desbocado. Las personas a las que Garzón acusaba de haberse conjurado para conspirar toman posiciones. Piensan que el demoledor escrito del juez es nada más y nada menos que la culminación de otra conspiración; de un plan minuciosamente trazado entre Garzón y su amigo, el consejero de Prisa Jaime García Añoveros, ambos con abundante información sobre Sogecable, para apartar a Liaño del caso. Un plan que se había fraguado desde hacía meses.

Los movimientos para interferir y tratar de reconducir el caso se habían producido prácticamente desde el momento en que Liaño recibió la querella contra Sogecable. Los amigos de Garzón llamaban a los amigos de Gómez de Liaño, todos trataban de obtener informaciones relativas a la marcha del proceso. Antonio Navalón era una de las personas que más se interesaban.

Un día Navalón organizó una cena en casa de Baltasar a la que acudieron, además de él, el juez Navarro con su mujer, Garzón y su esposa y Araceli Manjón con su marido. Araceli planteó inmediatamente el caso Sogecable como tema de conversación.

—Cualquier persona que sepa algo de Derecho se da cuenta de que aquí no hay apropiación indebida ni nada parecido y que esto es una pura invención de Gómez de Liaño de acuerdo con ciertas personas.

Navarro le respondió:

—Mira, Araceli, tú sabes que yo he dicho públicamente que tengo dudas muy profundas sobre que pueda existir una apropiación indebida, que creo que no existe, pero una cosa es mi opinión y otra muy diferente que yo esté de acuerdo con que Javier esté prevaricando. Puede estar equivocada su intuición jurídica, pero creo también que está investigando honestamente, que son dos cosas perfectamente compatibles.

La discusión se hizo atropellada hasta que Garzón intervino:

—Estoy convencido de que todo lo que sea convencer a Javier de que se aparte de esa investigación es actuar en favor suyo porque se está hundiendo. La banda de los dos —María Dolores y Liaño— se está volviendo loca.

Navarro le espetó:

—¡Ni en plan privado puedes decir estas cosas. Te has convertido en enemigo profundo de Javier y de María Dolores y yo soy amigo de ellos y hasta ahora he sido más amigo tuyo, pero es que esto no se puede tolerar!

Navalón también intervino:

—Si aquí lo que queremos, Joaquín, es que hables con Javier, sobre quien sabemos que tienes mucha influencia, para que le transmitas de algún modo que no se equivoque con este caso.

—¿Que yo tengo influencias sobre Liaño? Hombre, mira, se supone que tengo más sobre Baltasar y aquí estamos en dos posturas antagónicas —replicó Navarro.

Los incidentes dan lugar a la formación de bandos. Por una parte, el del propio Liaño, arropado por su mujer la fiscal, por el juez Navarro y por García Trevijano. Por otro, Garzón junto al profesor de Derecho Jesús Neira y a Jaime García Añoveros.

Las espadas estaban en alto, pero aún se intentó un acercamiento antes de que la situación desembocara ante el Tribunal Supremo para dilucidar si en todo este asunto había intereses ocultos y prevaricaciones evidentes.

Joaquín Navarro se puso en contacto con Jaime García Añoveros para asistir a una comida en la que también estuvieran Garzón, Neira y el propio Liaño. No acudieron todos. Era algo de esperar, era tan evidente como la imposibilidad de encontrar la cuadratura del círculo.

Jesús Neira propuso una solución:

—Joaquín, aprovecha la influencia que tienes sobre Baltasar y sobre Javier para decirles: «Baltasar rechaza la recusación y tú, Javier, te comprometes a archivar el caso Sogecable.»

—Mira, Jesús, como no eres experto en Derecho no eres consciente de que me estás proponiendo que prevariquen los dos y encima quieres que yo sea el inductor. No vuelvas a repetir eso.

En ese momento llegó Jaime García Añoveros y Navarro le dijo con brusquedad:

—Tú sabes, Jaime, que esto es una trampa que ha preparado Baltasar contra Neira y contra mí para tener una coartada y poder estimar así la recusación de Gómez de Liaño. Si llega el caso voy a decir abiertamente que tú eres el instigador de la cantidad de falsedades y prevaricaciones que se están cometiendo en este asunto.

El juez Joaquín Navarro fue otra de las personas que rompió su relación con Baltasar Garzón debido al caso Sogecable. Él mantenía una estrechísima amistad con el juez desde que éste llegó a Madrid. Fue su propulsor y su defensor. A Gómez de Liaño le conoció por mediación de él, aunque siempre se sintió más cerca de Garzón que de ningún otro. Pero, según sus propias palabras, no consintió que se actuara contra el juez del número 1.

Navarro también insistió a Garzón en que él no podía ser el juez de la recusación de Javier Gómez de Liaño, «porque eres enemigo profundo suyo, enemigo a muerte, y no puedes negar todas las barbaridades que has dicho contra él. Eres mucho más testigo que juez, eres parte porque conoces hasta más que yo. Si a mí me tocara un asunto como éste yo me abstendría porque estaría contaminado. Y tú, Baltasar, estás contaminado por enemistad y por conocimientos extraprocesales del asunto obtenidos en comidas, en charlas, en tertulias, en reuniones, en cenas».

La brecha que se abrió entre ambos fue tan profunda y la reconciliación tan imposible que incluso Baltasar Garzón llegó a imputar al juez Navarro como colaborador de ETA en un procedimiento seguido a raíz del cierre del diario *abertzale Egin* basándose en unos hechos que, según distintos juristas, en otro momento no habría tenido en cuenta por falta de consistencia.

El espectáculo que se estaba viviendo debido al caso Sogecable y a la posterior investigación que emprendió el Tribunal Supremo para dilucidar posibles delitos suscitó opiniones en todos los campos y sobre todo graves dudas sobre el correcto funcionamiento de la justicia.

En los altos despachos de la Audiencia Nacional, el enfrentamiento entre Liaño y Garzón se vivió con mucho dolor. Algunos magistrados comprendían la actitud del juez del número 1, pero compartían las tesis de Baltasar Garzón. Al igual que él, en la última época, no veían delito alguno en el asunto Sogecable y creen que Garzón trató de avisar a su amigo o ex amigo para que enmendara su postura. «Algo muy gordo había detrás de este caso —dice un magistrado—, yo no sé si es que se quería atacar al PSOE o a la monarquía o a quién. Lo que estaba claro es que, de momento, iban a por el Grupo Prisa y creo que Garzón prefiere romper con Liaño antes que ir contra su honestidad. Se lo dijo: "Javier, lo que haces es una barbaridad" y fue honesto con él. Lo deshonesto hubiera sido que el caso hubiera acabado en un juicio contra Prisa y Garzón no se podía callar siendo el juez que debía resolver la recusación que presentó Juan Luis

Cebrián. Él tomó una buena postura con su abstención y también denunciando lo que sabía acerca de una conspiración.»

LA INDISCRECIÓN DE LA FISCAL

Las denuncias de Baltasar Garzón llegaron al más alto nivel en el juicio que se celebró a finales de 1999 contra el actual ex juez Javier Gómez de Liaño, a quien se acusaba firmemente de haber cometido tres delitos de prevaricación durante la tramitación del caso Sogecable. A Liaño se le imputaba haber faltado a la ley cuando impuso la prisión bajo fianza de doscientos millones de pesetas a Jesús de Polanco, cuando prohibió la salida de España de los acusados, y cuando decretó el secreto del sumario.

Garzón llegó al Tribunal Supremo para declarar como testigo. Estaba relajado y antes de ser llamado al estrado, charló distendidamente con varios periodistas. Al otro lado de la gran estancia que precede al salón donde celebra sus vistas la Sala de lo Penal del Supremo, se encontraba Liaño con los suyos. Miraba de reojo y con ira contenida a la persona con la que antaño había mantenido un gran vínculo de amistad. Tanto los unos como los otros cuchicheaban nerviosos.

Tras iniciarse el juicio, un agente llamó a Garzón. El juez entró en la sala y miró de soslayo a Liaño, quien no le apartaba sus ojos, a la vez fríos y apenados.

—¿Tiene usted amistad o enemistad con el acusado, o algún interés en esta causa?, le preguntó el presidente Gregorio García Ancos.

—Ningún interés, señoría.

María Dolores Márquez de Prado, la esposa de Liaño y abogada defensora, comienza a preguntar.

—¿Es cierto que estando en mi despacho usted, Javier Gómez de Liaño y yo, usted le dijo que era un juez débil porque no se atrevía a encarcelar a Juan Luis Cebrián y a Jesús de Polanco, y que si por usted fuera, ya los habría metido en prisión a los dos?

—Esa conversación no existió. La que sí existió fue una que se produjo en cierta ocasión cuando regresaba al despacho con usted, después de desayunar de la cafetería Riofrío. Entonces, fue usted quien comentó en alusión a los imputados en el caso Sogecable: «Por aquí, por las escalinatas de la Audiencia Nacional van a tener que hacer el paseíllo todos. Vamos a hacer la revolución judicial desde la Audiencia para acabar con el Gobierno corrupto y con el felipismo.»

La abogada defensora se quedó pálida. Tan sólo acertó a sonreír irónicamente.

—No se ría, no, que esto que he dicho es verdad —dijo Garzón.

De inmediato, abogada y defendido pidieron permiso al tribunal para interponer una querella contra el testigo por falso testimonio. Baltasar Garzón había conseguido que, por primera vez en el juicio, se hablara de la teoría de la conspiración.

«Esa teoría es una sandez —interrumpe un fiscal—. Es bastante iluso pensar que unos jueces pueden acosar a un Gobierno. Otra cosa son los comentarios de café; pero nadie puede crear artificialmente un procedimiento. Nadie puede inventarse unas pruebas de cargo. O las tienes o no las tienes. Eso pertenece a la demagogia política y mediática.»

Javier Gómez de Liaño —que a causa de este asunto terminó expulsado por quince años de la carrera judicial y con todos sus honores de juez, condecoraciones y reconocimientos oficiales retirados— reflexiona sobre Garzón y dice: «Baltasar no es un buen juez ni es una buena persona. Es otra cosa. Es alguien, no ya enormemente ambicioso, porque ser ambicioso es legítimo. Él es un ser codicioso, y quizás haya sido la persona que más daño me ha querido hacer en la vida, pero ha fracasado. Después de todo lo que me ha pasado, tengo un dolor como persona, es cierto, porque yo no admito ni la traición ni la infidelidad y Baltasar Garzón ha sido un traidor y un infiel.»

CAPÍTULO SEIS

LA ODISEA EN EL PSOE

El martes 27 de abril de 1993, Baltasar Garzón salió especialmente alegre de La Moncloa. En su cara se dibujaba esa medio sonrisa de zorro que pone cuando está contento y que hace que se le acentúe un poquito más la leve cicatriz de su labio superior. El juez, a punto de pedir la excedencia en la carrera, acababa de sellar su compromiso con el presidente del Gobierno y secretario general del Partido Socialista Obrero Español, Felipe González. A las ocho en punto de la mañana había entrado en el palacio presidencial como juez-estrella y horas después salía como candidato-estrella del PSOE, como la gran esperanza blanca del partido para ganar las elecciones del 6 de junio. El presidente le había ratificado en el número dos de la lista electoral de Madrid. El magistrado, famoso por tantos y tantos sumarios en la lucha contra el terrorismo, y por aquellas fechas contra el narcotráfico y las grandes redes internacionales de delincuentes, desplazaba, gracias a su imagen de luchador contra el delito y la corrupción, nada menos que a Javier Solana, que había ido inmediatamente después de Felipe en todas las elecciones generales celebradas en España desde 1977.

Había sido la reunión definitiva, la charla culminante, pero Baltasar y el presidente ya se habían visto en otra ocasión, pocos días antes, en una reunión más importante si cabe que la última. Se celebró a petición del juez y a ella acudió Garzón armado de su maletín. Lo que el magistrado guardaba en su interior era peligroso para González. Era una bomba preparada y dispuesta para explotar en cuanto se le dieran los últimos retoques a su *detonador judicial*.

El contenido de la cartera era conocido sólo por algunas personas muy allegadas al titular del Juzgado número 5. Unas lo catalogaban de repugnante, otras de salvavidas y chaleco antibalas, todo junto.

En el despacho presidencial de La Moncloa, Baltasar Garzón le enseña a Felipe González una voluminosa carpeta que recoge los primeros pasos del sumario abierto por el secuestro de Segundo Marey, la primera acción de los GAL, y en la cual se apunta como posibles responsables a los altos cargos del Ministerio del Interior. Eran los datos que se vislumbraban del caso en el año 1989. El dossier había quedado abandonado en los cajones del antiguo juez del 5, Francisco Castro Meije, antecesor de Garzón. Baltasar, conocedor del caso GAL, instructor del sumario contra Amedo y Domínguez y personaje molesto para el Gobierno por sus indagaciones sobre la jerarquía de los Grupos Antiterroristas de Liberación y sobre el uso de los fondos reservados del Ministerio del Interior, recoge el hallazgo como una piedra preciosa aún en bruto; elabora unas notas a mano y lo guarda en la caja fuerte. Cuatro años después le encuentra utilidad y por este motivo se lo lleva a Felipe González. Con este informe se cubre las espaldas ante el presidente. Si Felipe le quería utilizar sólo para ganar las elecciones porque Garzón era un símbolo de limpieza en una época en la que el PSOE estaba embadurnado con la podredumbre de la corrupción, y después pensaba prescindir de él, no lo iba a conseguir. Se representaba el chiste del dentista y el paciente que nada más sentarse en el sillón le agarra los testículos y le pregunta: «¿No nos haremos daño, verdad?»

El 27 de abril, Garzón habla en el Hotel Villa Magna, de Madrid, con el periodista Carlos Carnicero. Se sentaron en una de las mesas de la cristalera del restaurante. Pidió un café con leche.

—¿Sabes que Felipe González te está utilizando para ganar las elecciones?

Garzón se repantingó en su silla:

—González no me puede engañar porque él sabe todo lo que yo sé.

EL FICHAJE

Habían pasado dos meses desde que Baltasar Garzón conoció a González en una comida celebrada en la finca toledana de Quintos de Mora. El almuerzo estuvo organizado por el presidente de Castilla-La Mancha, José Bono, y en él un amplio grupo de personalidades mantuvieron un encuentro distendido y amistoso con el jefe del Ejecutivo. González quería romper su imagen de aislamiento y tomar el pulso a la sociedad civil en una época en la que el Partido Popular pedía la celebración anticipada de elecciones.

Compartieron sopa, filete y patatas, por orden de aparición, y después sonrieron en la famosa foto que se hizo durante el encuentro, el consejero de Agricultura de la Junta de Castilla-La Mancha, Fernando López Carrasco, el pintor Antonio López, el magistrado de la Audiencia Nacional, Ventura Pérez Mariño, el presidente del Consejo de la Juventud de Castilla-La Mancha, Josele Sánchez, el presidente de Greenpeace España, Xavier Pastor, el presidente de los Boy Scouts de Castilla-La Mancha, Manuel Lorenzo Marcos, el juez Garzón, la alcaldesa de El Ballestero, Concha Vázquez, Felipe González, José Bono, el abogado Gregorio Marañón y Bertrán de Lis, la militante socialista Clementina Díez, la esposa de Bono, Ana Rodríguez, el sacerdote de Proyecto Hombre de Guadalajara, Modesto Salgado, el empresario textil de Cuenca, Rafael López y el presidente de la cooperativa La Solana, Gregorio Martín.

«¿Te gustaría comer con el presidente del Gobierno?» Ésta fue, según un reportaje publicado por Inmaculada de la Fuente en *El País* hace ya varios años, la pregunta que le hizo José Bono a cada uno de los invitados. «No es cierto que persiguiéramos un objetivo electoral o que en la comida se sondease a Garzón o a algún otro sobre la hipótesis de ir en las listas electorales socialistas. Eso vendría después», señala el dirigente autonómico.

Bono había conocido a Baltasar Garzón en los primeros días de 1993. «Yo solía ir a la cárcel de Herrera de la Mancha por Navidad —recuerda— para estar con los funcionarios. Y en una de esas visitas comenté en alto que algunos se apuntaban como propios los éxitos de la Guardia Civil. La frase se malinterpretó como alusiva a Baltasar Garzón y como ésa no había sido mi intención, se lo comenté al magistrado de la Audiencia Nacional Ventura Pérez Mariño, al que conocía de años atrás porque habíamos sido compañeros de estudios y de despacho. Ventura me dijo que si quería, él podía hablar directamente con Baltasar. Le dije que sí y quedamos para cenar y aclarar mi posición. Fue una cena muy agradable en la que Garzón comentó que él se sentía socialista de corazón y yo ahí vi ciertas posibilidades de contar con él como independiente para las listas electorales. Unas posibilidades que después fuimos concretando en otros encuentros.»

José Bono fue el principal valedor de Garzón: «Si he tenido alguna culpa en lo que ocurrió después, lo asumo, pero yo pensaba que el PSOE debía estar abierto a independientes.»

El día de la reunión de Quintos de Mora, el famoso magistrado compartió alguno de los trayectos con José Bono. Ya había hablado del asunto electoral pero faltaba la gran prueba, el encuentro con Felipe y la charla informal que después daría paso a cuestiones más serias, definitivas y concretas. En el coche, y entre bromas y verdades, Garzón le preguntó a Bono, «¿Oye, y por qué en vez de ir de número dos de la lista de Madrid por el PSOE no voy de número uno?»

A Bono le sorprendió que una persona tan significada como este juez quisiera ir en las listas ya que era un personaje de sobra renombrado por sus actuaciones judiciales. «No me atrevo, por prudencia, a opinar sobre sus motivaciones más profundas.»

El presidente de Greenpeace España, Xavier Pastor, guardó una buena impresión de Baltasar Garzón. «Recuerdo que le dijo a Felipe González que limpiara el partido antes de que los escándalos le explotasen en las manos. Felipe, por su parte, insistía en que no quería actuar antes de que los jueces dictaminasen sobre los casos de corrupción abiertos entonces, pues tenía el precedente de Demetrio Madrid, a quien se le obligó a dimitir y luego los jueces le absolvieron cuando el mal ya estaba hecho.»

El empresario conquense Rafael López recuerda de aquel encuentro: «Garzón no fue la persona que más habló durante la comida, sino Ventura Pérez Mariño y de forma muy atrevida en mi opinión, ya que fue bastante duro al tratar asuntos de política. Garzón, por el contrario, me pareció un hombre agradable, de trato jovial, dado a la broma, y lo único que me sorprendió de él fue su juventud, que no me casaba con esa imagen de un juez que se había enfrentado a temas de tanta envergadura.»

El abogado Gregorio Marañón fue otro de los asistentes a Quintos de Mora que después fue *tocado* para formar parte de las listas electorales, ofrecimiento que rechazó. Dice que en aquella comida no hubo un objetivo electoral sino que se trató de una reunión de primera aproximación a determinados personajes.

La noticia de que Felipe González tiene la idea de reclutar a Baltasar Garzón y que los primeros contactos ya se han celebrado, con el resultado de un entusiasmo con la idea por parte del juez, cae como un jarro de agua fría en el Ministerio del Interior. Las relaciones con el magistrado habían sido agridulces durante los cinco años que llevaba en su juzgado.

El entonces ministro José Luis Corcuera trabajaba en su despacho cuando un colaborador entró en la habitación. Entre otros asuntos le comentó que el PSOE ya barajaba la posibilidad de incluir en las listas electorales a independientes e incluso a importantes personajes de la política durante la transición para que ayudaran a reflotar la tan maltrecha imagen pública del partido. El ex ministro, con su habitual tono brusco, no quiere dar ningún valor a esa propuesta. «Es un imposible —se dijo para sus adentros—, Garzón es un hombre muy famoso en la sociedad española y muy valorado porque en realidad se desconoce su verdadero rostro.»

De nada sirvieron sus pensamientos y su postura, respaldada por tantos otros; González estaba decidido a basar en Garzón buena parte de la futura campaña. Las agrupaciones socialistas estaban divididas. En muchas de ellas no habían gustado nada las vinculaciones que desde hacía años había establecido Garzón entre la guerra sucia contra ETA, la cúpula de Interior y la X de los GAL, letra con la que eufemísticamente había identificado el juez a Felipe González como el máximo responsable del terrorismo de Estado. La idea de tener a Garzón como compañero les repugnaba. Pero en otros ámbitos de la familia socialista, en los denominados grupos de renovación, se le veía con simpatía y se recordaba que no todo en el partido eran *Barrionuevos* o *Veras*. Se defendía que de ninguna manera se podía consentir el crimen y que cualquier persona que atacara al delito tendría razón, cayera quien cayera, incluso si se trataba de personajes próximos o de compañeros con la misma ideología. En estos círculos, Garzón era bienvenido y su figura representaba una esperanza, no sólo para ganar las elecciones, sino también para conseguir una limpieza en el país.

El 27 de abril del 93, tras su encuentro con el presidente y después de hablar relajadamente con el periodista Jesús Carnicero, acudió a su juzgado. Entró como siempre acompañado de su escolta. Pocos minutos más tarde llamó a sus colegas para ver si les apetecía ir a tomar un café a Riofrío. Callaba de manera astuta. Sólo con el tiempo se enterarían de por qué aquel día Garzón estaba extrañamente callado y mantenía un especial recogimiento. El pacto acababa de concretarse. En sus habituales tertulias del restaurante Lhardy tampoco dijo nada, únicamente un comentario de pasada: «Mira que si yo me dedicara ahora a la política...»

Los rumores corrieron por ámbitos parlamentarios y periodísticos. Los informadores perseguían a Garzón más de lo habitual. A la acostumbrada tribu de los periodistas de tribunales se unía ahora otra más beligerante: la de los especialistas en información política y parlamentaria. Pero Garzón fue muy discreto acerca de los encuentros con González.

NO PUEDO DECIR NADA

Garzón acudió a un acto en la Facultad de Filosofía y Letras de Madrid. El salón estaba abarrotado de estudiantes y, entre ellos, numerosos reporteros. Tuvieron lugar las intervenciones de los conferenciantes y se abrió el turno de preguntas. Como era evidente que la edad de ciertos «alumnos» era superior a la de otros, se prohibieron las preguntas a todos aquellos que no estuvieran matriculados. El periodista José María Brunet, de *La Vanguardia,* abrió el fuego. «¡Pero hombre, señor Garzón, no va usted a impedirnos ahora preguntar a nosotros. Si al fin y al cabo no hace tanto que hemos pasado por las aulas!» Risas generales y balbuceos del juez. «Si no quiere contestarme a mí le digo a un estudiante que pregunte y llegamos a lo mismo, así que, por qué no nos confirma o desmiente si va a ser usted candidato por el PSOE en las próximas elecciones.» Garzón no se atrevía a negar lo evidente. Todo eran medias palabras pero al mismo tiempo su rostro iluminado, sonriente e ilusionado lo decía todo. «No puedo decir nada aún, no puedo decir nada», pero en su negación estaba su clara respuesta afirmativa.

El día que por fin se hizo oficial su candidatura, sus compañeros de trabajo fueron a verle a su despacho nada más enterarse. Recibió la visita de jueces y fiscales. Una corta despedida, unas palmadas y deseos de suerte en su futuro periplo fue lo que recibió. Felicitaciones, en definitiva, al margen de posturas políticas. No hubo ningún acto de despedida ni cena, ni homenaje ni nada, quizás para que la propia Audiencia quedara al margen de posibles interpretaciones partidistas. El mismo tratamiento obtuvo el compañero de aventuras de Garzón, el magistrado Ventura Pérez Mariño, que recorría un camino idéntico al de su colega aunque con muchísima menos publicidad. Tal fue la inexperiencia de Mariño a la hora de hacer pública su marcha y tratar con los periodistas, que en un solo día llegó a conceder veinte entrevistas a distintos medios, en lugar de convocar una rueda de prensa. No paró, recibió en su despacho, charló en las escaleras e incluso se puso delante de las cámaras en el parque de la Plaza de la Villa de

París, que separa el edificio de la Audiencia Nacional del Tribunal Supremo.

A quien no le hizo ninguna gracia la iniciativa del juez fue al director de *El Mundo,* públicamente antifelipista. Pedro J. Ramírez envió con un mensajero un tarjetón al juez: «Espero que no sea cierto lo que me dicen», le escribió en un tono que resulta, como mínimo, conminatorio. «Garzón tenía un precio» es el titular del editorial del día siguiente, 28 de abril. «Los más escépticos sobre la condición humana suelen decir que toda persona tiene un precio. Desde ayer ya sabemos con pena y bochorno que el juez Garzón sí lo tiene», se leía a continuación.

En todos los medios de comunicación se seguía con especial interés el paso que había dado Baltasar Garzón. Se pugnaba por conseguir la primera entrevista. El periodista de la cadena Ser Iñaki Gabilondo le preguntó a su compañero de programa y amigo de Baltasar, el juez Joaquín Navarro: «Escucha, Joaquín, te voy a pedir un favor, si ves a Baltasar dile que si quiere tener un encuentro conmigo para hacerle una entrevista.» El magistrado llamó a su amigo delante del propio Iñaki: «Oye, que estoy ahora mismo con mi amigo Gabilondo y tiene mucho interés en que nos reunamos los tres porque quería hacerte alguna petición que no quiere decirte ahora.» Baltasar Garzón reaccionó encantado a la propuesta.

Al poco tiempo se reunieron en Casa Domingo, Iñaki Gabilondo, Baltasar Garzón y Joaquín Navarro. El ya candidato socialista sacó la famosa fotografía tomada en la comida de Quintos de Mora. Se la enseñó al periodista y después a su amigo el juez.

Iñaki Gabilondo medió en la conversación.

—Baltasar —le propuso—, yo quisiera entrevistarte cuanto antes.

Pero el juez no aceptó de inmediato:

—Ya estoy comprometido con dos personas concretas, Luis del Olmo y Manolo Marlasca. Si tú quieres, después habló contigo.

Iñaki le explicó:

—Quiero una entrevista muy abierta, sin restricción de preguntas aunque tú puedes contestar, como es natural, las que quieras. Sabes que yo no trato mal a la gente, que no es mi forma ni mi estilo.

Baltasar Garzón aceptó finalmente y sólo le indicó al periodista que le gustaría que estuviera con él su amigo Navarro.

La entrevista se celebró poco tiempo después. Iñaki Gabilondo quedó impresionado ante el personaje. Al finalizar la conversación con el candidato se acercó a Joaquín Navarro con la excusa de que quería hablar con él para una grabación que deseaba que quedara ya hecha para el día siguiente. Los dos se alejaron lentamente por un pasillo mientras Garzón bajaba desde la emisora a la cafetería Nebraska, donde iba a esperar a Navarro. Gabilondo le dijo al juez:

—Joaquín, no quiero que grabes nada. La verdad es que quería comentarte que Garzón me ha dejado impresionado porque parece que se piensa que va a ser él el presidente del Gobierno y que no será jefe del Estado porque estamos en una monarquía. Tu amigo está muy crecido.

La anécdota quedó ahí. Baltasar Garzón había pasado de ser el peor enemigo judicial de Felipe González a creerse su delfín.

Melchor Miralles, buen conocedor de la personalidad de Garzón desde años atrás, cuando incluso colaboró con él en la investigación y esclarecimiento de los múltiples hechos delictivos que conformaban el sumario contra Amedo y Domínguez, fue uno de los más sorprendidos con la decisión del juez de abandonar el refugio de su bien conocido despacho y marcharse a la aventura política. «Con Baltasar me llevé una decepción. Le veía como una máquina de trabajar, en contra de lo que decía el *Abc.* Era una máquina judicial. A mí me parecía admirable por el valor que le echaba y por la tenacidad que tenía. Pero cuando se marchó a la política y después volvió a la Audiencia y me enteré de ciertos manejos, me caí definitivamente del guindo. A partir de ese día lo que yo pensaba que era consecuencia de la aplicación de un criterio profesional, de un idealismo profesional, se transformó. Empecé a pensar que ese hombre tenía un problema de vanidad insuperable. La impresión que a mí me dio es que era un tipo que por salir en los papeles y en las fotografías era capaz de cualquier cosa. No me pareció indigno que fuera en las listas de González, allá cada cual, pero ¿cómo puede ir en esas listas un señor que está convencido de que Felipe es la X de los GAL? Yo recuerdo que hace muchos años en Lisboa, adonde viajó en comisión rogatoria, los periodistas le invitamos a cenar asegurándole que lo que allí se dijera era *off the record* y él aceptó con la condición de que asistieran el abogado de la acusación y el de la defensa. Cenamos con Gonzalo Casado, abogado defensor, y con el de la acusación que era el fallecido Fernando Sala. En un tono coloquial Garzón dijo: "Intuyo, pero no tengo pruebas, que aquí, al frente de los GAL había una cabeza y como no sé quién es pongo una X... Pero claro, ¿quién va a ser?... Eso lo sabe cualquier persona con sentido común." Sin decirlo —continúa Miralles— creo que dejaba claro que la X era Felipe. ¿Y cómo se presta al juego de ir como número dos de ese señor en sus listas electorales? A mí me parece tan indigno que no me entra en la cabeza. Y que después de eso se vuelva a su juzgado a entender de asuntos que le afectan... A mí me parece indigna la peripecia vital de Garzón.»

Con opiniones a favor o en contra, lo cierto es que el juez seguía imparable su camino hacia el Parlamento. Pero poco antes de que tomara su decisión de entrar en política y a pocos días de hablar con Felipe González, confirmarle sus intenciones y negociar su futuro político, se produjo un acontecimiento inesperado que estuvo rodeado de misterio y presuntas irregularidades y que un año más tarde cobraría una especial importancia para el juez. Míchel Domínguez, condenado a 108 años de prisión junto a José Amedo por el caso GAL, resurgía y originaba uno de los acontecimientos más importantes de la reciente historia de España.

«YO CONFIESO...»

Cuando Míchel Domínguez entró al despacho de Garzón a la taurina hora de las cinco de la tarde del 21de abril de 1993, el juez le invitó a que se sentara cómodamente y le contase todo lo que quisiera porque, bromeó, «es usted una caja de bombas».

El ex inspector de la Policía estaba aún cumpliendo con su larga condena por el caso GAL. Había pasado seis años de cárcel y, según sus palabras, ya estaba harto de aguantar la prisión mientras sus antiguos jefes estaban fuera y al margen de toda acusación. Días antes del polémico encuentro, Míchel llamó por teléfono desde el centro penitenciario de Guadalajara a su abogado, Jorge Manrique. «Jorge —le dijo—, quiero que vayas a la Audiencia Nacional y que hables con Garzón. Quiero decirle de una vez por todas que estoy dispuesto a desvelar la trama de los GAL siempre y cuando se me ofrezca una salida a mi actual situación penitenciaria.»

Garzón estaba a punto de marcharse de la judicatura, le quedaban pocos días en el juzgado, pero accedió a hablar con Domínguez. Propició su salida de la cárcel y su traslado hasta la Audiencia, pero le metió «por la puerta de atrás».

Se reunieron amigablemente. No hubo testigos. No hubo ningún representante del ministerio público. El fiscal Pedro Rubira se mantuvo al margen. No se había enterado de nada y tampoco dió ninguna novedad a su jefe, José Aranda, por falta de información.

Ante el magistrado, Míchel expuso sus condiciones: Quiere colaborar con la justicia a cambio de la libertad. Garzón contraataca: «Cuénteme todo lo de los GAL y ya valoraré yo qué tipo de ayuda le puedo dar.»

Míchel Domínguez *cantó*, pero en medio de la charla y tras hacer una llamada telefónica, Garzón le indicó que pese a todas las denuncias que estaba escuchando lo mejor era dejar las cosas como estaban. Los datos de Domínguez eran suculentos, pero el paso del juez a la política estaba próximo y las revelaciones podían perjudicarle. Le indicó que si quería que hiciese alguna gestión en el Ministerio del Interior no debía preocuparse. Todo iría bien y probablemente en un futuro muy próximo quizás pudiera ayudarle mejor.

Después del misterioso y sustancioso encuentro se levantó un acta judicial en la que constaba que un tal Miguel Domínguez —no Míchel Domínguez como era conocido por todos—, había ido a declarar ante el magistrado pero que al final se había arrepentido y no había dicho nada. A efectos prácticos, los acontecimientos posteriores demostraron que el juez mantuvo con el ex agente de Policía una conversación privada que se guardó como as en la manga para un futuro que no estaba muy lejano.

«Cuando me entero de la famosa visita clandestina de Míchel Domínguez —señala el periodista Melchor Miralles— le llamo por teléfono. Le digo, "Baltasar, yo sé esto y lo voy a publicar y quiero que me digas qué tienes". Me contesta: "No me hagas esto, es una putada, es mentira." Le replico, "Mentira no es. Sé la hora a la que ha entrado Míchel, la hora a la que ha salido, sé que cuando ha ido de regreso a Guadalajara ha parado a cenar en un restaurante, sé los nombres de los policías que le han custodiado... Sé todo, Baltasar." Me pide que no lo publique y le digo que lo siento mucho, pero que lo voy a publicar, que esta llamada de teléfono no es para negociar, sino por si tiene algo que decir. No llega a ofrecerme formalmente nada, pero yo interpreto que me está diciendo si te callas este asunto te doy una exclusiva. Era evidente que lo que me pretendía vender era su paso a la política. Al día siguiente lo publiqué y se cogió un cabreo monumental.»

Garzón, como es lógico, mantuvo otro punto de vista respecto a la entrevista con el ex policía Míchel Domínguez. Para él, este encuentro fue totalmente legal. Si al final no se levantó un acta judicial fue, según su versión, porque el propio Domínguez así lo pidió y se opuso a que sus palabras figuraran en un papel público y firmado. «No podía —ironiza el juez— ponerle a Domínguez una pistola en el pecho para que declarase.» Sobre la misteriosa llamada que hizo por teléfono tras la cual le dijo que dejara las cosas como estaban, el juez recuerda que esa conversación tuvo lugar en medio de la denominada Operación Pitón contra el narcotráfico y que en ese contexto «era lógico que levantara el teléfono, no una, sino cien veces».

Pero en el plazo de unos meses, el magistrado pasó de la reserva y de la discreción al ataque más feroz.

En una entrevista en exclusiva concedida a Antena 3 Televisión en mayo de 1996, Míchel Domínguez desveló que no sólo mantuvo un encuentro con Garzón en abril de 1993.

También se celebraron otros dos más, a solas, a finales de 1994, cuando el juez ya había regresado de la política. Unos encuentros en los que sí que estuvo presente un representante de la Fiscalía de la Audiencia Nacional. Tuvieron lugar poco antes de que Míchel Domínguez se decidiera, junto al ex subcomisario José Amedo, a contar todo lo que sabía sobre el secuestro de Segundo Marey, ocurrido en 1983, y dieran lugar al escandaloso caso judicial que terminó con el encarcelamiento de la antigua cúpula del Ministerio del Interior.

Domínguez recordó en televisión que en sus últimas visitas al juez «se encontró con un hombre distinto». Garzón había regresado maltrecho de su periodo político con el PSOE y ya no era amable ni tolerante. Estaba ansioso por sacar el asunto Marey adelante y encarcelar a la cúpula socialista. Según Domínguez, que a la sazón se encontraba ya en tercer grado penitenciario, por el cual sólo tenía que ir a la cárcel a dormir, el juez le amenazó con devolverlo «al talego» si no colaboraba y aportaba más datos, y le advirtió también que podía ordenar el bloqueo de sus cuentas en Suiza. «Él tenía la sartén por el mango —recuerda Míchel— y te podía meter para dentro en cualquier momento. Cuando estaba declarando y quería saber más, te decía que era mejor responder porque si no, tu colaboración con la justicia se podía ir al traste. Y cuando un juez te dice eso, que te mete para dentro de nuevo y que, en un momento dado, también puede meter a tu mujer, y te dice que te lo pienses, que, o estás con él o contra él... ya sabes tú también lo que tienes que hacer.»

TIRAR PARA ARRIBA

Baltasar Garzón, según testimonios de Domínguez, le dijo que quería «tirar para arriba», que como las cosas habían cambiado desde la primera vez que se vieron hasta entonces, debía manifestar sus acusaciones por escrito y que debía colaborar. «Comuniqué las amenazas de Garzón a mi abogado, pero declaré porque amenazó con meter en la cárcel a mi esposa porque había dinero de los fondos reservados en Suiza a nombre suyo. Garzón me dijo que para ir a por los demás tenía que venir también a por mí. En vez de denunciarle me plegué a sus amenazas. No quería volver a prisión ni que tocaran a mi mujer.»

Las presuntas irregularidades y presiones del juez fueron utilizadas por el abogado defensor de Rafael Vera, Manuel Cobo del Rosal, durante la investigación y posterior juicio en el Tribunal Supremo por el caso Marey. El abogado quería demostrar que el juez actuó en varias ocasiones al margen de la ley al haber presionado a un imputado como Domínguez y al no haber dejado constancia de los verdaderos hechos. Si lograba que le dieran la razón conseguiría que se declarara nulo el proceso. Pero en un primer momento Domínguez no colaboró con el abogado.

Ante el juez Eduardo Móner, instructor del proceso en el Supremo, se practicó este interrogatorio:

Cobo del Rosal: —¿Para qué estaba usted citado con Garzón?

Míchel Domínguez: —Me trasladaron por orden del instructor.

C. —¿El instructor le tomó declaración? ¿A qué iba usted allí? ¿Qué es lo que hizo?

M. —Mantuve una conversación con Garzón y tuvo a bien escucharme.

C. —¿En qué consistió la conversación?

M. —Fue de índole personal y privado y, a menos que pese una acusación sobre mí, no quiero desvelarla.

C. —¿Sabe si en esa reunión se habló de Segundo Marey?

M. —Fue una conversación privada y no voy a desvelar su contenido.

C. —¿Tenía permiso del juez de vigilancia penitenciaria para salir de la prisión?

M. —Es un tema que no me ha preocupado nunca. Me trasladaron y ya está.

Pese a todas las negativas, el letrado tenía suficiente. Le sobraba para demostrar que al no constar esta conversación en el sumario, todo lo que investigó Garzón desde ese momento podía ser declarado nulo. Otros abogados defendieron la legalidad del encuentro. Finalmente, ganaron.

CAPÍTULO SIETE

BALTASAR, *EL BREVE*

Lo dijo con toda solemnidad el veinticuatro de junio de 1998 y delante de doce jueces del Tribunal Supremo. Durante su comparecencia como testigo en el juicio por el caso Segundo Marey, se oyó la voz fuerte del presidente de Extremadura, Juan Carlos Rodríguez Ibarra.

«Ocurrió en Mérida, después del mitin de cierre de campaña de 1993. Estábamos en un bar, tomando unas cervezas y unas raciones y me puse a hablar con Baltasar Garzón, que había sido la estrella del último acto electoral:

—Bueno, Baltasar —le dije—, ¿cómo es que dejaste el juzgado para convertirte en un mero diputado de a pie?

—Es que yo no voy a ser un mero diputado, si no un ministro del Gobierno.

—¿Tienes constancia de otra cosa? ¿Te lo ha dicho González?

—Sé que voy a ser ministro.

—Mira, Baltasar, si no te lo ha dicho Felipe, olvídate.

—Es que si Felipe no me hace ministro se va a acordar de mí toda la vida y, además, tú que eres guerrista te alegrarás.

Parece que Garzón tenía alguna carta en la manga para decir eso. Días después se lo comenté al presidente y ya nunca más volvimos a hablar del asunto.»

Pese a que Baltasar Garzón ha negado haber mantenido esta conversación, parece ser creíble si se tienen en cuenta los acontecimientos que se producirían un año después y, sobre todo, que Garzón mantenía en secreto su conversación con Míchel Domínguez en la que el ex policía le había adelantado su disposición a *cantar* todo cuanto sabía.

Las elecciones del 6 de junio de 1993 las ganó el PSOE por un pequeño margen de votos. Garzón se convertía en un nuevo y flamante diputado socialista. Según sus amigos, en su fuero interno, el ex juez estaba convencido de que él era el artífice de la victoria de González. En las cenas con sus conocidos contaba cómo el diputado popular Gabriel Cisneros se le había acercado un día en el Congreso para decirle, «Baltasar, no sé ni cómo te trato porque tú eres el culpable de que perdiéramos las elecciones».

Su enemigo, el ex ministro José Luis Corcuera, salta como si tuviera un resorte ante estos comentarios. «¡Pero bueno! ¡Pues no faltaría más! Es que Baltasar se ha creído siempre llamado para la gloria. Baltasar no nos ayudó a ganar las elecciones, nos restó votos. Por ejemplo, en la provincia de Madrid perdimos en Valdemoro, donde no perdíamos nunca. Debo decir que antes de que el presidente disolviera el Parlamento, yo fui con una previsión de los resultados electorales de 153 escaños al presidente del Gobierno. Era una previsión y fueron justo los que salieron. Baltasar Garzón no le ha dado votos al Partido Socialista de ninguna forma. El PSOE, afortunadamente, no necesita de personalidades de éstas porque hay "personalidades" que no les votan ni los vecinos de su escalera.»

El caso es que con González instalado de nuevo en La Moncloa, Garzón se prepara para ocupar un cargo relevante aunque aprecia los escollos que hay delante de él. Felipe González mantiene a Corcuera al frente del Ministerio del Interior —primer chasco para Garzón— y nombra ministro de Justicia a Juan Alberto Belloch —segunda decepción—. Puede ser el nuevo Defensor del Pueblo, puesto que lleva vacante dos años, desde el cese de Gil Robles, pero ni el Partido Popular ni Izquierda Unida están dispuestos a apoyarle. El presidente le sitúa como delegado del Gobierno para el Plan Nacional sobre Drogas. Garzón dependió primero del Ministerio de Sanidad, donde vivió en excelente vecindad con la entonces ministra Ángeles Amador, pero a los ojos de la opinión pública estaba apartado, no tenía competencias claras y había quedado atrapado por la maraña administrativa de los cinco ministerios de los que dependía su departamento. Sus enemigos le menosprecian y ven en su situación una muestra clara de que González sólo le había utilizado para prestigiar la imagen del partido y ganar las elecciones. El propio delegado del Gobierno está triste. Asume un comportamiento casi infantil. Dice que nadie le quiere y que se va a marchar de la política.

Mejorará de situación al conseguir, el 13 de julio de 1993, que el Plan para la Droga sea transferido al Ministerio de Asuntos Sociales. Allí ocupa el número dos ministerial. Hay fricciones con el subsecretario Santiago Torres, verdadero poder fáctico dentro del ministerio regentado entonces por la ministra Cristina Alberdi.

Pero el diputado tiene una estrecha relación con Felipe González. Habla con él y le informa de la situación de la lucha contra el narcotráfico. Consigue que el presidente comparta sus puntos de vista y sus proyectos. Está próximo su paso al Ministerio del Interior, un lugar donde no era bien recibido.

En sólo unos meses había conseguido avanzar importantes puestos. Le esperaban radiantes días de vino y rosas... que no fueron tantos como hubiera querido.

30 de julio de 1993. Garzón está radiante en su toma de posesión. Declara con seguridad en sí mismo que ha remitido un informe al presidente Felipe González en el que le advierte de la necesidad de coordinar a la Policía y a la Guardia Civil en aras de una mayor eficacia en la lucha contra el narcotráfico.

José Luis Corcuera lo recuerda aún hoy con indignación: «Siendo yo ministro, Baltasar Garzón nunca hubiera estado ni siquiera en Interior. El día que tomó posesión todo el mundo fue testigo de que tuvimos un rifirrafe cuando dije que mientras yo fuera ministro del Interior el señor Garzón no iba a mandar ni en la Policía ni en la Guardia Civil. Él dio a entender que sí, que iba a mandar. Estuvo intoxicando a la prensa durante bastantes días y yo lo vi, y fue un buen momento para decir públicamente que, por lo que a mí respectaba, él no iba a ver hecho realidad su deseo. Dije que no iba a tener ni un solo policía ni un solo guardia civil a su disposición. Y Garzón era la persona que tuvo esa confrontación política con un superior como era yo y como era el secretario de Estado al que un año después mandaría a la cárcel.»

Rafael Vera, que dejaría la secretaría de Estado de Seguridad en enero de 1994, poco después de que Corcuera dejara el sillón de ministro, siempre mantuvo que las ambiciones de Garzón podían descabalar el funcionamiento del ministerio. «Él llega con la intención de partir el mando de las fuerzas y cuerpos de Seguridad del Estado y plantea directamente que los policías y guardias civiles que se dedican a combatir el narcotráfico dependan orgánicamente de él y los que luchan contra otro tipo de delitos de mí. Eso no era posible. El mando tiene que ser único y piramidal. A los que combaten otro tipo de inseguridades como el terrorismo o la delincuencia común no se les puede decir: "ustedes se abstienen del narcotráfico". La policía es polivalente, su combate es general. Por eso entramos en colisión. Yo estaba en una etapa de franca retirada y no tenía ganas de plantear otra lucha interna. Fue Corcuera el que políticamente me dio la razón. Aquello deterioró mucho mi relación con Garzón y también las de él con el ministro. Hubo hasta un intercambio de cartas entre Garzón y Corcuera en las cuales le explicaba por qué quería mando sobre la Policía. Me las pasó Corcuera y yo por escrito le hice un informe negativo. El ambiente entonces era malo, tenso, y eso que Garzón sólo trataba con nosotros pero no en nuestro ministerio.»

El ambiente irrespirable se percibe con claridad en una reunión de la Comisión de Coordinación del Plan contra la Droga. Garzón plantea el debate sobre el mando de las fuerzas de seguridad. Ante el fracaso de sus propuestas, se levanta de la mesa, en la que está el fiscal general del Estado, Eligio Hernández y Vera, y se va. «Estaba acostumbrado a que le dijeran a todo que sí, a ser la estrella, y que le llevaran la contraria era insoportable para él», opina Vera.

Los enfrentamientos entre Vera, Garzón y Corcuera se convirtieron en la comidilla de periodistas y funcionarios. El ex juez despachaba con Rafael Vera, pero cuando exponía o hacía determinadas peticiones, éste a su vez informaba al ministro. Entonces Corcuera llamaba a Garzón a su despacho y sólo se oía al titular del departamento decir con su voz profunda y ademán de oso enfadado una sola palabra: «¡¡NO!!»

«Supongo que le molestaría —recuerda Corcuera—, pero a mí me daba igual. Algunas veces han dicho algunos periodistas que hemos tenido discusiones. Bueno, lo habrán dicho porque Garzón filtraba ese tipo de cosas porque, ¿cómo iba a permitir que me levantara la voz un delegado del Gobierno siendo yo ministro? ¡Vamos, no me ha levantado la voz en su vida!»

La marcha de José Luis Corcuera y poco después la del secretario de Estado Rafael Vera y la sustitución del ministro por el valenciano Antoni Asunción fueron una alegría para Garzón porque esta circunstancia propiciaba sus planes y hacía que se adelantaran los acontecimientos. Asunción asumió las funciones de ministro el 25 de noviembre de 1993 y emprendió una importante reforma. Pocos días más tarde, el 29 de diciembre del 93, el Gobierno nombraba a Baltasar Garzón secretario de Estado de Interior y trasladaba al Ministerio del Interior la Delegación del Gobierno para el Plan Nacional contra la Droga, dándole a este departamento y al ex juez, en consecuencia, las tan anheladas competencias para coordinar las fuerzas de Seguridad del Estado en la lucha contra el narcotráfico.

Se había desatado una auténtica revolución en Interior. Baltasar Garzón notaba cómo su poder crecía y empezaba a ver a su alcance el bastón de mando sobre las fuerzas de seguridad, eso sí, siempre «por delegación» del ministro Asunción. Éste, a su vez, eliminaba la Secretaría de Estado para la Seguridad y con ello se quitaba de encima además a Rafael Vera. El ministro asumía las funciones del secretario de Estado y le daba a Garzón todas las competencias que Vera tenía en materia de narcotráfico. Asunción en persona vigilaría además el uso de los problemáticos fondos reservados.

El nuevo ministro le daba la vuelta a su departamento

como a un calcetín, de forma que de la etapa de Corcuera tan sólo quedaba Carlos Conde-Duque como director general de la Policía. Se creó una Dirección General de Extranjería y se propuso la creación de juzgados periféricos de la Audiencia Nacional adscritos a determinadas comunidades autónomas que se encargarían sobre todo de cuestiones de narcotráfico. Sobre el papel, eran juzgados de instrucción y tenían además capacidad para celebrar juicios siempre y cuando no se trataran materias de terrorismo. El objetivo era reducir el tiempo que transcurre entre una operación contra el narcotráfico y su juicio; se quería perjudicar lo máximo posible a las grandes redes a quienes les favorecen sobremanera los retrasos judiciales, un tiempo precioso para los delincuentes que pueden utilizar para modificar pruebas y cambiar testimonios.

Antoni Asunción le otorga a Baltasar Garzón casi todo lo que quiere: le da mando sobre agentes para perseguir el narcotráfico, prevenir el blanqueo de dinero, coordinar a las distintas instancias europeas, prevenir la drogodependencia y rehabilitar a los toxicómanos. El antiguo juez está encantado. Vive en una nube. Se materializa ante sus ojos todo lo que desea. Para Baltasar ha llegado su Día de los Reyes Magos. Le han dado, y a su medida, un cargo de viceministro.

Garzón aparece en las fotos junto a Asunción, participa en improvisadas ruedas de prensa, visita los medios de comunicación. Al contrario de cuando estaba en la Audiencia Nacional, es especialmente amable con los periodistas y no duda en darles sus teléfonos para que le llamen a la hora que quieran.

«Estaba totalmente cambiado —recuerda un veterano periodista de tribunales—. En la Audiencia le tenías que perseguir, que esperar a que saliera de su despacho para abordarle y soportar una mirada por encima del hombro o un gesto de diva despechada, pero en su época en la política era el polo opuesto. Fíjate cómo habría cambiado que ahora nos daba sus teléfonos y nos invitaba a canapés.»

También aprovechó su paso por la Delegación para reconciliarse con periodistas con los que estaba peleado, como el propio Melchor Miralles, con el que no se hablaba desde que publicó los detalles de la «visita fantasma» de Míchel Domínguez a su juzgado y cuyo diario, *El Mundo*, no paraba de darle palos por su salto a la política. «Cuando estaba en el Plan sobre la Droga me llama. Me dice que por qué no nos vemos. Llevábamos mucho tiempo peleados, pero me pareció bien. Durante la comida me vino a decir que quería hacer borrón y cuenta nueva y olvidar nuestras rencillas. Le respondí que encantado, pero que no retiraba nada de lo que había dicho y publicado.»

Con sus antiguos conocidos del Consejo General del Poder Judicial también queda para entablar relaciones públicas. Un antiguo vocal de este Consejo indica que también a él le llamó para verse y quedar algún día para comer. «Porque decía que tenía que hablar de muchas cosas y que todo proyecto de ley civil que hubiera se lo diera a conocer para estudiarlo y ver la posibilidad de realizar enmiendas, etc. O sea, que en aquel momento hace lo que todos los diputados, la pelota para mirar por sus intereses personales y de partido.»

Ése era el Garzón de principios de 1994, el político amable y cercano a la gente que hablaba de todo, que aclaraba todo, que hacía comentarios a la prensa y filtraba lo que políticamente le convenía. En el mes de marzo anunció las prioridades de su delegación para el año 94-95. Serían la realización de un Debate Nacional sobre Drogas en el que participaran todas las administraciones del Estado. Al mismo tiempo crearía un Fondo Nacional para la Lucha contra la Droga cuya finalidad sería utilizar los bienes incautados a los traficantes para incrementar los medios de persecución del narcotráfico. El ex juez estaba además a favor de un debate para decidir si se debía suministrar o no drogas bajo control a los toxicómanos, aunque no era partidario de la legalización de los estupefacientes.

DESENGAÑO EN EL PARLAMENTO

Su vida se divide entre su despacho en el Plan Nacional contra la Droga y el Congreso de los Diputados. En ese lugar lo pasaba peor que entre sus colaboradores, entre los cuales se encontraba Araceli Manjón, su amiga y ex profesora en la Complutense a la que había convertido en jefa de su gabinete. En el Palacio de la Carrera de San Jerónimo, para colmo, le había tocado como compañero de banco el mismísimo José Luis Corcuera. No era para ninguno plato de buen gusto sentarse al lado de una persona a la que odiaban. De aquel tiempo Corcuera asegura: «Yo daba cien veces más votos que él, porque he tenido mucho más peso político que Garzón y además he sido siempre una persona muy disciplinada en la vida interna del partido. Me acuerdo de que él se debatía continuamente entre dudas y a los dos nos hacían fotos cuando salíamos del hemiciclo. Los periodistas cuchicheaban y se decían, "mira, mira, se han hablado, se han mirado".»

De la anécdota se pasó a un grave problema político cuando, el 20 de abril de 1994, al término del pleno del Debate sobre el Estado de la Nación, justo en el último día, tanto Baltasar Garzón como Ventura Pérez Mariño amenazaron con romper la disciplina de grupo y votar con el Partido Popular si su grupo no aceptaba investigar el caso Filesa y emprender la limpieza. Los casos de corrupción seguían protagonizando la vida pública del país y tanto Pérez Mariño como Garzón, los dos *contratados* contra los corruptos, trabajaban en la labor que les había sido asignada. Ellos querían que se investigasen todo tipo de escándalos económicos y políticos. La posición de su partido sobre el caso de la entonces presunta financiación irregular del PSOE no les gustaba nada y se rebelaron contra él.

Los socialistas nombraron una especie de intermediario y de inmediato enviaron a hablar con ellos a su entonces amigo, el ex juez y ministro de Justicia Juan Alberto Belloch. El cámara de Antena 3, José Luis Torres, captó una imagen definitiva para comprender el estado de ánimo en que se encontraba Garzón respecto a la investigación de la corrupción. Al fondo del llamado «Salón de los pasos perdidos» hablaban los tres antiguos miembros de la judicatura.

Garzón era el más expresivo.

—En conciencia —le decía a Belloch— no puedo votar una comisión de investigación que no contemple el caso Filesa —y señalaba su coronilla—. ¡Hasta aquí estoy de la corrupción!

Tanto Garzón como Pérez Mariño querían que se estableciese claramente la facultad de la comisión para investigar y establecer responsabilidades políticas de todos los partidos en casos de corrupción. Finalmente, el pleno aprobó una batería de resoluciones para la luchar contra esta lacra, entre las que destacaban una comisión de investigación sobre el patrimonio personal del ya desaparecido ex gobernador del Banco de España, Mariano Rubio, una comisión de estudio de la financiación de formaciones políticas en la que se incluían los casos Filesa y Naseiro, relativo a posibles irregularidades en el PP, y la creación de la Fiscalía Especial contra la Corrupción.

Éste fue uno de los primeros y frontales enfrentamientos que tuvo Garzón con la dirección socialista. Su actitud a lo largo del Debate sobre el Estado de la Nación fue desafiante. Esta postura se la recriminó José Luis Corcuera, su indeseado *compañero de pupitre.* Fue el único comentario que le hizo en público mientras ambos coincidieron en el Parlamento. Sucedió al término de la primera intervención de Felipe González en la tribuna. Todos los diputados socialistas aplaudieron la intervención del presidente. Todos menos uno: Baltasar Garzón.

—¿Sabes que por no aplaudir a González ahora mismo estás haciendo un titular de prensa? —le dijo Corcuera hablándole entre dientes y de forma discreta aunque contundente.

—Es que no estoy de acuerdo con todo lo que ha dicho el presidente del Gobierno.

—Ni yo —replicó el ex ministro—. ¿Cómo vas a estar de acuerdo con todo lo que diga un tío desde una tribuna? Es difícil, a poco crítico que sea uno.

La reprimenda de Corcuera al diputado novato hizo efecto. Cuando González volvió a subir al estrado y pronunció la segunda parte de su discurso, Baltasar Garzón ya sí que ovacionó a su jefe.

Una semana después, los reproches no se los haría un compañero de escaño. Serían miles de jóvenes reunidos en la Plaza de Toros de Valencia quienes pondrían la cara colorada al ex juez con sus abucheos y sus graves insultos. El telón de fondo seguía siendo el ambiente político crispado y enrarecido a causa de la gran lacra del Partido Socialista, la corrupción que se había instalado en la sociedad y contra la que se protestaba airadamente. El diario *El Mundo* narró los hechos con esta crónica casi fotográfica:

«Más de diez mil jóvenes se habían dado cita en la Plaza de Toros de Valencia el jueves por la tarde, para escuchar al cantante Loquillo. Dos políticos socialistas, el presidente de la Generalitat valenciana, Joan Lerma, y el delegado del Gobierno para el Plan Nacional contra la Droga, Baltasar Garzón, iban a servir de teloneros al cantante. Pero la fiesta se convirtió en monumental bronca cuando los dos altos cargos del PSOE hicieron su entrada en el coso taurino.

Hacía calor en la tarde valenciana. Sentados en la primera fila de la arena, Lerma y Garzón ya intuían lo que se les venía encima. Pero lo peor llegó cuando al número dos del Ministerio del Interior se le ocurrió dirigirse al micrófono para hablar ante los miles de jóvenes que participaban en el acto convocado por las federaciones de vecinos con motivo del Año Internacional de la Familia.

"¡Buenas tardes!", dijo Garzón. "¡Hijos de puta, hijos de puta!", le respondieron los jóvenes con silbidos, aplausos y otros gestos poco respetuosos con la autoridad. Garzón no se arredró. "Esta lección de libertad que estáis ofreciendo me parece bien, porque estáis diciendo lo que consideráis que debéis decir. Ahora dejadme a mí que diga lo que pienso."

Los muchachos tampoco cedieron a ese guiño del político independiente que concurrió a las elecciones en las listas del PSOE. Comenzaron a hacer "la, la" y siguieron insultando a Garzón, que apenas lograba imponerse al griterío con su pequeño hilo de voz.

"Os pido alzar juntos nuestras voces para rechazar a quienes os presentan como una juventud sin valores y sujeta a las drogas." Otra vez insultos: "Hijos de puta, hijos de puta." Y de nuevo Garzón: "Sé que os rebeláis como podéis." Los jóvenes le vuelven a interrumpir, esta vez con "la ola". El famoso juez de otros tiempos se alejó del micrófono y comenzó a aplaudir, con sonrisa forzada, a los miles de jóvenes que le dedicaban toda clase de gestos con las manos en alto. Volvió al micro: "Estaba seguro de que me ibais a recibir así, dado el estado general de cabreo que existe.

Hacéis bien, ¡coño!; ¡gritad, silbad, silbad más fuerte! Rebelaos contra aquellos que se rigen por la cultura del lucro sin escrúpulos, contra la corrupción, las irregularidades y los comportamientos sucios."

La "ola" continuaba. Garzón gritaba para hacerse oír entre tanto chillido. "Debéis protestar más, que hay causas para protestar. Vale más un hombre honrado que cien canallas que, por desgracia, abundan mucho. Por eso hay que rebelarse contra la corrupción."

El ruido incesante se había extendido ya por toda la plaza.

Los jóvenes estaban a lo suyo, gritaban e insultaban a Garzón. Éste decidió unirse a "la ola" y alzaba sus brazos cuando ésta pasaba por su espalda. Joan Lerma, a su lado, sonreía.

El ex juez continuó hablando. Tenía pensado hablar a la juventud valenciana sobre las drogas, pero las circunstancias le forzaron a hablar de corrupción. "Hay que luchar —les dijo— contra el excesivo culto al dinero, contra la doble moral, contra la ostentación de la riqueza, contra la corrupción." Sus palabras morían casi en el micrófono y apenas llegaban a ser audibles por los altavoces. La "ola" se concentraba como un golpeante martillo alrededor del escenario que ocupaban Garzón y Lerma.

"Si nosotros nos tenemos que ir, nos iremos, hay que ser exigentes con la clase dirigente." Fueron las últimas palabras que le dejaron decir. Garzón se rindió ante los jóvenes y se despidió haciendo "la ola" también. Un joven agarró el micrófono y pidió respeto para Joan Lerma. Al presidente de la Generalitat le reciben miles de insultos y gritos.

Lerma pegó su boca al micrófono para hacerse oír. "Tenéis que trabajar por el futuro." Es casi lo único que le dejaron decir. Él se rindió antes que Garzón La comitiva oficial salió de la plaza, mientras los jóvenes se calmaban oyendo a Loquillo.»

ASUNCIÓN DIMITE

Fue un disgusto más para el ex juez, el más sonado quizás, pero no el más grave. Tres días después le llegaría una noticia que resultaría fatal para su vida como político. El 30 de abril de 1994, el ministro Antoni Asunción, su principal valedor, dimitía.

Si José Luis Corcuera había anunciado su retirada ante el revés que le supuso la sentencia del Tribunal Constitucional contra la Ley de Seguridad Ciudadana, Asunción hacía pública su marcha en la misma sala del Ministerio del Interior que utilizó su antecesor y a causa de la fuga del director de la Guardia Civil, Luis Roldán, tras ser reclamado para entregar su pasaporte en el juzgado como medida cautelar ante los indicios de que podía ser culpable de los gravísimos delitos de los que se le acusaba.

Asunción apareció ante la prensa con rostro serio y demacrado. «Corresponde ahora al ministro asumir sus responsabilidades —sentenció—. Políticamente no sería asumible que el titular de este Ministerio y responsable político de que Roldán no esté a disposición judicial continuara en su cargo. Por este motivo, he presentado mi dimisión al presidente del Gobierno, Felipe González.»

Sentado él solo en la mesa presidencial del salón de actos, aunque escoltado por los directores generales de la Policía y de la Guardia Civil, Antoni Asunción añadió que esperaba que la decisión final de González sobre su renuncia al cargo no se retrasara mucho, «salvo que tuviéramos la fortuna de detener al señor Roldán en los próximos días». «Sería poco serio —explicó— que tuviéramos un ministro con una carta de dimisión durante varias semanas o meses.» «Se ha montado una operación policial, pero ha huido. Ahora se ha generado una alarma en la opinión pública y corresponde al ministro asumir sus responsabilidades. Tuve un error y tengo que pagar por ello.»

La crisis se desata. Garzón trata de hacerse una composición de lugar. Su situación no es buena. Está solo. La persona que le quería a su lado como hombre de confianza se ha marchado, su amigo Juan Alberto Belloch se ha alejado de él desde el enfrentamiento en el Debate sobre el Estado de la Nación. Felipe González, su «padrino», tampoco está contento con su actuación después de su oposición a que se diluyeran las responsabilidades del caso Filesa en una genérica «comisión de estudios» sobre la financiación de los partidos. El diputado se enfrenta a un mar de dudas. A Asunción le debe sustituir otra persona, no se sabe quién. ¿Cuál será su futuro? ¿Le mantendrá Felipe en su actual cargo? ¿Le quitará los poderes concedidos por el ex ministro? ¿O le nombrarán ministro a él? Los periodistas le asedian: «¿Va a ser usted nombrado ministro, señor Garzón?» Él responde con fingida modestia: «Estáis locos, estáis locos.» En el fondo estaba muy preocupado.

En cierta ocasión en que Garzón fue a la cadena Ser para mantener una entrevista con Iñaki Gabilondo, se encontró a su amigo Joaquín Navarro.

—No me digas que te vas, que tengo que hablar contigo.

—Sí que me marchaba, pero bueno, dime.

—Oye, ¿tú sabes algo de los próximos nombramientos para el ministerio?

—Pues mira, Baltasar, sí que sé algo y me da la impresión de que Juan Alberto Belloch puede ser ministro de Interior y de Justicia, de las dos cosas.

—¿Y yo? ¿No sabes?

—Pues por lo que yo sé en el PSOE no se menciona tu nombre ni como hipótesis.

—¡Me va a oír Felipe! ¡Después del plan antológico que le hemos hecho Ventura Pérez Mariño y yo para acabar y limpiar la corrupción del partido y de la vida pública española! ¡Ese hijo de...!

El diputado Garzón vio cómo se cumplían los aspectos más pesimistas de la profecía de su amigo. El 6 de mayo de 1994 Juan Alberto Belloch se convertía en el *superministro* del Gobierno socialista al ponerse al frente de los departamentos de Justicia e Interior. Baltasar Garzón atravesaba su peor momento. Tras la toma de posesión de Belloch, abandonó con gesto adusto la sede de Interior y anunció que dejaba su cargo de delegado del Plan Nacional sobre Drogas y, «muy probablemente», su escaño de diputado por el PSOE. La decisión la tomaba tan sólo dos horas después de que el nuevo ministro anunciara las remodelaciones de su departamento. Como estrechas colaboradoras había nombrado a Margarita Robles como secretaria de Estado de Interior y a María Teresa Fernández de la Vega como secretaria de Estado de Justicia.

Entre bastidores, Garzón y Belloch habían tenido más que palabras. Garzón le había pedido un encuentro para hablar de sus planes y de su confrontación personal. Belloch rechaza todas sus pretensiones. Garzón le pregunta: «¿Has hablado con el presidente?» El nuevo ministro replica: «Naturalmente —le enseñó su propio teléfono móvil—. Llámale tú y pregúntale.» Garzón marca el número. Pregunta por el presidente. Su cara refleja una nueva decepción. González no está en La Moncloa. Juan Alberto Belloch le repite sus condiciones: no le daría «ni una competencia más» de las que tenía para luchar contra la droga.

—Mira, Baltasar, a ver si lo entiendes: tu tiempo político ha terminado. Éste es mi momento y no cuento contigo. ¿Está claro o no está claro?

A Garzón no le quedaba escapatoria:

—¡El tiempo de mi dimisión lo administro yo! —replica con el rostro tenso por la rabia.

El biministro da por concluida la conversación. Llama a su asesora de prensa y le indica que en la inmediata rueda de prensa que va a dar se asegure de que algún periodista pregunta por Garzón. El indicado es Luis Fernández, entonces jefe de informativos de la cadena Ser y actual responsable del mismo departamento en Tele 5. «Señor ministro, ¿en qué situación queda ahora Baltasar Garzón?» Belloch contesta rotundo: «Le he ofrecido a Garzón que siga donde está. Pero debe saber que si presenta su dimisión se la aceptaré inmediatamente.»

Terminada la rueda de prensa, Belloch da nuevas instrucciones. Si mientras está comiendo con sus colaboradores Garzón dimite, que ni siquiera le consulten, que se dé una nota oficial diciendo que el ministro acepta la dimisión.

Antes de las cuatro de la tarde, Garzón llama al gabinete de Prensa de Interior y pide un listado con los teléfonos de los principales medios de comunicación. Tan sólo quince minutos después la Agencia Efe da la noticia con campanillas de urgencia: «¡¡¡Garzón ha dimitido!!!» El Ministerio del Interior ofrece un brevísimo comunicado de prensa que ya está redactado de antemano según había ordenado Belloch. Algunos de los antiguos miembros de la cúpula de Interior sonríen para sus adentros. También los nuevos gestores del gran departamento que se acababa de formar.

Días después, Juan Alberto Belloch argumenta en su defensa que en la conversación previa a la rueda de prensa de su nombramiento ofreció al magistrado en excedencia continuar con la represión del narcotráfico e incluso le dijo que se podrían ampliar sus competencias a la lucha contra la corrupción. «Él no consideró suficiente mi oferta. Quería competencias en materia antiterrorista y, en definitiva, competencias que en mi modelo de ministerio correspondían a un secretario de Estado de Interior.» No había querido saber nada de él y le había expulsado de su lado de la forma más humillante. Seis años después, aún hoy, el ex *superministro* Belloch dice que no quiere recordar nada de lo ocurrido. Cuando se le pide hablar sobre Baltasar Garzón insiste en que no tiene nada que decir sobre «ese señor».

Según el esquema del nuevo ministerio, Garzón perdía lo que más ilusión le hacía, el mando sobre fuerzas de seguridad. En cinco meses había pasado de tener uno de los puestos más importantes del departamento y de estar a punto de conseguir algunas de sus metas más soñadas a ver cómo le quitaban el caramelo que tan cerca tenía de la boca. Según los planes de Belloch, la labor de Garzón quedaba reducida a un puesto sin apenas funciones ejecutivas. El diputado estaba decepcionado, abatido, en sus horas más bajas. Según personas de su entorno, su renuncia, su dimisión, su abandono se producía debido al gradual desengaño experimentado por un hombre que había creído en las promesas de Felipe González y en su voluntad por acabar con la corrupción. Desde el Gobierno se difundía el mensaje contrario. Garzón se iba porque no había visto hecho realidad su anhelado sueño de convertirse en ministro de Interior o, en el peor de los casos, en secretario de Estado para la Seguridad. Detallaban incluso que el ex juez había solicitado a González en varias ocasiones ser su nuevo «hombre fuerte» y que tras la negativa del presidente se había arrastrado ante Belloch pidiéndole ser su número dos.

El ex ministro Corcuera asegura: «No tengo la menor duda de que él tenía una obsesión por el puesto de Rafael Vera en el Ministerio del Interior. Supongo que para hacer cosas. Supongo que para hacerlas bien. Aunque si fuera mal pensado, diría que sería para continuar siendo la estrella de todas estas cosas.»

En un editorial, *El Mundo* profetizaba que Garzón quizás volvería a su juzgado donde «podrá sin duda realizar una tarea mucho más efectiva contra una corrupción de la que ha sido involuntariamente cómplice desde el momento en que cedió a los cantos de sirena del seductor González».

Habían pasado tan sólo nueve meses desde que fue designado para su cargo, y apenas un año desde que Felipe «le fichó». En conversaciones privadas mantenía inamovible su postura de que no se había marchado por no ser ministro. «He demostrado durante mucho tiempo que no he perseguido un ministerio. Nadie podrá decir que se lo he pedido a González y hay documentos escritos que lo constatan. Es demasiado mezquino interpretar que me voy porque no me han hecho ministro», aseguró. Garzón argumentaba que en las condiciones que le había dejado Belloch no podía luchar con eficacia contra la droga.

LA RUEDA DE PRENSA

El 9 de mayo de 1994, el ex juez estrella, ex fichaje estrella de Felipe González, ex delegado del Gobierno contra la Droga, ex secretario de Estado, ex diputado y ex número dos de Antonio Asunción, ofrecía una multitudinaria rueda de prensa en la que iba a explicar todos los motivos de su abandono.

Sus principales frases en aquel acto fueron lapidarias: «Tengo que darles la razón a los que dijeron que se me estaba usando para dar una imagen de lucha contra la corrupción.» «En el Debate sobre el Estado de la Nación no detecté la actitud que esperaba y me queda un sabor decepcionante y amargo de la actuación de Belloch.» «El ministro de Justicia e Interior me dijo que no iba a permitir que utilizara su tiempo político en mi propio beneficio.» «Me di cuenta de que las medidas adoptadas contra la corrupción han sido tomadas más por imposición que por un cambio de actitud.»

En el Congreso de los Diputados, el ex magistrado acusó a Felipe González de haber utilizado con él un «ardid electoral» para ganar las elecciones del 6 de junio del 93 y de haber sido un pelele en sus manos. El ex diputado golpeó muy fuerte y avaló con sus palabras los argumentos que a diario utilizaban contra el presidente tanto los seguidores del Partido Popular como los de Izquierda Unida.

«Si se me hubiesen dado los medios en función de las palabras que se empleaban para pedir mi colaboración, no hubiese sido tanto un muñeco al que se ha acudido y amparado en temas de corrupción y sí habría podido prestar más servicios. Y como no puedo prestar estos servicios me marcho», afirmó.

Con un lenguaje frío y sin pizca de pasión política, Garzón anunció su abandono del escaño denunciando la «actitud pasiva» de González ante los corruptos y dijo que tenía que darles la razón «a los que dijeron que se me estaba usando para dar una imagen de la lucha contra la corrupción». Para desmentir rumores «mezquinos y malintencionados», reveló que el 18 de abril de 1994 —antes de la huida de Roldán y la dimisión de Asunción— había dirigido una carta a Felipe González en la que le anunciaba que dimitiría si no se tomaban medidas contra los escándalos que existían y se ponían en marcha las medidas necesarias para que no surgieran nunca más otros nuevos. En la misiva señalaba también que «de no asumirse una actitud frontalmente opuesta a los casos de corrupción y no simples poses» presentaría su dimisión el 25 de abril.

El viernes 22 de abril, en el propio palacio de La Moncloa, el presidente le había pedido que esperara. «Échame una mano para acabar con la corrupción», le rogó. Garzón aceptó continuar en su cargo. «Fue otro gran error por mi parte. Ahora compruebo que lo único que se pretendió fue ganar tiempo para encontrar una solución que acabara con mi presencia en el Gobierno.»

Garzón aseguró que lo que vio y escuchó en el Debate sobre el Estado de la Nación le dio la puntilla. En las actuaciones de sus compañeros de formación política y en las intervenciones del propio Felipe González ante la Cámara no detectó la actitud que esperaba.

«El proliferar de escándalos sobre corrupción —dijo— y la actitud pasiva del presidente me hicieron plantearme la necesidad de dimitir y de no ser partícipe, siquiera sea por omisión o silencio, de dicha crispación.»

En aquella intervención pública ante decenas de informadores y a lo largo de cuarenta y cinco largos minutos, Baltasar Garzón desveló también las promesas que le había hecho Felipe González. Para convencerle de que formara parte de su lista electoral y de que aceptara ser el número dos por Madrid le tentó además con otro anzuelo. Le prometió que jugaría un papel estelar en la lucha contra la corrupción. Pero ahora Garzón mantenía que en las últimas semanas se había percatado de que el presidente ya no contaba con él.

La gota que colmó el vaso de su paciencia fue conocer el plan del Gobierno para unir los ministerios de Interior y de Justicia. «El presidente —recordó— tan sólo me lo comentó de pasada en una conversación telefónica el pasado 4 de mayo, pero no me pidió ni siquiera mi opinión.» Pese a estas palabras, Garzón aseguró que no se marchaba porque González no le hubiera hecho ministro. «Nunca —aseveró—, en ningún caso, le he pedido al presidente que me hiciera ministro y ocasiones he tenido. Si tuviera ambición —matizó— me quedaría con el escaño.»

Lo que sí que tuvo que reconocer es que el 21 de diciembre de 1993 le había demandado en persona a Felipe González una potente secretaría de Estado con muchos medios para luchar contra el crimen organizado.

Terminó su rueda de prensa con una advertencia: «Vuelvo a la carrera judicial. Espero que la relación del Ministerio de Justicia e Interior y del Gobierno con la Justicia sea buena y que el Gobierno colabore con la Justicia a erradicar todos los comportamientos de corrupción.»

Era salir con un buen portazo de su brevísima carrera política.

CAPÍTULO OCHO

EL AMARGO REGRESO A CASA

Eran algo más de las nueve de la mañana. Finales de mayo de 1994. Baltasar Garzón bajaba de su coche oficial. Vestía un traje gris claro de entretiempo y portaba en su mano derecha un maletín. En la puerta principal de la Audiencia Nacional le esperaba un buen número de informadores. El juez regresaba al hogar después de su odisea. Se le veía con el pelo más encanecido que cuando se marchó. Su gesto era serio, casi adusto. No dijo nada. Como en los viejos tiempos, pasó entre los fotógrafos, cámaras y *plumillas* de todos los medios de comunicación sin pronunciar ni una sola palabra. Tampoco atendió a los que gritaban su nombre para que volviera la cabeza y poder conseguir una buena foto. Subió las escaleras acompañado, como antes, de su escolta. Era la segunda vez en su vida en la que su entrada al edificio judicial se revestía de un carácter especial. Lo fue en 1988, cuando llegó del Consejo General del Poder Judicial para convertirse en el juez más conocido del país, y lo era ahora aunque, por el momento, quizás nadie más que él sabía la relevancia que iba a tener su amargo regreso.

El juez fue a visitar a su colega, Manuel García Castellón, el magistrado que le había sustituido durante los meses que pasó de compañero de viaje del PSOE. Despacharon sobre la marcha los asuntos pendientes y se hicieron el relevo de los papeles. Todo normal, tan amigos. Ya en su despacho, a solas, volvió a sentarse en el sillón que había ocupado durante cinco años. Casi todo estaba cambiado excepto algunos muebles. Pensó que debía apresurarse a colocar allí algunas de sus cosas para crear entre esas cuatro paredes, visitadas con frecuencia por etarras y narcotraficantes esposados, un ambiente más agradable. Lo haría otro día. Debía traer de casa las fotos de sus tres hijos, algunos cuadros y sus figuritas de porcelana. Quizás hasta pusiera en alguna estantería la colección de soldaditos que le regaló Juan de Justo, el secretario personal de su antiguo oponente, Rafael Vera.

El juez descolgó el teléfono. Llamó a sus compañeros. Habló con el presidente de la Audiencia, Clemente Auger, y con varios jueces de la Sala de lo Penal. Quería ir a tomar café con ellos a Riofrío, como antes, aunque, eso sí, obviando en las conversaciones ciertos asuntos escabrosos. Prefería no acordarse de cuando tenía que repasar su agenda para ver con qué ministro tenía que despachar o pensar si tenía o no que ir a La Moncloa para ver a Felipe González. Ahora ya no le preocupaba comprobar los actos oficiales del día o saber a qué hora debía estar en el Congreso para acudir al pleno. Los viajes ya no le importaban, a no ser los que él mismo planeara por placer o en cumplimiento de sus labores judiciales. Atrás quedaban las inauguraciones y los discursos en actos organizados por colectivos contra la droga.

Ahora se concentraba en los sumarios pendientes de tramitar. Prestaba especial atención a aquellos en los que había imputados en prisión. Vigilaba los plazos para tomar declaración a los detenidos de ETA o a los colaboradores de la banda armada. Dictaba autos, resolvía recursos interpuestos por los abogados contra sus resoluciones, firmaba providencias judiciales.

En los primeros días en su amado juzgado su trabajo discurrió, extrañamente, de forma anónima. Atendió muchos asuntos rutinarios que no encontraron ningún reflejo en las páginas de los diarios. El 23 de mayo, por ejemplo, muy pocos días después de su regreso, procesó a diez personas como presuntos miembros de los llamados grupos «Y» de apoyo a ETA cuyo principal objetivo era colocar bombas caseras en empresas y edificios públicos para llevar a cabo el llamado «terrorismo de baja intensidad» que realiza la banda armada sobre todo los fines de semana.

Poco después, durante una guardia le tocó decidir sobre el nazi Otto Ernst Remer, de 82 años, antiguo responsable de seguridad de Adolf Hitler, detenido al estar reclamado por Alemania para cumplir allí casi dos años de cárcel. También decidió tomar medidas contra el narcotraficante gallego Sito Miñanco al tener indicios de que había preparado desde la cárcel operaciones de tráfico de drogas gracias a un teléfono móvil. Dos funcionarios de prisiones del Centro Penitenciario de Valdemoro fueron detenidos por ayudar al «capo» y actuar como correos suyos. Por aquellos días también interrogó al portavoz de las juventudes de Herri Batasuna, al que finalmente dejó en libertad sin cargos. Estuvo en su despacho hasta altas horas de la madrugada tomando declaración a detenidos de ETA... No paraba. Todos aquellos que le veían y le visitaban comentaban que Garzón, un Garzón mucho más silencioso, mucho más retraído que antes, estaba todo el día ocupado. Se centraba en trabajar y trabajar... ¿o quizás también en algo más?

EL *FAVOR* DE GORDILLO

En el mes de julio de 1993, muy poco después de que el magistrado jienense atendiera la llamada de Felipe González y dejara su juzgado, el fiscal Ignacio Gordillo pidió al juez Carlos Bueren, que eventualmente se encargaba de sus asuntos mientras se buscaba un sustituto para el Juzgado Central número 5, que tomara declaración a José Amedo y a Míchel Domínguez en relación con el caso Segundo Marey, la primera acción llevada a cabo por los GAL en 1983 y que culminó con el secuestro por error de un industrial español afincado en el sur de Francia. Gordillo tan sólo quería que se llevara a cabo una pequeña diligencia judicial para que el sumario no tuviera que cerrarse al prescribir por haber transcurrido más de diez años desde que se cometieron los hechos.

Algunos avispados analistas comentaban por los pasillos de la Audiencia lo curioso que resultaba que un fiscal, por aquel entonces íntimo amigo de Garzón, se tomara tantas molestias por un caso que, en principio, no era demasiado importante. Se trataba de un secuestro, sí, pero de un secuestro que, en definitiva había durado muy poco tiempo y de un caso en el que no había víctimas ni grandes daños.

Baltasar Garzón estaba en el Congreso, pero guardaba en el mayor de los secretos la clandestina conversación que había mantenido con Míchel Domínguez en su despacho, en la que éste le dijo que quería contarlo todo respecto a Marey por estar ya harto de pagar con la cárcel por otros. ¿Teledirigió Baltasar Garzón el procedimiento desde la Carrera de San Jerónimo? ¿Llamó a su amigo Ignacio Gordillo para recordarle la prescripción del caso y alertarle para que no se le pasara hacer algo que lo mantuviera vivo? ¿Quería el entonces juez en excedencia asegurarse de que su as en la manga estaría preparado si algún día tenía que jugarlo contra alguien? Estas razonables incógnitas aún no han sido aclaradas.

Días después de la iniciativa de Gordillo, José Amedo y Míchel Domínguez declararon ante Carlos Bueren. La comparecencia no trajo mayores consecuencias. Más tarde, el magistrado Manuel García Castellón tomó declaración a numerosos policías y guardias civiles del puesto fronterizo por donde se introdujo a Segundo Marey desde Francia a España tras ser detenido de manera ilegal. Y ahí quedó todo. Un sumario más, en este caso sobre acciones de los GAL, que quedaba medio dormido en los armarios de la Audiencia después de las numerosas trabas sobre la investigación que había puesto el Ministerio del Interior. Demasiados escollos, demasiada responsabilidad y demasiados líos podía dar este sumario como para tener ganas de entregarse de lleno a él.

Pero el caso sólo durmió hasta que regresó el despechado Garzón. Él sí estaba dispuesto a llevarlo adelante y las motivaciones que quizás les faltaban a otros puede que él las tuviera en abundancia. A finales de octubre de 1994, cinco meses después de su regreso, le dio un empuje inusual al asunto.

Comenzó investigando si Amedo y Domínguez tenían cuentas en bancos suizos y pidió comisiones rogatorias al país helvético. Comenzó una larga carrera de fondo cuya marcha iría acelerando poco a poco hasta entrar en una dinámica verdaderamente vertiginosa que llegaría a conmover profundamente la vida política del país.

Tan sólo dos semanas después de resucitar el caso Marey, a comienzos de noviembre de 1994 Garzón reemprende también la marcha del caso Mon Bar, otra acción de los GAL en la que resultaron asesinados cuatro clientes de un establecimiento de Bayona, en Francia. El juez quiere tocar todos los flecos desprendidos del sumario madre del GAL que culminó con la condena a 108 años de cárcel para José Amedo y Míchel Domínguez. Pregunta al Ministerio del Interior quiénes fueron los superiores de los dos ex policías en los años 1982, 1983 y 1984. Además pide una precisión: ¿Quiénes fueron los directores generales de la Seguridad del Estado entre enero de 1983 y junio de 1987? Durante el mes de noviembre y casi todo diciembre, el juez va recogiendo pruebas, va atando cabos, va conformando su plan para llevar a cabo un ataque frontal y por sorpresa contra las más altas instancias del Ministerio del Interior y contra su otrora amigo, Felipe González.

«Cuando vuelve a la Audiencia lo hace con un ánimo total de venganza y las actuaciones que emprende contra los ex responsables de Interior no son más que peldaños para subir hasta Felipe González, porque él se siente engañado y utilizado y está rabioso aunque lo quiera disimular. Había comprobado que en el PSOE no le quisieron más que para diputado y a una persona como él, con esa exaltación de su ego tan alta, se le quedaba pequeño el cargo.»

Esta opinión de un abogado era común entre quienes no veían con buenos ojos la vuelta del juez a su despacho. Estaban atentos a cualquier movimiento extraño del magistrado, aunque jamás imaginaron lo que vino después. «¿Presagiar lo que iba a ocurrir? —se pregunta José Luis Corcuera—. ¿Que llevara en su ánimo algún tipo de *vendetta*? Yo no pensaba en ello, pero los acontecimientos hablan por sí mismos y hay que ser estúpido para no llegar a esa conclusión.»

La tesis la rechazan de raíz otros juristas que habían respaldado al juez y que confiaban ante todo en su profesionalidad. «No señor —enfatiza un fiscal—, Baltasar Garzón no volvió con ánimo de venganza, volvió a su juzgado con todas sus consecuencias, y allí había una serie de procedimientos que tenía que tramitar, y ningún juez se puede inventar un sumario. Baltasar hizo lo que tenía que hacer y llevó un caso hasta sus últimas consecuencias y lo hizo bajo el amparo del fiscal. Así que, si pensamos que él actuaba por venganza, debemos intuir que el fiscal también y eso nos llevaría a una idea absurda.»

A esta postura se opone de plano su ex amigo Javier Gómez de Liaño, quien en aquellos días estaba muy cerca de Garzón y pulsaba casi a diario su estado de ánimo desde su puesto de vocal en el Consejo General del Poder Judicial. El ex magistrado recuerda: «Cuando Baltasar volvió sí que lo hizo totalmente despechado. Bramaba contra Juan Alberto Belloch. Le recriminaba haber nombrado secretaria de Estado a Margarita Robles porque ocupó el cargo que a él le hubiera gustado, el puesto que implicaba mandar sobre la Policía, su auténtica obsesión.» «Me acuerdo bien —subraya Liaño— que repetía: "Como número dos por Madrid tenía que haber llegado mucho más lejos." Se sintió utilizado, comprado, aunque alguien, creo que su amigo el juez Joaquín Navarro, le dijo delante de mí "no, no, tú lo que has hecho es regalarte, ni te han comprado ni te han utilizado".»

LA NOCHE DE LOS GAL

El 19 de diciembre de 1994 fue el día D, el día en que se desataron todos los elementos y se abrió la caja de Pandora. Una vez más, Garzón daba una de sus espectaculares sorpresas y volvía a introducir innovaciones en el mundo judicial. Estrenaba una nueva modalidad de redada, una redada que no era contra delincuentes al uso, sino todo lo contrario, contra mandos policiales.

El detonante lo pusieron José Amedo y Míchel Domínguez. En teoría, ambos habían decidido colaborar con la justicia, aunque detrás de su decisión estaban las amenazas y las presiones del juez que más tarde denunciaría ante el Tribunal Supremo el propio Domínguez.

Aprovechando que desde el 26 de julio de 1994 se encontraban cumpliendo su condena pero clasificados en tercer grado penitenciario, según el cual tan sólo tenían que estar en la cárcel por la noche para dormir, se presentaron ante Garzón. Antes ya había ido Míchel a ver al juez. Garzón le recibió en su despacho. Sobre su mesa tenía preparado el sumario de Segundo Marey.

—Recuerdas este asunto, ¿verdad? Hablamos de él hace un año porque tú quisiste. Bien, pues ahora es el momento de ocuparse de él porque las cosas han cambiado mucho desde entonces.

—Lo sé —respondió Míchel—, pero yo también he cambiado. Ahora ya estoy en tercer grado y no tengo ganas de remover más la mierda. Quiero estar tranquilo, rehacer mi vida y olvidarme de todo.

—Mira, Míchel, yo no voy a por ti, voy a por los de arriba y necesito que colabores conmigo.

El magistrado está dispuesto a todo, con Míchel o sin él va a atacar. Su objetivo es la línea de flotación del antiguo Gobierno socialista.

—Este sumario ha estado parado un año. Se han hecho cuatro tonterías en él para que siguiera vivo, pero ahora me tienes que dar las claves para que pueda seguir avanzando, y te prevengo de una cosa, si no te pones de mi parte, no dudaré en ir contra ti, y no me gustaría que estuviéramos el uno frente al otro. Mira, os tengo cogidos por los huevos. Sé todo lo de vuestras cuentas en Suiza, sé cuánto tenéis allí Amedo y tú, y sé que vuestras mujeres pueden disponer del dinero; así que, si tengo que hacerlo, iré también contra ellas por ser cotitulares de las cuentas.

Míchel comienza a ponerse nervioso por momentos. No debió haber dado nunca el paso de ir a declarar voluntariamente ante el juez. ¿Por qué no habría aguantado el pasado año un poco más en la cárcel?, se reprocha. Ahora pagaba las consecuencias. Se arrepentía, se desmoronaba. Se acordaba de su esposa y de sus hijos.

—Mire, si quiere vaya a por mí, hágame lo que le dé la gana, pero, por favor, deje a mi mujer en paz. ¡Déjela! —El ex policía empezó a llorar.

Todo se había desarrollado con el máximo secreto. Domínguez salió del despacho convencido de que Garzón iba a por todas con tal de ver hundido y humillado a Felipe González. El ex policía piensa que no le queda otra opción más que acceder a las pretensiones del juez. No quiere «que le pegue una puñalada y le joda bien».

Míchel estaba hundido. Tendría que explicar además su postura ante la opinión pública. Él no declaraba ante el magistrado para tratar de conservar en Suiza los 200 millones de los fondos reservados que le habían dado «por callar y aguantar» durante sus años de prisión. Él tenía suficiente dinero como para comenzar una nueva vida. Tenía suficientes medios para vivir. En diciembre de 1993 le habían tocado a su mujer 8.840.000 pesetas en el Gordo de la Lotería Primitiva. Junto a otros ahorros que poseía, había logrado reunir en el banco un total de 14 millones con los que pretendía rehacer su vida después de haber pasado seis años entre rejas.

«¿Tú crees —comentaba a un periodista— que si no fuera por las amenazas a mi mujer, a mí me quedaban ganas de meterme en jaleos porque quería que la sociedad supiera la verdad? ¡Vamos, le podían dar por culo a la sociedad! Todo fue por el chantaje, por las coacciones, porque yo no quería volver a prisión y menos ver allí a mi esposa y a mis hijos solos en el mundo. Ése era mi punto débil. Por eso declaré, no por dinero como dijo Garzón, ni por nada parecido.»

El ex subcomisario José Amedo abandonó su tradicional liderazgo y, en esta ocasión, siguió la línea que trazó Míchel. Aunque él fue un poco más curioso que su compañero cuando vio que el juez también tenía en el punto de mira a su esposa. «¿Y cuánto le podría caer a ella?», llegó a preguntar en una ocasión.

José Amedo y Míchel Domínguez iban a acudir juntos a

la Audiencia Nacional. Apenas se sabía nada de los aspectos de su comparecencia. Tan sólo rumores en los pasillos.

El fiscal del Juzgado de Instrucción número 5, Pedro Rubira, le hizo un leve comentario a su jefe de entonces, José Aranda:

—Parece ser que va a venir a declarar otra vez José Amedo.

—Bueno, pues a ver si esta vez cuenta historias, hombre, a ver si dice algo.

—Sí, sí, parece que ahora sí que va a contar cosas. Dice que trae un papel con los nombres de todos los implicados en el caso Segundo Marey.

—¡Ah! pues si es así vale, muy bien, que venga, que venga.

Los acontecimientos de estos días son, cuando menos, oscuros. A comienzos de diciembre de 1994, el abogado de Amedo y Domínguez, Jorge Manrique, participa en un misterioso encuentro con el entonces secretario general del Partido Popular, Francisco Álvarez Cascos, y con el director de *El Mundo*, Pedro J. Ramírez. Se buscan garantías de que lo que van a decir los ex policías ante el juez no les va a perjudicar. Saben que sus palabras les van a venir muy bien al PP para dar la puntilla al Partido Socialista, gravemente dañado entonces por los escándalos políticos y económicos. Sus duras acusaciones pueden propiciar un cambio de gobierno. Se sienten fuertes y piden una cosa a cambio de su colaboración: el indulto.[7]

Pero además, guardan una bala en la recámara. Tal y como se contará en el capítulo dedicado a las relaciones de Baltasar Garzón con la prensa, los dos antiguos miembros de los GAL se presentaban ante el juez amparados por sus revelaciones sobre el caso Marey, unos amplísimos y exhaustivos testimonios recopilados días antes por *El Mundo*, y cuya publicación se hizo coincidir con la reapertura del caso y las primeras comparecencias de ex policías y acusados ante el juez. La jugada jurídico-periodística fue magistral. Los «arrepentidos» habían hablado antes con la prensa, Garzón había conocido sus

[7] Ver capítulo diez.

testimonios por medio del director del diario, y entre juez y periodista se formaron las dos patas de la pinza con la que agarrar al Gobierno de Felipe González y tratar de descabezarle utilizando un sumario referido a hechos con más de diez años de antigüedad. Baltasar Garzón encontraba una vía para vengarse de González; Pedro J., una gran exclusiva y una herramienta perfecta para atacar al Gobierno y favorecer al PP.

Ricardo Arques, periodista de investigación considerado el mayor experto en la primera fase del caso GAL —fue quien consiguió, con Melchor Miralles, las revelaciones que acabaron con la condena de Amedo y Domínguez—, opina: «En esta época, alrededor de la reapertura del sumario parece claro que hubo un complot de políticos, de medios de comunicación, muchas historias y mucha gente. No fue sólo Garzón, aunque él fue uno de los protagonistas principales.»

SECRETOS EN EL DIARIO

Las memorias de Amedo y Míchel no salieron a la luz el mismo día en que ambos se presentaron ante el juez, sino diez días más tarde. El sumario está declarado secreto y *El Mundo* da detalles de él. Cada día, los periodistas de tribunales tenían que hacer esfuerzos para quitarse de la cara la irritación que se les queda cuando leen las revelaciones exclusivas del diario.

Todo comenzó el 17 de diciembre de 1994. Esa mañana, Amedo y Domínguez, acompañados de su abogado, Jorge Manrique, contaron al juez buena parte de lo que sabían sobre Marey.

En una declaración que se plasma en veinte folios, cuentan cómo se había elaborado el plan del secuestro, cómo se había llevado a cabo, lo que ocurrió mientras duró. Los dos ex policías implicaban al ex director de la seguridad del Estado Julián Sancristóbal, al ex secretario general de los socialistas de Vizcaya, Ricardo García Damborenea; a los comisarios Julio Hierro, Miguel Planchuelo y Francisco Sainz Oceja y al ex responsable de la brigada de Información de Bilbao, Francisco Álvarez.

Determinadas fuentes policiales que, amparándose en medidas de seguridad prefieren guardar su anonimato, aseguran que el juez no sólo había hablado con los dos antiguos agentes condenados, sino que también había recogido información de otros altos responsables de las fuerzas de seguridad:

«Se negoció con el juez toda la operación de Amedo y Domínguez. Aunque más que negociar habría que decir que se parceló el efecto que tendría el caso sobre la Policía. El magistrado amenazó con entrar a saco en la Jefatura Superior de Bilbao y empezar a detener a gente de esos años, pero finalmente aceptó reducir su actuación para investigar sólo a determinadas personas. Dijo a los altos cargos que su único objetivo era político, que no iba a por funcionarios de base, que lo que quería era detener a los de arriba y meterlos en la cárcel. En ese sentido, desde el punto de vista corporativo, la Policía favoreció sus intereses.»

Baltasar Garzón no pierde el tiempo. El 19 de diciembre de 1994, a las 11 de la mañana, varios policías llegan hasta el domicilio de Julián Sancristóbal en Madrid. Le muestran una orden de detención. El antiguo número dos de Interior es trasladado a la Audiencia Nacional. Su arresto conmociona los pilares de la Policía. La tensión es máxima. Sancristóbal llama al abogado José María Stampa Braun para que le defienda. Declara durante horas. Cuando cree que ha pasado el mal trago, el juez le dice que no se vaya aún. Le espera otra nueva sorpresa. A las siete de la tarde, José Amedo entra en el despacho. Camina erguido y tiene el rostro sereno.

—¿Qué hay, Julián? —saluda.

Le responde el silencio y una mirada fija. Se iba a celebrar un careo entre los dos implicados en el secuestro de Marey. Amedo habla de forma pausada. Da todo tipo de datos. Sancristóbal se frota nervioso las manos y lo niega todo. A medida que transcurre el careo el ambiente se relaja levemente.

—Pero, Julián, no me digas que no informabais cada poco tiempo a Ricardo García Damborenea de todos los detalles del asunto.

—Hombre, Pepe, yo qué te voy a decir. No tengo nada que ver con esto. ¿A mí qué me cuentas de Ricardo?

La conversación se prolonga y ninguno se apea de su posición. Garzón da el golpe de efecto. Enseña a Sancristóbal un documento con su letra.

—Julián —le dice Amedo—, si esto no lo escribiste tú, lo escribió Ricardo. Julián: o Ricardo, o tú.

A las nueve de la noche Baltasar Garzón ordena que se traslade a Sancristóbal a la cárcel de Alcalá Meco. Se le acusaba de tentativa de asesinato, detención ilegal y malversación de fondos públicos. No saldría de la prisión hasta siete meses después, exactamente hasta la una menos veinte de la tarde del 8 de agosto de 1995 tras haber pagado una fianza de 125 millones de pesetas.

«¿POR QUÉ ME METÉIS EN ESTO?»

Pero ahí no pararon los graves acontecimientos que se vivieron esa noche. Los medios de comunicación informaban frenéticamente de los pocos datos que se iban obteniendo sobre la marcha. En las radios se emitían boletines especiales, las televisiones improvisaban platós delante de la Audiencia para informar en directo, los periódicos preparaban la sección de nacional para incluir en ella más páginas de lo normal.

Tras el careo entre Amedo y Sancristóbal se inició la declaración del comisario Julio Hierro, antiguo coordinador del Mando Único de la Lucha Contraterrorista. Había sido detenido a las cuatro de la tarde. La Dirección General de la Policía había recibido la orden de detenerle a él, a Miguel Planchuelo y a Francisco Sainz Oceja. Hierro negó haber participado en el secuestro de Segundo Marey trasladando a la víctima hasta el lugar en el que estuvo detenido y ocupándose después de llevarle alimentos. Mantuvo careos con Domínguez y con Amedo.

—Pero, Pepe, ¿qué tengo yo que ver con esto, por qué me metéis ahora en este tema? —preguntaba nervioso.

—Venga, Julio —le animaba el ex policía—, cuenta la verdad, hombre, que no te va a ayudar nadie.

El antiguo superior de Amedo quedó en libertad bajo fianza de diez millones de pesetas.

Después le correspondió el turno al comisario Miguel Planchuelo, detenido en Salamanca y ex jefe de la Brigada de Información de Bilbao. También niega los hechos pero se presentan pruebas contra él. Trata de dar explicaciones, balbucea. Finalmente es encarcelado en Guadalajara, en el mismo módulo que hacía pocos meses habían ocupado Amedo y Domínguez.

La madrugada va avanzando pero Garzón no para. Quiere acabar toda la tarea que se ha propuesto. Llama a declarar al último de los detenidos, al comisario Francisco Sainz Oceja, arrestado en Bilbao por sus compañeros. Está muy nervioso. Es el que más perturbado está de todos. Niega que hubiera trasladado a Segundo Marey y haberle custodiado.

—Yo no le vigilaba, ¿pero de qué me habláis?

Se altera. Eleva el tono de voz y poco a poco va reconociendo algunos hechos. Al igual que Hierro, puede eludir su ingreso en prisión pagando una fianza de diez millones, cantidad que presenta a la mañana siguiente su abogado, José Aníbal Álvarez.

Son cerca de las siete de la madrugada cuando los últimos periodistas abandonan la Audiencia Nacional. Garzón se había ido antes. Amedo y Domínguez también se habían marchado después de que la jueza de vigilancia penitenciaria decidiera que a partir de ese día debían permanecer en custodia pero no tenían que volver a dormir a prisión.

Aún quedaba mucha tarea que hacer. De momento, el juez preparaba otro plato fuerte para el día siguiente: debía presentarse en su juzgado el antiguo jefe de la Brigada de Información de Bilbao, ex jefe superior de Policía de Vizcaya y ex jefe del Gabinete de Operaciones Especiales del Ministerio del Interior, Francisco Álvarez, otro de los principales acusados, policía en excedencia y propietario de una empresa de seguridad de Barcelona.

Álvarez se enteró de todo a las tres de la tarde por el informativo de Televisión Española en el que se dijo que había sido detenido. A las cinco se puso en contacto con la Audiencia Nacional y comunicó en la secretaría del Juzgado número 5 que se presentaría allí al día siguiente. Le aguardaban desagradables sorpresas.

Veinticuatro horas después, el 20 de diciembre, se presentó de forma voluntaria en la comisaría del aeropuerto de Barcelona y tras mantener una conversación telefónica con el jefe superior de Policía de aquella ciudad, Tubal Fernández, le trasladan a la Audiencia Nacional. Corrió la misma suerte que sus compañeros. Desde las cinco de la tarde prestó declaración y después se careó con Domínguez. No quiso hacerlo con Amedo. A las ocho, el juez decretó su ingreso en la prisión de Valdemoro acusado de los mismos delitos que Julián Sancristóbal y que Miguel Planchuelo.

La andanada de fin de año de Baltasar Garzón contra Interior había sido lanzada y había provocado un brutal efecto destructivo. Los comentarios corrían de despacho en despacho, de jefatura en jefatura, de comisaría en comisaría, de policía en policía. «Han pillado a Sancristóbal.» «Sí, y a Paco Álvarez, y a Planchuelo, y a Hierro...» Los responsables policiales —altos e incluso medios— que habían estado en el País Vasco durante los años duros de la lucha contra ETA llamaban por teléfono a sus amigos y conocidos. «Oye, ¿te han llamado a ti? ¿Sabes algo? ¿Hasta dónde llega la cosa?» Todo eran dudas, todo sospechas. Los antiguos cargos repasaban sus actos cometidos hacía diez años para tratar de estar preparados ante cualquier llamada de la Audiencia.

A comienzos de año, tras unas tensas y polémicas Navidades, Baltasar Garzón prepara su segundo ataque, más en profundidad, más hacia el corazón de los antiguos responsables de Interior. Comienza poco a poco. Primero llama a declarar a un antiguo amigo suyo, al afable Juan de Justo, secretario personal del ex secretario de Estado para la Seguridad, Rafael Vera. Era el 9 de enero de 1995.

—Hola, Baltasar, buenos días, ¿qué tal estás? —le saluda al llegar al despacho.

—Perdone, pero estamos en una actuación oficial y debe usted dirigirse a mí con el debido tratamiento de usted.

El funcionario corre la misma suerte que los anteriores imputados. Le encarcela bajo la acusación de haber llevado a Suiza 50 millones de pesetas que formaban parte de una cantidad estipulada con Amedo y Domínguez para que guardaran silencio mientras estaban en prisión. De Justo se querelló ante el Tribunal Supremo contra el juez. Le acusó de haberle coaccionado, de haberle tratado de obligar a que cambiara sus palabras y de que, aun faltando a la verdad, acusara a sus antiguos superiores. Argumentó que no accedió a las pretensiones del juez y que por eso acabó en la cárcel. Según De Justo, algún funcionario al que conocía desde hacía tiempo y el propio fiscal del caso le hicieron la misma insinuación: «Tú tienes que tirar para arriba, tienes que decir lo de Vera y ya verás cómo Garzón se porta bien contigo.»

Pero en el Alto Tribunal, el fallecido Ramón Montero, que se hizo cargo de su caso, no dio la razón a Juan de Justo, sino a Garzón. El 20 de febrero archivó la causa. Vino a decir que el juez cometió un exceso de celo con el imputado y apreció tan sólo algunas irregularidades en la lectura de sus derechos. Los abogados estaban que trinaban. Comentaban que si el ex secretario de Vera hubiera declarado como quería el juez, seguro que no hubiera acabado con sus huesos en la cárcel. Más de tres meses entre rejas para salir finalmente el 18 de abril bajo fianza de 25 millones que pagó el Ministerio del Interior. «Era un imputado de segunda fila y Garzón no jugó con él tanto como con otros. Sencillamente, espera a que su antiguo conocido, con el que se llevaba bien por su carácter agradable, sencillo y modesto, se desmorone», asegura un letrado.

Juan de Justo terminó su carrera de Derecho y volvió al Ministerio como funcionario contratado. Quienes le conocen dicen que aún no se ha recuperado de la traumática experiencia.

TVE HACE EL JUEGO

Los ánimos se van crispando. Los imputados siguen en sus trece y el 18 de enero de 1995, Julián Sancristóbal trata de dar un paso adelante y de contraatacar. Lleva algo menos de un mes en la cárcel. Sospechosamente, un equipo de Televisión Española llega casi hasta su misma celda. El ex director de la Seguridad del Estado concede una entrevista en exclusiva en la que acusa públicamente a Baltasar Garzón de participar en una conspiración para derribar a Felipe González. Él se declara inocente y víctima de un complot político. Dice que lo sabe todo a través de un testigo directo que asegura que el antiguo diputado socialista tenía todo preparado desde el verano del 94 para «instrumentalizar políticamente» el caso GAL. Sus palabras no obtienen el efecto deseado, sino que el juez sale airoso al acudir en amparo al Consejo General del Poder Judicial.

Dos días después, el 20 de enero, nuevo ataque, en este caso de Juan de Justo. Da orden a sus abogados defensores para que recusen al magistrado. Los letrados aprovechan una ausencia del juez, que se ha desplazado hasta el sur de Francia, hasta Bayona, para tomar declaración a la víctima de todo este asunto, al mismísimo Segundo Marey. La carga de profundidad lanzada por De Justo hace efecto, consigue golpear a Garzón quien ve que, momentáneamente, el caso GAL se le va de las manos. El antiguo empleado del Ministerio del Interior denuncia que cuando coincidió allí con el juez ambos compartieron secretos sobre la actividad del departamento. Considera que por tanto Garzón tiene un interés directo en la causa y debe ser apartado de ella por falta de imparcialidad. El juez se muestra alterado. Debe apartarse inmediatamente del caso, dejarlo en manos de su sustituto, en aquel tiempo el titular del Juzgado Central de Instrucción número 1, Carlos Bueren, reglamentariamente la persona que debe resolver la recusación. No se consigue nada. Ha sido un impacto que, finalmente, tan sólo ha tenido un efecto psicológico. La recusación es rechazada. El 30 de enero, su entonces amigo Bueren estima que Garzón es un juez que actúa con independencia y en busca de la verdad.

Como si de un personaje mitológico se tratara, el magistrado parece que absorbe las fuerzas de sus adversarios vencidos y continúa su empuje, su ataque feroz, su escalada hacia quienes considera los más altos responsables de la guerra sucia contra ETA. Llama ante su presencia al ex secretario general de los socialistas de Vizcaya, Ricardo García Damborenea, quien había cambiado de bando y apoyaba ahora las propuestas del Partido Popular.

Es el 2 de febrero de 1995. En su despacho, Garzón le informa de las imputaciones que había hecho en su contra el ex subcomisario José Amedo. Damborenea, en presencia de su abogado, Enrique García de la Lama, se defiende, se revuelve durante tres largas horas de interrogatorio, está temeroso de las medidas que pueda tomar el juez contra él. Finalmente respira aliviado. Libertad provisional.

Pasadas las siete y media de la tarde sale de la Audiencia sudoroso y con evidentes muestras de agitación y nerviosismo. Le rodean medio centenar de periodistas. Pide unos minutos para reponerse, ordenar sus ideas antes de hablar y hacer una declaración pública. Garzón le ha prohibido abandonar el país y debe comunicar de inmediato cualquier cambio de domicilio.

«He sido llamado a declarar sobre el secuestro de Segundo Marey sobre la base de las imputaciones del señor Amedo. He de decir que no conozco a Amedo, que nunca he tenido relación con él y que el juez no me ha notificado ningún cargo, no se me ha fijado ninguna fianza y estoy en libertad. No voy a hacer ninguna declaración más.» A continuación atraviesa la pared de cámaras, micrófonos y fotógrafos que tiene ante él, se monta en el coche de color oscuro que le aguarda y se va.

Se acababa de producir otro nuevo y doloroso golpe de Garzón contra las costillas del antiguo Gobierno del PSOE que ahora, como un boxeador tocado, sentía que le temblaban las piernas y que estaba a punto de caer. Aunque ése no iba a ser el final. Quedaba un plato fuerte, otro golpe, quizás el definitivo antes de dar la puntilla. Al día siguiente, el 3 de febrero, tan sólo 24 horas después de Damborenea, debía comparecer ante Garzón, para declarar como imputado, nada menos que Rafael Vera.

La hora era las cinco de la tarde. Garzón había estado comiendo en su restaurante favorito, en el Pazo de Monterrey, donde también estaba Laureano Oubiña y de donde salió corriendo el magistrado para que no le hicieran una foto comprometedora. Llegó tenso y se metió en su despacho. En la calle casi cien informadores esperan la llegada de Vera, los funcionarios de la Audiencia se asoman a las ventanas. Nadie se quiere perder al antiguo número dos del Ministerio del Interior, al otro tiempo poderoso Rafael Vera, enjuto, de cuidados modales y aspecto de noble inglés, entrando en la Audiencia Nacional quizás para salir rumbo a una prisión.

Vera sube junto a su abogado, Manuel Cobo del Rosal, hasta la segunda planta. Entran en el despacho de Garzón. Allí están sus banderas autonómicas, su retrato del Rey y su discreta reproducción del *Guernica* de Picasso. Junto a su mesa, la de la secretaria judicial. Por el suelo papeles, montones de carpetas. Alguien se fija en su corbata de tonos amarillos. En tan sólo un año los papeles se habían invertido. Si antes Garzón acudía al Ministerio del Interior con la cabeza gacha a pedir policías y salía casi escuchando a sus espaldas las risotadas y las negativas del ministro, ahora él era el hombre fuerte, y su antiguo oponente, su acusado.

Garzón se prepara para interrogar. «A ver cómo terminamos», piensa Cobo. En el despacho tan sólo falta el fiscal Pedro Rubira. Van a buscarle. A los pocos minutos pasa con su jefe, José Aranda. El abogado Cobo del Rosal le recrimina su actitud.

—Oye, Pedro, ¿por qué no vienes?

—No es necesario que yo esté aquí.

El letrado se altera y trata de engañarle. Pese a que sabe que la Ley de Enjuiciamiento Criminal no obliga a la presencia del fiscal en la declaración, le reprocha su actitud y le asegura que el juez quiere que esté.

—¿Y tú qué pretendes con mi presencia? —pregunta Rubira al veterano abogado.

—Pues un juez imparcial, ¿te parece poco?

—Mira —contesta Rubira—, que Vera confiese y tire para arriba y yo no pido la prisión.

Los ánimos se alteran.

—Oye, Pedro —dice Cobo alzando la voz—, ¿eso me lo estás diciendo en serio o de coña?

En ese momento tercia el fiscal jefe, José Aranda, tratando de imponer la paz entre los dos juristas.

—Vamos, vamos, dejadlo ya.

Rafel Vera pasó al despacho de Garzón. El juez se disponía a preguntar pero no le dio tiempo a hablar. El ex secretario de Estado le plantó un escrito sobre la mesa en el que exigía su recusación inmediata. Argumentaba «enemistad manifiesta» del juez contra él puesta de manifiesto cuando Garzón ocupó la máxima responsabilidad en el Plan Nacional sobre Drogas. Decía textualmente que sus relaciones no habían sido «precisamente de simpatía» y que la «coexistencia» que había mantenido con él era «absolutamente imposible» porque ambos compitieron por cuotas de poder en el Ministerio del Interior. Más adelante calificaba sus enfrentamientos de «violentos y desabridos», razones por las que detectaba «parcialidad en la instrucción del sumario», además de un interés directo por parte del juez en reactivarlo.

Pero ahí no terminaba todo. También recusaba al magistrado que debía resolver la recusación contra Garzón, a Carlos Bueren, debido a todo lo contrario, a la amistad que tenía con él de cuando habían trabajado codo con codo contra el terrorismo y el narcotráfico; uno desde el Ministerio, poniendo medios contra el delito, y el otro desde la Audiencia instruyendo los procedimientos. Lo que hacía Rafael Vera era casi un sacrilegio. Aunque el juez había soportado otras recusaciones, como la de Juan de Justo, hasta el momento nadie se había atrevido a plantear en voz tan alta la imparcialidad de Baltasar Garzón y menos por partida doble. Él conservaba su buena imagen de siempre, reforzada aún más si cabe con su abandono del Parlamento y el gesto de Vera tenía tintes de rebelión contra lo más sagrado. Abría además un camino que luego animó a otros a seguir. Desde entonces fueron más comunes las recusaciones contra los magistrados del edificio de la calle Génova.

Los jueces estaban confusos. Era un caso inusual. La maniobra planeada por el catedrático de Derecho Penal, Manuel Cobo del Rosal, había sorprendido a todos. Nunca se había dado en la Audiencia Nacional una situación como aquella en la que un acusado pretende que se quite de su caso a dos jueces porque no tiene las garantías de que ninguno de ellos sea imparcial, uno por enemigo y otro por amigo.

En su escrito, Rafael Vera lanzaba además importantes ataques subterráneos contra el Poder Judicial. Recordaba que cuando Garzón se presentó como número dos de las listas del PSOE por Madrid se vio obligado a pedir la excedencia voluntaria como juez, lo que le hizo perder el derecho a volver al juzgado que ocupaba. Citaba la Ley Orgánica del Poder Judicial según la cual «el juez que desee presentarse a las elecciones generales para ser elegido diputado debe solicitar previamente la excedencia voluntaria, en la que se mantendrá si no resulta elegido». El artículo se prestaba a interpretaciones.

Garzón estaba furioso. Cuando pensaba que iba a dar uno de los golpes de efecto más importantes del sumario, se encontró con un revés que le descolocó. Aquel día los periodistas le esperaban ansiosos en el vestíbulo de la Audiencia. Por fin se le vio bajar las escaleras. «Baltasar, ¿cómo va a transcurrir ahora el sumario?» El juez respondió con ira. «No os puedo decir nada. Me acaban de apartar del caso. Ya no lo llevo. Lo tiene Bueren, así es que ya sabéis, me voy a casa. Adiós.»

La maraña y el cabreo judicial estaban servidos. Había que empezar a tirar del hilo para desenredar el nudo y el primero en hacerlo fue Carlos Bueren. El 10 de febrero de 1995, el magistrado dice que acepta los argumentos de amistad con Vera y que no está capacitado para resolver el incidente de recusación contra Garzón, a quien le unen también vínculos personales. Le envió su escrito, no muy extenso, a su sustituto, el juez Manuel García Castellón, quien se tuvo que hacer cargo del caso.

EL REGALO DE SAN VALENTÍN

El 14 de febrero amanece una buena jornada para Baltasar Garzón. Recibe dos regalos por el Día de los Enamorados; uno de su mujer y otro del juez Manuel García Castellón. El magistrado le entrega, nada menos, que el caso GAL. Castellón ha resuelto la doble recusación de Rafael Vera y escribe un auto demoledor contra el ex secretario de Estado. Dice que el antiguo número dos de Interior ha «prefabricado» la causa de recusación. Añade que sus diversas denuncias y querellas contra el juez, que había presentado anteriormente, tenían como objetivo dilatar o eludir la acción judicial. Todo es, en su opinión, una argucia legal para evitar un eventual encarcelamiento bajo la acusación de malversación de fondos públicos y evadir capitales, así como de encubrir delitos de detención ilegal, asesinato y falsedad.

Garzón está tan contento que se sale de sí. Vuelve a tener la pelota en sus manos. De repente se le pasan todos los males y tarda muy poco en volver a golpear. Vera debe comparecer ante él de nuevo. Le convoca de forma inminente, sin dejarle tiempo para reponerse del mazazo recibido. Debe presentarse ante el juzgado en cuarenta y ocho horas, el 16 de febrero.

El espectáculo de aquel día fue más impresionante que en la anterior cita. Había expectación, lógicamente, por saber qué ocurría con Rafael Vera. Parecía el día definitivo, como así resultó. Los informadores estaban en las puertas de la Audiencia desde mucho antes de que llegara el ex secretario de Estado.

Apareció junto a su abogado, Cobo del Rosal. La escena se repetía. Subieron a la planta de Garzón y entraron en su despacho. El juez estaba tranquilo. El magistrado dio comienzo a la declaración. Cobo del Rosal le interrumpe. «No señoría —dice—, no estoy de acuerdo con que la declaración de mi defendido se haga de forma resumida, solicito que se desarrolle mediante pregunta y respuesta.» «De acuerdo, señor letrado —accedió Garzón—, así se hará.»

Transcurrieron las horas. El juez preguntaba y el imputado respondía. Todo se transcribía directamente en el ordenador de la secretaria. El trato era cortés. Se hablaban de usted. Vera estaba más desafiante. Garzón apenas levantaba los ojos de su mesa. El antiguo hombre fuerte de Interior parece defenderse bien. Su abogado pone cara de satisfacción ante las encrucijadas en que le coloca el magistrado. Cada vez está más seguro de que no irá a la cárcel.

Por fin, la práctica judicial termina. Rafael Vera y su abogado salen del despacho. Van a comisaría. Allí comentan la jugada.

—Rafael, yo creo que te vas para casa. Lo has hecho cojonudamente bien.

—Manolo, estáte seguro de que yo ya estaba encarcelado antes de empezar a hablar —le responde un abatido Vera.

En las dependencias policiales de la cuarta planta del edificio se entretuvieron viendo con los policías un partido de fútbol. Abajo los periodistas esperaban. Los funcionarios del juzgado se iban marchando. El juez permanecía en su despacho redactando un auto con su decisión. Pasadas unas horas se marchó. No quiso decir nada. Detrás de él bajó el fiscal Rubira. Los informadores preguntaban ansiosos: «¿Qué ha pasado? ¿Cuál es la decisión?»

Rafael Vera se enteró por la tele. Mientras continuaba la programación, Antena 3 emitió por la parte baja de la pantalla lo que en argot televisivo se denomina un *croll*, un rótulo que va corriendo, en el que se repetía: «Garzón decreta la prisión del ex secretario de Estado de Interior Rafael Vera por el secuestro de Segundo Marey.» En efecto, en el auto que había dictado, Garzón le acusaba de detención ilegal, malversación de caudales públicos y de cuatro delitos monetarios. Eran las once de la noche pasadas. Un coche oficial de color azul oscuro, un Ford que sería bautizado por los periodistas como el «Ford Talego», apareció casi de forma fantasmagórica, como siempre que debía llevar a un alto cargo a la cárcel. Salió con sus pasajeros a la una de la madrugada. Iba camino de Alcalá-Meco.

Amanece, Garzón ha dormido poco pero llega a la Audiencia temprano, tiene una nueva e importante cita. Ricardo García Damborenea, que había salido bien parado de su primera comparecencia, debe volver a presentarse ante el juez. Llegada la hora señalada, y tras su declaración, el juez ordena su ingreso en prisión. Permanecería en ella hasta el 18 de abril.

Por aquel entonces, Antena 3 emitía un concurso en el que los participantes, si pasaban unas determinadas pruebas, salían inmediatamente de viaje. La frase que identificaba al programa era «No te olvides el cepillo de dientes». Entre los periodistas se bromeaba diciendo que cuando Garzón enviaba a un inculpado una citación para que fuera a declarar al juzgado, nunca dejaba de poner esta frase al final del escrito.

LOS ACUSADOS *SE DERROTAN*

Desde prisión, Rafael Vera sigue peleando porque se aparte al juez Garzón del caso. El 4 de marzo acude al Constitucional, donde continúa manifestando que el magistrado le tiene manía y que por eso actúa contra él y contra otros ex altos cargos. Vuelve a perder. Tres meses después, el 9 de mayo de 1995, el Alto Tribunal rechaza el recurso de amparo y le dice a Vera que antes de acudir a esta instancia judicial debe agotar las vías judiciales previas. En la propia Audiencia tiene presentados todo tipo de recursos contra las decisiones de Garzón. Desde su celda ve cómo todo se le viene abajo. Nada prospera, ni las querellas ante el Supremo, ni las denuncias ante el fiscal general del Estado, ni el amparo ante el Defensor del Pueblo. Siempre gana Garzón. Mientras ambos coincidieron en Interior, «existieron cordiales y correctas relaciones profesionales que en nada pueden afectar a la instrucción del sumario», se repite reiteradamente en los autos judiciales.

El juez gana posiciones, su prestigio como azote del crimen de Estado crece al mismo tiempo que el odio que le profesan los socialistas. Pero está a punto de producirse un gran cambio, algo que, por el tiempo pasado desde que se reactivó el sumario, ya esperaba el juez; un cambio definitivo, un vuelco total. Los principales acusados se desdicen de sus declaraciones anteriores y comienzan a reconocer que participaron en el secuestro de Segundo Marey siguiendo órdenes de los máximos responsables de Interior.

El primero en *derrotarse,* como se llama en el argot carcelero al acto de confesar de pleno, es el comisario Miguel Planchuelo. Está harto de la cárcel. Ha entrado en ella en diciembre, ha salido bajo fianza en marzo, ha vuelto a ingresar a los pocos días. No soporta más esa tortura. Su abogado, José Aníbal Álvarez, le dice que colaborando con la justicia obtendrá un mejor trato según las atenuantes cualificadas del Código Penal. El 15 de julio, señala a Barrionuevo, Sancristóbal, Damborenea y Vera como responsables de los GAL. La gota que ha colmado el vaso para él ha sido ver cómo Vera salía de la prisión dos días antes, tras pagar una fianza de doscientos millones de pesetas, y presenciar que Barrionuevo no asume sus «responsabilidades» en el caso. El juez Garzón premia de inmediato a Planchuelo y le concede quince días de permiso por problemas de salud.

El comisario ha desencadenado una reacción en cadena. Le siguen el resto de los acusados. El 17 de julio, Julián Sancristóbal también denuncia a Barrionuevo. Habla una vez que ha visto cómo se le quitaba de encima el peso de declarar contra sus antiguos subordinados. La noticia se difunde de inmediato. El abogado Manuel Murillo, defensor de Francisco Álvarez, está en aquellos días en La Coruña. Llama a su cliente:

—Paco, escúchame, debes ir al juez a contárselo todo. Tú ya no tienes por qué guardar ningún secreto con nadie y tienes que contar las cosas que te pueden favorecer.

Así lo hace y el 18 de julio también declara contra Barrionuevo y contra Vera. Dos días después, el 20, Ricardo García Damborenea hará lo mismo e incluso irá más allá. Tras declarar ante el juez, pasadas las tres de la tarde, sale a toda velocidad en un coche. Se dirige al Hotel Fénix, donde dará una rueda de prensa. Los periodistas rodean la Audiencia Nacional. Informan en directo del cambio de actitud de Damborenea. Salen corriendo tras su vehículo. Sólo treinta minutos después, el ex secretario general de los socialistas vizcaínos preside una mesa infestada de micrófonos. En una gran sala se dan cita decenas de informadores. Hace mucho calor y Damborenea suda en abundancia. No tarda en dar el titular de la noticia. Una acusación hasta ese momento nunca pronunciada pese a estar en la mente de todos. «Felipe González fue el organizador de los GAL. (...) Yo mismo he hablado de esta estrategia con el presidente, no en una ocasión, sino en varias ocasiones. (...) La creación de los GAL no fue una iniciativa de dos o tres policías, sino una decisión política.»

Una semana después, el 28 de julio, el caso Marey está más que claro para Garzón. Ese día remite a la Sala Segunda del Tribunal Supremo una exposición motivada en la que enumera los indicios de delito hallados contra cuatro aforados: Felipe González, Narcís Serra, José Barrionuevo y José María Benegas. Ahora sí que cree que es el momento de desprenderse del espinoso asunto y dejarlo en manos del Alto Tribunal.

Garzón llega en sus indagaciones hasta las más altas esferas del antiguo Ministerio del Interior, pero se había guardado mucho de llamar a declarar como testigo a José Barrionuevo. El ex ministro se lo pide, le desafía y le critica su actuación a grandes voces. El juez le hace esperar. ¿Por qué, si varios imputados, empezando por Amedo y Domínguez, le habían citado? Porque se trataba de un diputado, y en el momento en el que descubriera que podía ser imputado tendría que pasar el caso al Tribunal Supremo.

Rafael Vera señala la importancia de esta maniobra: «Es una prueba más de que se trata de una instrucción política, en la que no estaba atendiendo sólo a motivos puramente procesales, como era su obligación, pese a que a Barrionuevo le habían inculpado Amedo y Domínguez desde el primer día y que el ex ministro había solicitado declarar ante Garzón para exponer sus razones. Pero el juez se lo impidió hasta mediados de 1995. Sólo cuando estaban cerca las elecciones generales Garzón dijo que veía indicios de criminalidad en José Barrionuevo y que consultaba al Supremo por su condición de aforado. Midió exactamente cuándo debía comparecer el ex ministro ante la justicia para desprestigiar lo más posible al Partido Socialista.»

Quien habla, Rafael Vera, se había quedado mientras tanto solo. Garzón ha obrado como justiciero y vengador. Está tan satisfecho de su buena posición y del mal papel en el que está quedando el ex secretario de Estado, los antiguos cargos de Interior y el propio Felipe González, que no duda en seguir su particular y laberíntica batalla judicial con más asuntos relativos a los GAL. Vuelve a empezar. Vuelve a llamar a declarar a Vera. En esta ocasión, el 7 de junio de 1996, en relación con la investigación del asesinato del prófugo Juan Carlos García Goena, la última acción de los GAL.

Por aquel tiempo, su amigo Javier Gómez de Liaño ya ha vuelto a la Audiencia Nacional, en donde ocupa el juzgado abandonado por Carlos Bueren. Vera está en libertad bajo fianza. Llega al juzgado y, de forma terca, lo primero que hace es volver a recusar a Garzón. Lo hace por segunda vez en algo más de un año y repite los mismos motivos. «Enemistad manifiesta, haber presentado una querella contra él en el Tribunal Supremo por haber coaccionado a su secretario particular Juan de Justo y tener un interés directo en la causa.» De poco le sirve. Ocho días más tarde Liaño le contesta, pero no sólo para quitarle la razón, sino además para ponerle una multa de 100.000 pesetas por actuar de mala fe. En un auto de 28 folios le dice frases tan tajantes como que sus causas de recusación, «en lugar de desenvolverse en términos estrictamente legales, las tres, pese al disfraz con ropaje de legalidad, han formado parte de una estrategia de ruptura que además de dilatar y quebrar el ritmo del sumario han intentado convertir al magistrado en enemigo de la causa y de alguno de los causantes».

«Hoy no hubiera escrito eso.» Son palabras del ex juez Gómez de Liaño pronunciadas tres años y medio más tarde. «Rechacé las recusaciones contra Garzón porque yo siempre confío en un juez. Actué en conciencia, pero ahora no habría hecho lo mismo. Para mí ahora Baltasar Garzón ha demostrado que no es ni fue un juez imparcial, sino una persona que buscaba rentabilidades políticas. En aquellas fechas pensé que sí era un buen hombre y actué convencido de que hacía el bien y con arreglo a la ley. Me equivoqué.»

«Qué interesante —reflexiona el ex ministro José Luis Corcuera—, qué paradoja de la vida. Liaño no aceptó las recusaciones que le planteó Rafael Vera contra Garzón ni las que le interpuse también yo poco después, y ahora, cuando él ha sido condenado por el Tribunal Supremo por prevaricación y ha sido expulsado de la carrera judicial, dice que se ha dado cuenta de que Garzón era una mala persona. Qué interesante, que antes eran amigos y ahora no. Y un amigo resolvió las recusaciones contra otro y las rechazó. Creo que eso tiene un nombre. Creo que Gómez de Liaño prevaricó. Sabía que había motivos para aceptar las recusaciones, pero hay que recordar que él se trasladó desde el Consejo General del Poder Judicial a la Audiencia Nacional, "para ayudarle" y claro, hacían las cosas en comandita. Ésa sí que era una buena vara de medir.»

Corcuera recusó a Garzón por el caso García Goena y por el caso Oñaederra, la última vez a finales de octubre de 1996. «Había cien motivos para aceptar esas recusaciones, pero me acusaron de mala fe en el planteamiento de la recusación. Era incomprensible. Cualquiera que haya vivido en el Ministerio del Interior las relaciones con Baltasar Garzón durante aquellos años sabe perfectamente que había motivos más que suficientes para recusarle, porque había tenido confrontaciones públicas conmigo, porque cuando había sido subordinado mío quería mandar en la Policía y yo no lo permití bajo ningún concepto y esa controversia fue pública. Primero el juez pasa a la política y después vuelve a la judicatura y llama a declarar a las personas con las que ha estado enfrentado. Ese juez no puede ejercer, no es imparcial, no puede serlo y le recusaré cada vez que me llame a declarar. Y eso no es dilatar la investigación, es pedir justicia.»

Las comparecencias de Corcuera ante Garzón fueron siempre tensas. El ex diputado no perdió además ninguna posibilidad de humillar a su antiguo jefe. El ex ministro supo lo que era esperar en el pasillo más de una hora antes de entrar en el despacho. Después, la actitud del ex ministro fue rigurosa. «De lo que se me acusa no hay nada de cierto. No tengo nada más que decir. Punto.» «Sí —reconoce—, el ambiente allí era tenso, entre otras cosas, porque un hombre estaba tomando declaración a otro al que no tenía que tomarle declaración, y yo le miraba serio a la cara.»

Cuando años atrás, Baltasar Garzón salió de Almería rumbo a Madrid para incorporarse al Servicio de Inspección del Consejo General del Poder Judicial, declaraba en la primera entrevista que le publicaban: «El privar de libertad a una persona constituye el peor momento por el que ha de pasar un juez.» Muy mal lo debió de pasar entonces el magistrado con las numerosas órdenes de prisión que dictó en el caso GAL, unas órdenes que, en opinión de sus detractores, pusieron en evidencia dos cosas: por una parte, su ligereza a la hora de meter a la gente en prisión y, por otra, el uso que hizo, y que aún realiza, de la prisión preventiva como método para ablandar voluntades y conseguir que los acusados *canten*, lo que constituye, por otro lado, una práctica habitual en la Audiencia Nacional.

Garzón ya había utilizado esta táctica con Barreiros y Goyanes, entre otros, en el caso Nécora. Pasaron muchos meses en prisión para ser posteriormente declarados inocentes. Para uno de los abogados del caso GAL, «la excesiva vehemencia de Baltasar Garzón la proyecta también en su instrucción, en sus procedimientos. Si en ellos hay gente importante, se crece y se convierte en un juez irreflexivo y muy lanzado. No piensa las cosas con calma, toma decisiones serias sin fundamento y llega a hacer mucho daño. Se tira a la piscina sin mirar si hay agua o no, y el batacazo, en todo caso, no se lo pega él, sino el justiciable. Lo destroza vivo al tenerle meses y meses en la cárcel, aunque resulte inocente. Luego los ves, después de las que han pasado, y parecen muertos vivientes. Los daña, no sólo física y mentalmente, sino económicamente y socialmente, porque cuando a ti te han metido en la cárcel, ya pueden venir después todas las sentencias absolutorias del mundo, que ya no te limpia la fama ni el honor nadie».

En defensa del magistrado hay quien subraya que sus decisiones eran habitualmente avaladas por una instancia superior, por la Sala que resolvía los recursos que se presentaban contra los autos de prisión. No obstante, esta sala era también la que solía poner punto y final a los encarcelamientos, fijando libertades bajo el pago de fianzas, como hizo con la mayor parte de los imputados en el caso Marey.

«Los abogados —dice el letrado Manuel Murillo— nos quejamos a veces del excesivo uso de las prisiones, pero no creo que Baltasar Garzón haya sido un juez que se haya caracterizado por un abusivo rigor en este aspecto. Es cierto que hay una gran discordancia entre las prisiones que se dictan en la Audiencia Nacional y las que se dictan, por ejemplo, en los Juzgados de Instrucción de la madrileña Plaza de Castilla, pero esto viene dado por la complejidad de los delitos que se llevan en la Audiencia Nacional, delitos todos ellos que tienen un riesgo para el Estado y para la sociedad y que hacen que los criterios que siguen los jueces y los fiscales a la hora de afrontar una medida cautelar de restricción de libertad se extremen mucho. ¿Que los periodos de encarcelamiento se prolongan a veces de forma excesiva? Puede ser, pero también hay que tener en cuenta que responden a una forma de tranquilizar a la sociedad.»

Si hay algo innegable es que el caso GAL produjo un gran malestar en los ámbitos políticos, especialmente por la manera en la que iban de la mano de su aparición en determinados medios de comunicación. Fueron muchas las declaraciones, muchas las prisiones, muchas las fianzas, mucho el poder que se pudo llegar a demostrar que tenía un juez de instrucción. Tanta fue la desazón, que todos los grupos políticos estuvieron de acuerdo en aprobar modificaciones a la ley para reducir la capacidad de los jueces a la hora de tomar una determinación de tanta trascendencia como la de dejar en libertad o meter en prisión a una persona. El juez era todopoderoso en este sentido hasta la promulgación de la modificación del artículo 504 bis de la Ley de Enjuiciamiento Criminal, que queda cambiado con una reforma que se conocerá a partir de entonces como «la reforma Garzón». En 1995 se promulgaron las nuevas condiciones que deberían cumplirse antes de que un juez metiera en la cárcel a un acusado. Ya no podría hacerlo por decisión propia.

El artículo 504 bis 2 dejó establecido: «Desde que el detenido es puesto a disposición del juez de instrucción o tribunal que deba conocer de la causa, éste, salvo que decrete su libertad provisional sin fianza, convocará a audiencia, dentro de las setenta y dos horas siguientes, al Ministerio Fiscal, demás partes personadas y al imputado, que deberá estar asistido de letrado por él elegido o designado de oficio (...). Si en tal audiencia alguna parte lo interesase, oídas las alegaciones de todas las que concurrieren, el juez resolverá sobre la procedencia o no de la prisión o libertad provisionales. Si ninguna de las partes lo instase, el juez necesariamente acordará la cesación de la detención e inmediata puesta en libertad del imputado.»

«Sí, a partir del 95 el juez ya no puede meter a alguien en la cárcel por decisión propia, debe de celebrar la llamada "vistilla del 504". Pero ¿sabes cómo se burla el 504?» La pregunta la hace un eminente jurista del Tribunal Supremo. «Con un juez y un fiscal que no mantiene informado a su jefe. Es fácil. El juez decreta el secreto de las actuaciones y entonces nadie tiene acceso a ellas y no hay abogados ni acusaciones ni nada y el juez le va diciendo al fiscal, tú hazme esto, y el fiscal lo hace, y tú pídeme esto, y el fiscal lo pide, de forma que el magistrado parece el superior del fiscal y dirige el proceso hacia donde quiere. Y ésa es una de las cosas que pasaron en el caso GAL, que Garzón iba diciendo "palabra de Dios" y el fiscal le contestaba "amén". Garzón acusaba y decretaba prisiones y el fiscal no se oponía a ellas y el juez metía y sacaba de la cárcel a quien quería y no terminaba nunca de hacer el auto de procesamiento. Si había prisiones y acusaciones es que había datos suficientes para procesar. Retrasó en ocasiones la marcha del proceso, esperó a que la gente se desesperara en la cárcel, no quiso llamar a declarar, por ejemplo a Barrionuevo. Garzón actuó como un juez inquisitorial.»

«ESCRIBA, PTE.»

Los abogados opinan que estratagemas como las utilizadas en ocasiones por Baltasar Garzón no son propias de jueces que buscan la verdad. Uno de los episodios que se recuerda es el del ex jefe de la Agrupación Operativa del CESID, Juan Alberto Perote. El 6 de septiembre de 1995, Garzón llamó a declarar a un buen número de acusados y personas relacionadas con el caso Segundo Marey. Desde las cuatro de la tarde hasta la madrugada pasaron por el despacho del juez Francisco Álvarez, Julián Sancristóbal, Juan Alberto Perote y su antiguo jefe en el servicio secreto, el general Emilio Alonso Manglano.

El militar entró sensiblemente nervioso y el juez, de forma algo misteriosa aunque desenfadada, le dijo que le iba a pedir que escribiera unas palabras para conformar así un «cuerpo de escritura».

Garzón le pidió que escribiera varias cosas que parecían tontas e inconexas: «Me lo quedo», «Visto», «Falta», «Presidente», «Pendiente», «5», «4», « 8», «23», «P», «F», «Para el viernes». Y ahí quedó todo. El juez lo guardó sin más.

Dos años después, en 1997, cuando se desclasificaron los famosos «papeles secretos del Cesid» que fueron incorporados al caso Segundo Marey, en uno de ellos, en la famosa Carpeta de Despacho en la que se anunciaban acciones del GAL en el sur de Francia y con la que se quería demostrar que el presidente del Gobierno había tenido noticia de estos actos y por tanto estaba involucrado en la guerra sucia contra ETA, se podía leer una anotación del general Manglano en la que ponía «Me lo quedo. Pte. Para el viernes».

¿Qué había hecho Garzón? Primero, dos años antes había tenido un conocimiento extraprocesal de un documento que aún estaba declarado secreto. Segundo, lo había utilizado para presionar al general Manglano para demostrarle que tenía armas ocultas contra él. Tercero, guardó un documento, un cuerpo de escritura que, de momento, le servía de poco, pero que dos años más tarde le podía ser beneficioso. Cuarto, había fabricado intencionadamente una prueba.

UNA PAELLA

Los imputados en el caso GAL pelearon con todas sus fuerzas y en todos los frentes contra las actuaciones de Baltasar Garzón. La batalla sobrepasaba el campo jurídico. Se extendía por el campo político y, cómo no, a los medios informativos. Desde comienzos de 1995, concretamente desde el 27 de febrero de este año, se incorpora al ya complejísimo asunto judicial un elemento nuevo de nombre sobradamente conocido: Luis Roldán. El ex director general de la Guardia Civil es detenido en Laos. Huyó de la justicia española el 29 de abril de 1994 después de ser llamado por la jueza de Plaza de Castilla Ana Ferrer. Trescientos días de fuga tras los cuales anunció que aunque él fuera a la cárcel iba a «tirar de la manta» y no se iba a marchar solo. Así fue.

Las denuncias de Roldán salpican todos los sumarios abiertos en relación a la guerra sucia contra ETA. Implica a antiguos altos cargos, da nombres, proporciona fechas, revela planes secretos, todo con tal de demostrar que él no era la encarnación misma de la corrupción que se había instalado en los organismos del Estado. Naturalmente, no escapan a sus ataques ni Vera ni Barrionuevo ni Corcuera, pero ellos también contraatacan en este campo y tratan de matar varios pájaros de un solo tiro. Aprovechan las palabras de Roldán para vincular al siniestro personaje con el propio Baltasar Garzón.

Rafael Vera no duda en recordar que mucho antes del proceso de los GAL, «Garzón entabló unas relaciones personales, profesionales y políticas muy intensas con Luis Roldán, una persona con la que nosotros en el Ministerio teníamos una relación muy mala. Y yo creo que el juez se juntaba con él por las promesas que le hacía de que él iba a ser una persona con la que contaría cuando fuera nombrado ministro del Interior, como casi ocurrió tras la retirada de José Luis Corcuera. Garzón quería saltar a la política de la mano de Roldán, quien llegó a decir al juez que sería su segundo de a bordo y que su compañero de la Audiencia Nacional Carlos Bueren ocuparía el cargo de director general de la Guardia Civil. Roldán hacía todo lo posible para enfrentarle contra mí e incrementar su animadversión porque cada vez me veía más como un competidor, no como a un compañero».

Según los acusados, Luis Roldán y Garzón colaboraron al margen de las acciones judiciales para llevar a cabo el famoso caso Ucifa, que terminó con la desarticulación de la Unidad

Central de Investigación Fiscal y Antidroga de la Guardia Civil a cuyos responsables, actualmente en prisión, acusó Garzón de haber pagado con droga a confidentes y de desviar cantidades importantes de alijos para su propio beneficio.

El sumario se cerró cuatro años después con un gran éxito judicial. El 3 de octubre de 1997 la Audiencia Nacional condenó a los quince acusados. En la lectura de la sentencia se hizo público el fallo ante una sala abarrotada de informadores. El coronel de la Guardia Civil Francisco Quintero era condenado a ocho años de prisión, al igual que el comandante José Ramón Pindado y el agente Gonzalo Méndez Gutiérrez por delitos contra la salud pública y falsedad de documentos. A los confidentes José Manuel García Gutiérrez y Luis Ezquerecocha se les imponían diez años de cárcel a cada uno, al igual que a los narcotraficantes Juan José Garrote Gago y Juan Miguel Rada Fernández. Otro de los confidentes de la Guardia Civil, José Luis Recuero del Pino, era condenado a nueve años de prisión. A los agentes «arrepentidos» Vicente Domínguez Serrano y Doroteo Gómez Porras se les condenaba a dos años de cárcel, igual que al colaborador de la Guardia Civil, Ramón María del Temple. Tres años de prisión le caerían a Juan Pallol y a Ricardo Fernández Barbudo. El cabo Félix Molina Jemes sería penado con un año de prisión y el guardia Antonio López con un año de suspensión.

Era el final de un caso que, según los detractores de Garzón, se puso en marcha para ocultar oscuras maniobras.

Según Vera, «Luis Roldán colaboró con Garzón en el desmantelamiento de la Ucifa porque sabía que había personas de la propia Dirección General de la Guardia Civil que iban detrás de él y en ese sentido utiliza al juez para quitar de en medio a esas personas».

Para el ex secretario de Estado, el desarrollo de esta operación dejó al descubierto muchas evidencias sobre esta táctica. Los detalles de cómo se iba a producir la entrada y registro de la Dirección General se habían ultimado un día antes durante una comida entre Garzón y Roldán en un restaurante próximo a la calle de Guzmán el Bueno.

—Luis, tus hombres están pringados de coca hasta arriba. O dices tú hasta dónde llegan las responsabilidades, o lo digo yo —advirtió Garzón al director general de la Benemérita.

—No te preocupes, Baltasar, que en este caso vas a tener toda mi ayuda —le respondió Roldán.

Todo se puso en marcha con suma rapidez. En el Ministerio del Interior se quedaron sorprendidos. Luis Roldán le dio al magistrado las facilidades. Fueron juntos por todas las dependencias de la Dirección General y entraron a todos los despachos de la unidad antidroga. Abrieron cajones, rastrearon carpetas, ordenadores; absolutamente todo en busca de la más mínima prueba. La sensación general en las altas esferas ministeriales era que Luis Roldán trataba de devolver el gol a algún miembro de la Ucifa que ya por aquel entonces tenía informaciones que podían perjudicarle, porque se empezaban a conocer sus escándalos, sus actividades ilegales de cobro de comisiones. Por otro lado, como de costumbre, tan sonada operación le proporcionaba a Baltasar Garzón otro nuevo impacto publicitario.

Los imputados estaban de acuerdo. «Es otro golpe de efecto del juez» y denunciaban además irregularidades en la instrucción del caso. Para el comandante de la Guardia Civil, Serafín Gómez Rodríguez, «en al menos dos casos, como el juez Garzón no obtenía las confesiones que él deseaba, llegó a redactar y a mostrar autos de prisión incomunicada para la cárcel de Carabanchel, pero sin firmar aún. Tras mostrarlos, el magistrado dejaba solos al declarante y al capitán Hernández del Barco, brazo ejecutor de la operación contra la Ucifa, para que les «ayudara» a reflexionar al recordarles las mejoras que ofrecía el juez si inculpaba o reconocía algo. Una vez que había conseguido su objetivo se rompían esos autos de prisión incomunicada y ya unos imputados salían hacia la prisión militar de Alcalá y otros quedaban directamente en libertad». El comandante Gómez destaca la «especial saña» que tuvo Garzón con el sargento Gonzalo Méndez. «El ensañamiento fue especial, ya que al no declarar lo que el juez quería fue enviado a la prisión de Logroño como incomunicado. Sólo cambiaría de prisión y probablemente de situación cuando “cantara” algo, y así fue. En su tercera declaración firmó todo lo que quiso el magistrado. Cambió inmediatamente de la cárcel de Logroño a la militar de Alcalá, y era lógico que el sargento se derrumbara. Su mujer estaba embarazada de ocho meses, vivía en una casa cuartel y no tenía recursos ni para cuidar a sus tres hijos. ¡Así es fácil sacarle a cualquiera lo que se quiera, cuando su mujer no tendría dónde ir si le quitaban la casa y la mitad del sueldo! Y eso se lo repetían al sargento una y otra vez.»

El comandante recuerda también que en este caso Garzón utilizó su método favorito de interrogatorio. «Cuando el que declaraba había sido previamente “tratado” por algún colaborador del juez se grababa la manifestación, pero cuando “el tratamiento” no había surtido efecto, el juez iba tomando notas por escrito de la conversación-interrogatorio a la que le sometía. Posteriormente se pasaban a un acta esas notas, por lo que, si el declarante no andaba fino en su lectura final podía llevarse algunas sorpresas sobre lo que en realidad había manifestado. Cualquier desliz podía resultar fatal.» La grabación se utilizó, por ejemplo, con el procesado Jesús Narciso Núñez Calvo, «pero aun así —denuncia Serafín Gómez— en la cinta hay más de quinientos cortes y preguntas que se hicieron y que no figuraron en el acta y que pudieron perjudicar o beneficiar a determinadas personas».

Según el comandante de la Guardia Civil, a través de hombres de su confianza, Luis Roldán ponía en práctica métodos tan drásticos como los de Garzón. «La esposa de uno de los principales acusados y posteriormente condenados, la del comandante José Ramón Pindado, fue asaltada en varias ocasiones por sujetos desconocidos para ella, miembros de la Jefatura de Información. La metían en un coche y daban “paseos” en los que le decían una y otra vez lo conveniente que era que su marido confesara su culpabilidad ante los cargos que le imputaba el juez.»

«Claro que utilizaban los mismos métodos —reconoce abiertamente un abogado que participó activamente en el caso Ucifa—. Si es que se llevaban muy bien, muy bien. Se conocían mucho desde hacía muchos años y tiempo después se produjo una anécdota que no nos sorprendió mucho a los abogados que nos conocíamos al dedillo la trastienda del caso, pero que fue curiosa. Cuando Roldán, después de ser detenido, vino a declarar a la Audiencia Nacional vimos cómo su trato con el juez era cordial y cómo hablaba con él con toda confianza. Comenzó a hablar, a responder a las preguntas y como se alargaba mucho se echó encima la hora de la comida. Debía continuar por la tarde y se quedó a comer en la Audiencia. Le hicieron lo que a ningún preso, le llevaron una paella cojonuda de la que, me imagino, dio buena cuenta de ella junto a Garzón.»

CAPÍTULO NUEVE

¡A POR FELIPE!

—¡Qué cabrones!

Era la segunda vez que Baltasar Garzón soltaba este exabrupto tras enterarse de que Felipe González se iba a librar de comparecer ante el Tribunal Supremo para declarar sobre el secuestro de Segundo Marey, la primera acción de los GAL.

A la una de la madrugada del 5 de noviembre de 1996 entró en la raquítica sala de prensa del Supremo el entonces presidente de la Sala Segunda de lo Penal, José Augusto de Vega. Los periodistas le esperaban desde hacía casi siete horas. Estaban expectantes. Los guardias de seguridad ocuparon sus puestos. Los cámaras encendieron apresuradamente sus aparatos. Las radios interrumpían sus programas para conectar en directo. Todos los informadores preparaban sus bolígrafos y sus cuadernos. Era, con toda probabilidad, una de las noticias más importantes del año. Los integrantes del pleno de la Sala Segunda habían debatido si era preciso citar a declarar como imputados en el caso GAL a Felipe González, al ex vicepresidente, Narcís Serra y al ex secretario de Relaciones Institucionales del PSOE, José María Benegas.

José Augusto de Vega fue breve en su intervención. Se limitó a decir que tras una discusión «muy detallada, muy jurídica y muy completa», la Sala de lo Penal había decidido por mayoría de seis votos frente a cuatro no citar a declarar a los aforados sobre quienes recaían sospechas de haber organizado los GAL. Tras su intervención se marchó, sin más comentario.

Baltasar Garzón era la persona que más atenta estuvo a las palabras de José Augusto de Vega. Escuchó con atención el fallo y lo encajó como un puñetazo en la boca del estómago, aunque más o menos públicamente dijera que era una posibilidad jurídica más y que como juez la tenía que admitir.

Parecía el final de una batalla que el magistrado había comenzado el 20 de julio de 1995 tras la declaración en la que el ex secretario general de los socialistas de Vizcaya, Ricardo García Damborenea, apuntaba directamente a González como máximo dirigente de los GAL, como la famosa X marcada en el organigrama, el responsable máximo que estuvo en todo momento al tanto del secuestro de Segundo Marey y del resto de las acciones de los GAL.

Ocho días después, el nombre del entonces presidente Felipe González estaba sobre la mesa de los magistrados del Tribunal Supremo. A las tres de la tarde entraba en el Palacio de Justicia de la Plaza de la Villa de París el escrito de 40 folios que enviaba Garzón y en el que explicaba los indicios de delito que encontraba él en su investigación sobre la guerra sucia contra ETA contra Felipe González, contra el ex ministro José Barrionuevo y contra otras personas aforadas. Recordaba que, según la ley, al tener sospechas sobre estos diputados socialistas, debía interrumpir en ese punto sus indagaciones y remitirlas al Alto Tribunal, el único competente para investigarlas si comprobaba que existían motivos suficientes.

Garzón basaba su exposición principalmente en las declaraciones que contra los aforados habían hecho el ex director general de la Seguridad, Julián Sancristóbal, el ex jefe superior de Policía de Bilbao, Miguel Planchuelo, el ex jefe del Mando Único para la lucha Antiterrorista, Francisco Álvarez, y el propio Damborenea. El documento se dividía en dos partes. Una, relativa a José Barrionuevo, en la que el juez concretaba «muchos y muy serios» indicios de delito, y otra referida al resto de los aforados, cuyas acusaciones eran bastante menos numerosas y fundadas.

En cualquier caso, los indicios contra González le llevaban a graves acusaciones de haber cometido un delito de pertenencia a banda armada u organización terrorista en grado de fundador, dirigente o promotor, y de otro de malversación de caudales públicos. Era un golpe —¿o una venganza?— que le alcanzaba de lleno en su prestigio y en su reputación, más aún en unos días en que ejercía además como presidente de la Unión Europea.

Los magistrados del Supremo, serios y preocupados, comentaban el caso entre ellos. Les había caído encima la responsabilidad de decidir por primera vez en la historia de la democracia española si debían proceder nada menos que contra un presidente de Gobierno.

El documento enviado por Baltasar Garzón fue recogido por el entonces presidente de la sala, Fernando Cotta Márquez de Prado, un magistrado de sesenta y nueve años, con diecisiete de experiencia en el Alto Tribunal, de fingido mal genio, amable y poco amigo de periodistas. Los papeles escritos por Garzón se los entregó en mano al presidente la secretaria del Juzgado Central de Instrucción número 5. El magistrado recogió el sobre, con parsimonia abrió la caja fuerte de su despacho, la cerró con llave, se metió ésta en el bolsillo y se marchó por los pasillos del Palacio hacia la puerta para montar en el coche que le llevaría a su casa. Ese día no fue, como acostumbraba, al bar El Timón a tomarse unas cervecitas con otros compañeros de sala y a escuchar las ocurrencias y chascarrillos maliciosos del viejo y enjuto magistrado Ramón Montero.

Cuando se tuvo constancia de que los papeles habían sido entregados, el fiscal Pedro Rubira recibió otra copia. La guardó y, dado lo avanzado de la hora, también se fue a comer a casa.

La tranquilidad era tan sólo aparente. Una buena parte de los magistrados de la Sala Segunda ya se habían reunido por la mañana, horas antes de que les llegara el documento de Garzón para analizar los pasos que debían seguir cuando les cayera la tormenta encima. Había que esperar al día siguiente para dar un número de entrada al asunto, ya que a la hora que llegó, el registro ya estaba cerrado. Después habría que nombrar a tres magistrados que deberían decidir si procedía admitir a trámite o no el caso. Lo que sí estaba claro es que uno de ellos debía ser el presidente. Posteriormente, se pediría un informe al fiscal para que emitiera un juicio sobre la competencia o no del Supremo para entender del asunto, y finalmente los tres magistrados dirían su última palabra sobre la admisión a trámite.

La espera no fue larga. El 31 de julio, un día antes de las vacaciones oficiales, los tres jueces designados para tratar y resolver los primeros trámites, Fernando Cotta, José Augusto de Vega y Francisco Soto, deciden, según lo esperado, que el fiscal emita un informe sobre competencia y que Garzón continúe mientras tanto con el caso para practicar las diligencias que considere urgentes. Los magistrados están de acuerdo pese a sus distintos caracteres y afinidades políticas. El presidente, Cotta, conservador; De Vega, considerado próximo al PSOE, y Soto cercano a la derecha. Creen que han cumplido con su inmediato deber y después de su decisión, se van de vacaciones.

Mientras tanto, en medios políticos los ataques de los socialistas contra Garzón, su antiguo compañero de filas, son durísimos. Rosa Díez, desde el País Vasco, lanza una cerrada andanada. Pero ahí estaba Javier Gómez de Liaño, el entonces inseparable amigo de Garzón, para sacar pecho, recibir de lleno los impactos verbales, y cumplir con su voluntario papel de escudo desde su puesto en el Consejo General del Poder Judicial. Liaño se apresuró a emitir un escrito en el que recordaba que lo único que había hecho Garzón al remitir el caso GAL al Supremo había sido cumplir estrictamente con las leyes procesales. Añadía además que las críticas en contra del magistrado eran «una ofensa a la independencia y dignidad de la función judicial».

UNOS JUECES POCO BRONCEADOS

Estas peleas van animando el sopor veraniego hasta que la denominada «Sala de Vacaciones» del Tribunal Supremo decide que el asunto GAL es lo suficientemente importante como para suspender los días de playa de los jueces de la Sala de lo Penal. Los magistrados Pedro González Poveda, Ángel Alfonso Llorente, Jesús Marina Martínez, Mariano Sampedro, José Antonio Martín Pallín y el fiscal Javier Aparicio Gallego acuerdan por unanimidad terminar con los días de descanso de los magistrados de la «sala de admisión» y declaran hábil la segunda mitad de agosto para trabajar sobre la exposición motivada de Baltasar Garzón e indagar si hay indicios de delito contra Felipe González y los otros aforados.

El proceso judicial se agiliza. Los magistrados regresan a sus despachos decididos a trabajar. No les ha dado tiempo a ponerse todo lo morenos que hubieran querido, comenta alguno. El asunto se admite a trámite en un tiempo récord. El juez Garzón también suspende sus vacaciones para iniciar las diligencias de traslado de los miles de folios del caso desde su despacho hasta el Supremo. El fiscal general del Estado, entonces Carlos Granados, convoca a la Junta de Fiscales de Sala, el órgano más importante de la carrera fiscal, para que estudien el sumario de los GAL.

El 7 de septiembre, el fiscal Emilio Vez Pazos emite un informe de suma trascendencia. No encuentra indicios como para inculpar a Felipe González en el caso GAL. Tan sólo ha hallado una «vaga alusión» realizada por Julián Sancristóbal y las acusaciones de Ricardo García Damborenea, unas imputaciones realizadas ante el juez Garzón que, dice, «aparte de ser únicas y no estar respaldadas por ninguna otra prueba, no creemos que reúnan las condiciones de verosimilitud y fundamentación mínimamente precisas como para adoptar la decisión de solicitar el correspondiente suplicatorio para interrogarle como imputado».

Por el contrario, el fiscal es mucho más duro con el ex ministro Barrionuevo y solicita al Supremo que pida el suplicatorio contra este aforado, ya que entiende que las acusaciones en su contra «son precisas, reiteradas y concordantes». Explica que, en contra del ex ministro, han coincidido Damborenea, Sancristóbal, Álvarez y Planchuelo, quienes le relacionaron con la puesta en macha de los GAL. Aclara el fiscal que para que no se produzcan problemas jurídicos es preferible pedir al Congreso el suplicatorio para el diputado antes de llamarle a declarar, porque «invitarle» a comparecer sin autorización podría dar lugar a nulidades en el proceso.

En su escrito de 14 folios, redactado según la opinión mayoritaria de la Junta de Fiscales de Sala reunida por convocatoria de Granados, el fiscal Emilio Vez indica que no es preciso solicitar el suplicatorio para proceder contra el ex vicepresidente, Narcís Serra, y contra José María Benegas, porque contra ellos sólo existen en el sumario «meras suposiciones e hipotéticos juicios de inferencia con valor puramente personal y totalmente insuficientes».

Baltasar Garzón gana batallas, pero ve cómo se aleja de su campo de tiro el objetivo principal de su guerra, Felipe González. Ahora está más cerca de conseguir que otro de sus oponentes, José Barrionuevo, se acerque al banquillo, pero aún queda mucho camino. La Sala Segunda se constituye en Sala de Justicia para tratar el caso GAL. «Siguiendo estrictamente los turnos preestablecidos para causas especiales», nombra instructor, como nuevo investigador del caso, a Eduardo Móner, magistrado con fama de buen jurista, meticuloso y, sobre todo, como diría Antonio Machado, «en el buen sentido de la palabra, bueno». Móner será el encargado de estudiarse los veinticinco mil folios del sumario matriz de los GAL remitidos por Garzón.

El veterano magistrado decide volver a tomar declaración a los imputados. No quiere dejar ningún cabo suelto, prefiere comprobar si los acusados se ratifican en sus palabras ante la Audiencia Nacional o por el contrario se contradicen o se desdicen de ellas. La complejidad y trascendencia del caso así lo requiere, aunque los detractores de Baltasar Garzón ven en esta medida de Móner una razón para afirmar que la investigación del juez de la Audiencia está viciada y mal construida. Están seguros de que en esta nueva fase se encontrarán motivos suficientes para anular, si no todo el proceso, sí una buena parte de él que culminará con la exculpación de los acusados. Nada más lejos de una realidad que tardaría aún tres años en llegar.

RATIFICACIONES ANTE EL SUPREMO

Mientras Garzón seguía tramitando causas sobre los GAL en la Audiencia, en la sede del Supremo, tan sólo a unos cuantos metros de distancia, el juez Móner se disponía a terminar su personal reconstrucción del sumario Marey. El 23 de enero de 1996 Móner procesaría a José Barrionuevo por la detención ilegal de Marey. El ex ministro se convertía en el primer aforado formalmente acusado. Casi todos los hilos estaban atados ya, pero había que tomar una grave determinación. ¿Consideraría también imputado al presidente del Gobierno? Contaba con la oposición de los fiscales. El 24 de abril toma su determinación. Decide no citar a González al no existir en la causa indicios suficientes y fundados para relacionarle con el secuestro de Marey. Tampoco llamaría a declarar a Narcís Serra ni a José María Benegas.

Garzón fue el primero en enterarse de la resolución de Móner. «Fernando Cotta Márquez de Prado se lo ha contado», se oía decir. Tenía su lógica, porque Cotta es familiar de María Dolores Márquez de Prado, entonces fiscal de la Audiencia Nacional y unida sentimentalmente a su entonces íntimo amigo Javier Gómez de Liaño. Al parecer, de nada sirvieron las influencias que Cotta, según algunos, trató de ejercer sobre Móner para que el juez acabara imputando a González.

Cuando Baltasar Garzón se enteró de la negativa del juez del Supremo a su pretensión, se puso como una hidra. «¡Será posible...! ¡Este tío se ha vendido...!», repetía una y otra vez.

Pero la decisión del magistrado del Supremo no era irrevocable. Los abogados de la acusación popular y el defensor de García Damborenea interpusieron un recurso y unas protestas que traerían cola.

El 11 de julio de 1995, Eduardo Móner decide cerrar el caso GAL, dejando a un lado a Felipe González, pero las acusaciones denuncian que el sumario se ha cerrado en falso, sin que se atiendan convenientemente sus peticiones. Móner había rechazado los primeros recursos que se interpusieron, pero se había negado a admitir los de apelación que se presentaron después en contra de su decisión. El juez argumentaba que al tratarse de cuestiones que no afectaban a derechos fundamentales de los procesados, el Tribunal Supremo no debía estudiar esas apelaciones, puesto que estos recursos los resuelve un juez o tribunal superior jerárquicamente, mientras que él es miembro de la Sala Segunda, como los magistrados que debían tratar este asunto.

El debate técnico está servido. Felipe González, que ya se creía fuera del caso GAL, vuelve a ponerse en guardia. Baltasar Garzón recobra la sonrisa. Tal vez, después de todo, consiga ver la foto que ansía de Felipe sentado en el banquillo de los acusados.

El 5 de septiembre de 1996, el Pleno de la Sala Segunda del Supremo se reúne para volver a decidir otra vez sobre la suerte que correrá González y el resto de los aforados sobre los que se había pedido su imputación. Los once magistrados siembran la expectación y hacen que aumente el nerviosismo. Antes de decidir sobre la suerte de González hay que hilar fino, no dejar ningún detalle sin tratar y, por tanto, obligar al juez Móner a que tramite los recursos que se había negado a estudiar hacía varios meses. Tras analizar el caso meticulosamente durante dos horas de elevado debate técnico-procesal, los once jueces optan por la solución más garantista. «No se trató entonces de dar un tirón de orejas a Móner —dice uno de ellos— sino de buscar una solución que no dejara ningún tipo de dudas respecto a trámites posteriores. El asunto era tan delicado que precisaba que se tomaran las máximas medidas legales posibles.»

Felipe González tendría que soportar aún dos meses de desazón.

EL DÍA D

El 4 de noviembre es la fecha fijada por la sala para reunirse y estudiar los recursos que ya ha tramitado Móner y sobre los que tiene que dar la última palabra el pleno.

Durante todo el día la actividad es intensa. Se prepara todo, tanto dentro como fuera del tribunal, para la gran sesión, para la reunión decisiva en la que se acordará si Felipe González debe declarar como acusado, como testigo o como nada de nada.

Desde primeras horas de la tarde los periodistas habían tomado el Supremo. Las imágenes que se dieron aquel día eran las de los magistrados entrando en el Palacio. Las crónicas de radio no paraban de repetir lo mismo. «Más de una hora llevan ya los once miembros del Pleno...», «Más de dos horas llevan ya...», «Más de cuatro horas llevan ya...». Avanzada la tarde, la secretaria judicial de causas especiales, María Mariscal de Gante, vestida con su habitual minifalda negra, salió del edificio. Podía ser un indicio de que la sesión iba a terminar pronto, pero volvió al poco rato seguida de varios camareros que traían bocadillos y bebidas para los magistrados. «La cosa va para largo», decía. Los periodistas estaban tan aburridos de esperar que en la propia sala de prensa organizaron un combate de aviones de papel, batalla que fue retransmitida en directo en el informativo de La 2 de Lorenzo Milá. La excesiva duración del debate hacía pensar que los magistrados quizás estaban a punto de decidir que González debía declarar ante el Supremo, así como sus otros dos compañeros aforados para quienes también se había pedido la misma medida, Narcís Serra y José María Benegas.

Pasaron las doce de la noche y a la una de la madrugada del 5 de noviembre, por fin, apareció el presidente José Augusto de Vega. Emitió el fallo. González se libraba del banquillo. No se daba suficiente credibilidad a las acusaciones de Damborenea, Julián Sancristóbal y Luis Roldán. Los argumentos eran archiconocidos: «no hay indicios de delito suficientes en la causa como para citar a declarar a los aforados». Ganaba el ya ex presidente, Serra, Benegas, el fiscal del caso y Móner. Perdía, sobre todo, Baltasar Garzón.

Pese a la decisión, existían cuatro votos discrepantes que se plasmarían por escrito en sendos votos particulares. José Antonio Martín Pallín, Joaquín Delgado, Luis Román Puerta y Roberto García Calvo habían estado de acuerdo en no llamar a declarar a Narcís Serra, pero creían que la presencia ante el Supremo de González y de Benegas era imprescindible. Su oposición, que constaría por escrito y que retrasaría la redacción de la decisión general más de una semana, no era, en definitiva, más que una muestra de su «derecho al pataleo» ante la decisión mayoritaria adoptada por los magistrados Joaquín Martín Canivell, Enrique Bacigalupo, Gregorio García Ancos, Ramón Montero, José Augusto de Vega y Cándido Conde Pumpido.

TRES AÑOS DESPUÉS...

Entre el 5 de noviembre de 1996 y el 18 de noviembre de 1999 pasan muchas, muchas cosas, pero en lo relativo al caso GAL lo más importante es la desclasificación de los denominados «papeles del Cesid », documentos secretos sobre la guerra sucia contra ETA que fueron sacados de los archivos oficiales y entregados a los jueces en 1997.

Desde mucho antes, Baltasar Garzón había comenzado la investigación del llamado «caso Oñaederra», en el que se trataba el surgimiento de los Grupos Antiterroristas de Liberación (GAL), entre julio y septiembre de 1983; el asesinato el 21 de diciembre de 1983 de Ramón Oñaederra Vergara; la muerte, el 8 de febrero de 1984, de Ángel Gurmindo Lizárraga y de Vicente Perurena Tellechea, y la de Christian Olazcoaga, el 18 de noviembre de 1984, todos ellos actos asumidos por los GAL.

Cuando el Tribunal Supremo decide la exculpación de Felipe González, los papeles del servicio secreto se mantienen aún bajo llave, aunque todo el mundo los conoce ya de sobra de manera extraoficial, y Garzón en particular desde hace tiempo. Tras hacerse públicos son incorporados a varios sumarios.

En lo esencial, se trataba de estos documentos sobre la guerra sucia contra ETA elaborados por el Centro Superior de Investigación de la Defensa:

Fecha: 06-07-83

NOTA DE DESPACHO

ASUNTO: ACCIONES EN FRANCIA

1. PLANTEAMIENTO GENERAL

Toda decisión en torno a la realización de acciones en FRANCIA, dentro de la lucha contra ETA, debe estar precedida de una valoración serena de sus posibles consecuencias, a fin de sopesar exhaustivamente las ventajas a obtener en relación a los riesgos a correr.

El riesgo habrá de valorarse respecto a las reacciones previsibles en el Gobierno francés, en el pueblo vasco y en ETA y a la influencia que las acciones pueden tener en la situación actual.

De todas formas, sólo quien está conduciendo la lucha contra el terrorismo en su conjunto, podrá decidir emprender o no este tipo de acciones, pero siempre con el convencimiento de que está pisando un terreno muy resbaladizo y con la conciencia clara de que con ellas se pretende alcanzar una determinada FINALIDAD que es esencial y no alcanzable por ningún otro procedimiento.

2. FINALIDADES

El aparente contrasentido que supone las limitaciones con que se ha de hacer frente a un grupo terrorista que, como ETA, actúa sin restricción alguna, confundido entre la sociedad o protegido por una frontera y utilizando en su provecho las mismas leyes que dificultan su enfrentamiento, induce frecuentemente a sopesar la posibilidad de emplear en la lucha formas de acción no sujetas a las limitaciones legales. De entre ellas, las más útiles, aparentemente, son las acciones armadas. Sin embargo, éste tipo de actuaciones no debieran ser concebidas jamás como reacciones viscerales en determinados momentos, sino como fruto de un severo análisis que ha llevado a la conclusión de que son NECESARIAS y ÚTILES.

2.1. Represalia

Es una de las finalidades más fácilmente alcanzables, pues podría dirigirse hacia objetivos menos sensibilizados e incluso familiares o bienes materiales a un lado u otro de la frontera.

—Necesita una información relativamente asequible que en buena parte ya se posee.

—Encierra las siguientes dificultades:

* * *Tras el primer atentado sería sumamente difícil dar continuidad a las represalias por las medidas de seguridad y vigilancia que tomarían ETA y el Gobierno francés.*
* * *Desataría una inmediata campaña de rechazo por parte de los medios informativos y determinados sectores del pueblo vasco que no aprobarían nunca una política abierta de ley del talión.*
* * *Exigirían al Gobierno que interviniese para frenar la actuación de «vengadores patriotas».*
* * *Podría llevar a un recrudecimiento peligroso de las acciones terroristas.*
* * *En parte ya se ha intentado y no se llegó a resultados positivos.*

—En general, aparece como una hipótesis burda, poco imaginativa y más que de dudosos resultados.

2.2. Eliminación

—Esta finalidad proporcionaría, al menos a corto plazo, muy buenos resultados ya que el descabezamiento simultáneo de los órganos de dirección supondría un serio quebranto para la continuidad de su estrategia.

—La necesaria simultaneidad de las acciones haría imprescindible disponer de una infraestructura operativa de mucha envergadura que permitiera inicialmente el control de los líderes más importantes y posteriormente la recuperación de los participantes.

—Dificultad de compartimentación por el excesivo número de personas a intervenir.

—El efecto sorpresa evitaría polémica durante el desarrollo de la acción pero nadie creería que algo tan complejo pueda estar al alcance de «incontrolados» por lo que son de esperar:

* *Acusaciones al Gobierno (Debate parlamentario).*
* *Reacción diplomática francesa.*
* *Certeza de ser una acción ejecutada por Servicios Secretos y algún órgano oficial.*

—El empleo de mercenarios que dispusieran de la infraestructura necesaria sería el medio más adecuado para emplearlo en esta finalidad

2.3. Inseguridad en la zona

—La valoración es semejante a la efectuada en el caso de las represalias, con la diferencia de que se actuaría exclusivamente en suelo francés.

—Llevaría consigo el problema de la continuidad de las acciones ya que el ambiente hostil haría cada vez más difícil la clandestinidad.

—Es preciso contar con una intervención del Gobierno francés a nivel diplomático y policial.

—Una actividad sistemática de hostigamiento haría evidente la existencia de Servicios Secretos empeñados en una guerra «sucia» amparada por el Estado.

—El acoso continuado podría llevar a la organización a una acción a la desesperada, a la vez que su lucha ganaría justificación y adeptos sobre todo en el País Vasco.

—Permite la actuación sobre una gran variedad de objetivos pero no siendo de carácter vital resultaría difícil obtener buenos resultados a largo plazo.

2.4. Enfrentamientos internos

—Esta finalidad trata de evitar los inconvenientes de las restantes a base de encubrir las acciones propias como resultado de las contradicciones y enfrentamientos existentes en el seno de la

organización (Milikis, poli-milis, arrepentidos, autónomos, etc.).

—Precisa una información muy de detalle y con la suficiente profundidad como para estar al corriente en cada momento de las tensiones, camarillas e incluso amenazas que pudieran cruzarse.

—Exige un minucioso estudio de las posibles reacciones que cada acción nuestra pueda originar, para tener organizado un cuadro de misiones que se aproxime tanto como se pueda a sus respuestas más lógicas.

—Podrían combinarse acciones a un lado y otro de la frontera enmascarando el verdadero origen.

—Es FUNDAMENTAL que estas acciones aparezcan como ajustes de cuentas o represalias internas a fin de que el tratamiento informativo deje siempre en la duda la real autoría de los hechos.

—El punto anterior podría facilitarse con una inteligente intoxicación informativa destacando diferencias internas y rencillas.

3. CONSIDERACIONES FINALES

—Es preciso que las diferentes finalidades que se estudien tengan suficiente proyección en el tiempo para evitar soluciones de «parcheo» que al final no solucionan nada.

—Lo ideal sería combinar objetivos físicos y a la vez lograr la descalificación política para poder atacar en su raíz el respaldo popular con que cuenta la lucha armada. Si el problema que le vamos a crear es el de sustitución de líderes no se acabará nunca y por otro lado la «guerra abierta» creará un efecto contraproducente de justificación ante los indecisos.

—Hay que descartar acciones en fuerza con carácter sucesivo en Francia.

—Las acciones muy complejas darían a entender claramente la existencia de una actuación oficial detrás de ellas.

—Es preciso contar con una INFORMACIÓN PREVIA actual y de calidad. Por otra parte de quien designe hay que elaborar un Catálogo de Objetivos.

—En cualquier circunstancia se considera que la forma de acción más aconsejable es la desaparición por el secuestro.

Este documento va seguido en el tiempo de otro, asimismo desclasificado con el número 8 h), consistente en la nota de despacho de la misma fecha que dice:

28-09-83.

NOTA DE DESPACHO

ASUNTO: SUR DE FRANCIA.

De fuente totalmente segura se sabe que están previstas realizar acciones violentas en el Sur de Francia en fechas inmediatas. Estas acciones se llevarán a cabo por miembros de la Guardia Civil que actuarían respaldados por la Comandancia de San Sebastián.

Estas acciones se harían en paralelo con otras llevadas a cabo por individuos contratados en Francia.

La selección de objetivos es inmediata.

Se considera que acciones incoordinadas sin una finalidad última, no facilitan el éxito en la lucha contraterrorista, al contrario, sensibilizan la zona y dificultarán otras acciones ya planificadas y con una finalidad más decisiva.

A su vez, este documento adquiere un sentido muy especial si se le relaciona con el número 7 g) —igualmente desclasificado por el Gobierno—, identificado como «Hoja de Despacho de 28.9.83», que se corresponde precisamente con la nota de Despacho de la misma fecha, antes transcrita. Se trata de los asuntos despachados por el jefe de la Agrupación Operativa del Cesid, Juan Alberto Perote Pellón, con el director de dicho Centro —Emilio Alonso Manglano—, el día 28.9.83. En la casilla de Asunto aparece el título «Sur de Francia» y en la casilla «Resolución» del mismo número, anotado de puño y letra del Sr. Alonso Manglano, consta «me lo quedo, Pte. para el viernes», asunto y resolución que se corresponden con la nota de despacho de idéntica fecha mencionada anteriormente.

SOSPECHAS CONTRA «EL DE ARRIBA»

El 18 de noviembre de 1999, Garzón decide otra intentona más contra su viejo enemigo Felipe González basándose en estos documentos. Sospechosamente este nuevo intento se vuelve a producir en una época en la que unas elecciones generales son inminentes. El daño a la imagen de la formación por la que obtuvo el acta de diputado es muy grande, tanto dentro como fuera de España, ya que el renombre adquirido por Garzón por su proceso contra Pinochet hace que sus acciones sean seguidas con el máximo interés por la prensa internacional.

Pide el magistrado, en una exposición razonada dirigida a la Sala Segunda, que «determine si, a la luz del contenido de los denominados "papeles del Cesid" sobre la guerra sucia contra ETA, se infiere o se acredita la eventual responsabilidad de Felipe González en el surgimiento de los GAL y en varios atentados de este grupo terrorista cometidos en el sur de Francia en los años 1983 y 1984».

En su escrito, Baltasar Garzón considera que no puede avanzar en sus investigaciones y que no puede dictar el auto de procesamiento que desearía hacer, aun en contra de la tesis del fiscal, «hasta tanto no se fije el límite de responsabilidad, desde arriba». Según su opinión, a la vista de los atentados cometidos y reivindicados por los GAL e investigados dentro del caso Oñaederra, se podría acusar al ex presidente del Gobierno, «a efectos meramente indicativos», nada menos que de creación y puesta en funcionamiento de una organización terrorista, de cuatro delitos de asesinato y de un quinto asesinato en grado de tentativa.

El juez, que ataca con toda su artillería, expone: «Existen una serie de datos que, directa o indirectamente están referidos al Excmo. Presidente del Gobierno en ejercicio en 1983. Tales datos ya fueron expuestos en los sumarios 1/88 (causa matriz de los GAL) y 17/89 (secuestro le Segundo Marey), acumulados y tomados en cuenta por la Sala Segunda del Tribunal Supremo la cual decidió que no eran suficientes para abrir procedimiento contra quien ostentaba aquella responsabilidad.» No obstante, el magistrado considera que como con posterioridad a aquella fecha aparecieron los «papeles del Cesid», cree que se «hace necesario un nuevo análisis de la Sala Segunda» por si a estas alturas y después de tres años, ya sí que se puede imputar a Felipe González. «Al margen —escribe Garzón— de que el instructor entienda, como lo entiende, que la consistencia de los nuevos elementos, aislados de toda otra circunstancia, no autorizaría la elevación de la exposición razonada, es lo cierto que, unidos a los que en su momento se tuvieron formalmente en cuenta, estos nuevos datos pueden motivar un punto de vista diverso o confirmar el adoptado, rechazando la eficacia de los nuevos elementos.»

Insiste el juez en que se vuelvan a mirar bien los papeles, «al margen de las polémicas jurídicas y mediáticas suscitadas en torno a los mismos y aislándolos en el marco del proceso, lugar en el que deben producir sus efectos. Una vez desclasificados, deben ser objeto de un detenido análisis y una vez hecho éste debe establecerse en forma definitiva —a la vista del material disponible—, si se infiere o se acredita la eventual implicación del entonces presidente del Gobierno español, o por el contrario éste es ajeno a toda la trama delictiva que se pone en marcha entre julio y septiembre de 1983 desde el seno de las instituciones del Estado».

HACIENDO EL JUEGO AL PP

Las palabras de Garzón, pese a su rotundidad, sonaban a viejo, a años de tramitación, a detenciones, a autos de prisión, a cientos de periodistas, a crispación parlamentaria, a sumario concluido, a cosa juzgada, a juicio celebrado, a cárcel cumplida, a indulto, a polémica política agotada.

Todos los argumentos en los que basa su exposición eran conocidos, pero con esos viejos cartuchos quería revolucionar de nuevo el gallinero. ¿Por qué volvía ahora Garzón sobre el caso GAL? ¿Por qué arremetía de nuevo contra González? ¿Por qué precisamente ahora pedía al Supremo que volviera a analizar los papeles del Cesid, ya de sobra conocidos desde hacía años y más aún desde que se celebró el juicio por el secuestro de Segundo Marey que terminó con las condenas a los antiguos cargos del Ministerio del Interior?

Había interpretaciones para todos los gustos: «Garzón se guarda algo», «Garzón está haciendo una maniobra para que algún caso no le prescriba», «Garzón está preparando el terreno para acometer otros sumarios»... Pero una idea destacaba entre todas: «Garzón vuelve a acosar a González porque las elecciones están cerca y quiere perjudicar al Partido Socialista.» Había lógica en la afirmación. El juez, «un maestro en controlar los tiempos procesales», reactivaba el caso a finales de noviembre, justo cuatro meses antes de que se celebraran las elecciones generales que, en aquellos días, ya se auguraban para marzo. Lo cierto es que si la «jugada» salía bien, la campaña electoral quedaría «tocada» por la tramitación del caso en el Supremo y el beneficio para el Partido Popular parecía evidente.

Al día siguiente de presentar el escrito Baltasar Garzón acudió a Estrasburgo a exponer su experiencia ante el Comité Europeo contra la Tortura. Allí estaban también gentes como Álvaro Gil-Robles, el ex fiscal general del Estado en época socialista Leopoldo Torres, representante español ante este comité, y el periodista de *El País* Bonifacio de la Cuadra.

Para sorpresa de varios testigos, al primero que se acercó Garzón fue a Torres. En una muestra de su peculiar estilo de actuación le saludó muy cordial:

—Leopoldo, quería decirte algo. Te aseguro que, en realidad, no quería hacer ningún daño al PSOE, lo que yo intentaba con el escrito de ayer al Supremo era dejar definitivamente apartado a Felipe González del caso GAL.

Se alejó poco después para atender a uno de los periodistas extranjeros que le intentaba entrevistar. Pero el mensaje apaciguador calmó poco la rabia que había provocado en Ferraz el ataque a su secretario general, un desprestigio transmitido además *urbi et orbi* por la gran fama internacional que tiene tras el caso Pinochet el juez de Jaén.

Con disculpas o sin ellas los fiscales se le echan encima. El fiscal jefe de la Audiencia Nacional, Eduardo Fungairiño, y su subordinado en el Juzgado número 5, Pedro Rubira, se apresuran a recurrir en reforma la exposición motivada del juez en un escrito en el que van desmontando uno a uno todos sus razonamientos con frases verdaderamente rotundas.

Tan cargado se ve el ministerio público de razones y quizás tantos motivos oscuros aprecia, aunque sin decirlo, en la exposición razonada dirigida por Garzón al Supremo, que no duda en terminar su recurso con una cita cargada de ironía: «En todo procedimiento penal, como dijera Cesare Beccaria, es preciso buscar la certeza de las pruebas y dejar de lado las que sean sospechas, conjeturas u opiniones.»

LA COLLEJA JUDICIAL

Sólo dejaron pasar el fin de semana. Con una rapidez inusitada, el lunes 22 de noviembre de 1999, los trece magistrados de la Sala Segunda del Supremo resolvieron, tras una corta deliberación, la exposición motivada de Baltasar Garzón respecto a la posible imputación de Felipe González.

A las diez de la mañana se reunieron los componentes de la denominada «Sala de Admisión» para estudiar si aceptaban o no el caso. El presidente de la Sala de lo Penal, Luis Román Puerta Luis, y los magistrados José Antonio Martín Pallín y Andrés Martínez Arrieta, salían poco después de la estancia donde se habían reunido para anunciar, a las doce del mediodía, que debía ser el pleno de la Sala Segunda quien diera la palabra final. Se reunirían a las cinco de la tarde.

Desde una hora antes los periodistas esperaban a las puertas del Supremo la llegada de los trece magistrados que integrarían el pleno. Se esperaba una reunión compleja, sesuda, repleta de debates técnicos protagonizados por magistrados encuadrados en grupos definidos y enfrentados que mantenían inmóviles sus posturas. Nada más lejos de la realidad. La reunión, «rapidísima», duró poco más de dos horas. Antes de las ocho de la tarde, el presidente de la Sala Segunda apareció por los pasillos del Supremo. Era el tercer presidente de la Sala de lo Penal que trataba el caso GAL. Primero fue Fernando

Cotta, después José Augusto de Vega y ahora él. Luis Román se plantó ante los informadores y leyó un breve comunicado.

«El pleno de la Sala Segunda del Tribunal Supremo, en su reunión del día de hoy, ha examinado el escrito remitido por el Ilmo. Sr. juez de Instrucción Central número 5 y ha acordado por unanimidad devolver a dicho juzgado las actuaciones recibidas, por considerar que los razonamientos expuestos no justifican la asunción por esta sala de la competencia para conocer de la presente causa, al no haberse observado la existencia de nuevos elementos de prueba distintos de los ya tenidos en cuenta por esta sala con anterioridad.»

Todos los magistrados habían estado de acuerdo. El Supremo rechazaba por segunda vez la relación de Felipe González con los GAL. Todos los magistrados[8] se habían mostrado a favor de rechazar las pretensiones del juez, incluso quienes, como Luis Román Puerta, Joaquín Delgado, Roberto García Calvo o Martín Pallín, habían apoyado la inculpación de Felipe González tres años antes.

El recurso demoledor de los fiscales Fungairiño y Rubira ni siquiera había sido necesario. Los magistrados no habían esperado a practicar ninguna otra diligencia. Todos a una, le daban una tremenda colleja judicial a Garzón. «Lo que ha hecho no tiene lógica —comentaba en privado un magistrado—, no entiendo cómo una persona que conoce el procedimiento de las exposiciones motivadas y el contenido que deben tener, nos ha enviado un escrito que lo que parece es un consultorio sentimental.»

Si el rechazo a las pretensiones del juez fue unánime, las críticas en su contra fueron casi mayoritarias y se pusieron claramente de manifiesto durante el debate celebrado por el pleno. Se tachaba de inoportuno el escrito presentado y se

---

[8] La sala había estado compuesta por Luis Román Puerta, Gregorio García Ancos, Enrique Bacigalupo, Joaquín Delgado, José Antonio Martín Pallín, Carlos Granados, Joaquín Martín Canivell, Cándido Conde Pumpido, Roberto García Calvo, José Antonio Marañón, Adolfo Prego, Joaquín Jiménez y Andrés Martínez Arrieta.

hablaba con indignación de la «patata caliente» que había tratado de pasar al Supremo un magistrado de rango inferior.

Para otro juez que participó en la deliberación, la acción del magistrado de la Audiencia Nacional había sido una incomprensible muestra de ligereza y osadía. «Con su escrito nos venía a decir cómo debimos analizar hace tres años el caso GAL y cómo lo debemos analizar ahora.» «Pero es que era algo incomprensible —puntualiza otro—, si la Sala Segunda hubiera detectado el más mínimo indicio de responsabilidad penal en Felipe González cuando estudió los documentos del Cesid en el caso Marey, habría ordenado ya entonces que se abriera una causa penal sobre él.»

El fiscal de la Audiencia Nacional, Ignacio Gordillo, opinaba con contundencia sobre la «casualidad» de que Garzón decidiera emprender acciones contra González «casi en plena campaña electoral y dos años después de que se desclasifiquen los papeles del Cesid». «Un juez que ha estado en un partido que luego tuvo repercusiones judiciales —añadía Gordillo— no debería haber vuelto nunca al mismo puesto. No parece serio implicar ahora a Felipe González, con el que hizo campaña electoral. La justicia debería buscar los medios para que esto no ocurra.»

El jueves 25 de noviembre, el Tribunal Supremo hizo público en toda su extensión su auto de once folios en el que daba todos los detalles de su negativa a aceptar la imputación de Felipe González. Los magistrados exponían, primero, su sorpresa. La exposición de Garzón, según indicaban, «no deja de sorprender, por cuanto no responde realmente a lo que deben ser este tipo de actuaciones judiciales». Después daban al juez una lección de Derecho: «No puede considerarse legalmente procedente ni admisible la elevación de consultas al Tribunal Supremo para que éste se pronuncie sobre la existencia de indicios de responsabilidad contra un aforado. Es al Tribunal Supremo al que corresponde decir la última palabra, pero el instructor no puede eludir la suya.» A continuación criticaba al juez Garzón, quien «ha entendido equivocadamente que el único órgano que debe pronunciarse sobre la existencia de indicios contra Felipe González es este alto

Tribunal. Y, con independencia de ello, ha redactado su exposición en términos sumamente vagos y ambiguos». Para, finalmente, decirle al titular del Juzgado número 5 lo que debería haber hecho: «No ha expuesto de forma clara y precisa —como debió hacer— su valoración sobre los datos y elementos de juicio obrantes en la causa.»

Baltasar Garzón leyó el escrito del Tribunal Supremo días después. Cuando se hizo público estaba en la capital del Ecuador, en Quito. Había ido a recoger un premio de la Asociación Americana de Juristas. Su fama como juez perseguidor de los tiránicos jefes de las juntas militares del Cono Sur americano le llevaba ahora, mucho más que antes, a destinos internacionales. Comentó en privado que la reprimenda que le había dado el Supremo le había quitado las ganas de ir de viaje, pero al final marchó. No iba a desaprovechar una nueva oportunidad de aparecer en la foto: Garzón con un líder indígena ecuatoriano. Por una vez al de Jaén se le veía fuera de su eterno paseíllo por las escaleras de la Audiencia, repetido tantas veces en periódicos e informativos de televisión.

CAPÍTULO DIEZ

EL JUEZ DE PAPEL

Baltasar Garzón se prodiga en viajes internacionales. Ha conseguido fama mundial persiguiendo a Pinochet y procesando a los miembros de las juntas militares argentinas. Su imagen pública ha seguido subiendo día a día. ¿A qué más puede aspirar? Ha quedado definitivamente atrás la vieja idea de buscarse un retiro como presidente de alguna Audiencia Provincial andaluza, un destino demasiado convencional. Pero, ¿tratará de optar a la presidencia de la Sala de lo Penal de la Audiencia Nacional para sustituir a Siro García, como ya intentó en una ocasión? ¿O querrá una plaza en el Tribunal Supremo? No, la mirada de Baltasar Garzón parece dirigirse ahora hacia una cota más alta. ¿Quizás un cargo en la sede de las Naciones Unidas, en Estados Unidos? ¿O quizás en Europa, en la sede del Tribunal Penal Internacional? Son los destinos que más le gustan y es muy posible que el próximo paso en su imparable carrera ascendente le lleve hasta allí.

Éste es el comentario que circula por los pasillos de las instancias judiciales y los comentarios que se hacen por lo bajo los jueces. «¿A qué más puede optar —se preguntan— si incluso desde hace algún tiempo hasta estudia inglés con una profesora particular?»

«Es algo natural —le defiende un compañero—. Garzón ha llevado probablemente los casos judiciales de mayor complejidad de los últimos años, se ha salido de lo cotidiano y en su lógica búsqueda por prosperar, vería perfectamente comprensible que optase por ir más allá de nuestras fronteras y enfrentarse a sumarios todavía más trascendentes.»

«Y por eso está llevando a cabo un nuevo proceso de conquista de la prensa —advierte un viejo magistrado—, porque Baltasar, como es bien conocido, siempre ha sabido rodearse de los medios periodísticos adecuados en virtud del caso que llevaba. El asunto Pinochet le ha colocado en los grandes diarios norteamericanos y su rostro ha salido ya multitud de veces en la CNN.»

En su libro, *Pasos perdidos*, el juez Javier Gómez de Liaño escribió: «En ese capítulo de relaciones no saludables destacan los procesos de conquista de un juez por la prensa. Han sido bastantes los casos. Aunque no merezca el primer puesto, quizá yo mismo fuera uno de ellos. Sí parece que el maestro era Baltasar Garzón, y no han faltado ocasiones para contemplarlo. Recuerdo que presumía de ello y hasta de aplicar la técnica más depurada. Quien ha querido, ha podido verlo rodeado de un grupo de periodistas como si fuese un conejillo de Indias girando dentro de la jaula de un laboratorio. Antes, algún amigo del medio más afín le había inoculado fuertes dosis de adulación y él enseguida se retorcía de gozo y daba vueltas y vueltas a la rueda. Yo siempre fui comprensivo con esas actitudes, pues hay que leer a Freud y a otros maestros del psicoanálisis para saber que la vanidad y la megalomanía son patologías mentales graves y que algunos cuadros son incurables.»[9]

A lo largo de los años, Baltasar Garzón ha sabido mantener una relación con la prensa en una doble vertiente. Por un lado, recibiendo de ella y por otro dando, facilitando lo que a él le convenía dar. «Y así —dice un abogado— le han llegado muchos de los casos más espectaculares que ha tratado, por medio de periodistas que se han presentado en su despacho para *cantarle La Traviata,* sea ésta verdadera o falsa. Ésas han sido, en muchas ocasiones sus fuentes de información.»

---

[9] Gómez de Liaño, J.: *Pasos perdidos,* Madrid, Temas de Hoy, 1999.

Ricardo Arques ha sido uno de los periodistas que ha conocido de cerca al juez. Arques fue el primero en investigar en profundidad el caso GAL. Después se le sumaría Melchor Miralles, en aquellos días un jovencísimo miembro de la redacción de *Diario 16*. Ricardo Arques recuerda: «Garzón reactivó el caso que estaba dormido cuando se hizo cargo del Juzgado número 5. Me llamó a la redacción para que le diera todo tipo de datos, documentación e información. Pero aunque colaboré encantado con él, jamás me dio una declaración o una entrevista.»

Su compañero en esta investigación, Melchor Miralles, mantiene una opinión muy parecida: «Garzón siempre ha tenido esa actitud, la de sacar de nosotros. Recuerdo perfectamente que había asuntos que investigábamos en los que teníamos necesidad de él. Llegábamos a un punto en el que no podíamos seguir y entonces íbamos a su despacho y le decíamos: "Baltasar, tenemos esta información." Eran informaciones que se le daban a título personal, no cosas que tú ibas y denunciabas en el juzgado, ni siquiera tenían ese valor puesto que no disponíamos de las pruebas o de los datos necesarios para que tuvieran cierta entidad y se pudieran aportar a una causa determinada. Pero sí que eran datos que constituían indicios para tirar de ellos y para que se convirtieran en pruebas. Como es lógico, nosotros no podíamos convertir esas investigaciones periodísticas en investigaciones judiciales. Eran, en definitiva, cuestiones que le aportábamos, que veíamos que no tenían consistencia, porque no tienes pruebas, pero que sabes que sí que guardan una historia que es verdad, que tú no puedes investigar y que un juez sí puede hacerlo.»

Con los datos suministrados por los informadores, el juez movía sus propios hilos. Se trataba de poner en marcha un plan en el que ambos, magistrado y periodista, consiguieran beneficios. «Yo le decía —recuerda Miralles—: "Sólo te pido una cosa, Baltasar, investiga esto tú que puedes, pero cuando obtengas un resultado de esa investigación te pido que me lo des a mí antes que a la competencia".»

Pero en aquellos tiempos, según Miralles, el juez no cumplía lo pactado. Los resultados de ciertas pistas o pesquisas proporcionadas al magistrado aparecían publicados en otros periódicos, principalmente en *El País*, medio hacia el que Garzón sentía una especial simpatía.

Entonces, cuando el periodista leía la información, no dudaba. Con pasos firmes subía hasta el despacho del juez.

—¡Joder, Baltasar! Entiendo que tú no quebrantes tus obligaciones profesionales facilitándome información secreta sobre los sumarios, pero de ahí a que no puedas darme el resultado de pistas que te doy yo, y que me entere a través de los abogados y de otros periódicos...

Ricardo Arques mantiene sin embargo, al cabo de los años, una opinión más positiva del juez: «Tengo gran admiración por su enorme capacidad de trabajo, y creo que es básicamente una buena persona. No recuerdo en aquella época, cuando yo le trataba, que tuviera ningún ánimo de protagonismo.»

Uno de los ejemplos de esa simbiosis que por entonces mantenía Garzón con la prensa tuvo lugar durante la declaración de las *novias* de Amedo y Domínguez ante el juez. Ambas mujeres habían estado al tanto de las actividades de los policías al servicio de los GAL. La primera en contarlo todo fue Inmaculada Gómez, la ex novia de Amedo, una mujer preciosa, rubia y de grandes ojos. Había conocido a Ricardo Arques y Melchor Miralles en diciembre de 1987, en Bilbao. Cuando un año más tarde, el juez Garzón procesa al subcomisario, Inmaculada llama a Melchor. Quiere denunciar que ha sido utilizada por él y, algo peor aún, cómo en su propia casa Amedo planeó un atentado. Mantienen una entrevista, lo graban todo, hacen que la mujer ratifique con su firma cada una de sus palabras. Después se dirigen al periódico y entregan el original. Las rotativas están que arden. A las once de la noche Arques, Miralles e Inmaculada se presentan ante el juez de guardia de la Audiencia Nacional.

—Tenga, esto es lo que vamos a publicar mañana en el periódico. Creemos que por su relevancia deben ustedes tenerlo al mismo tiempo.

Inmaculada confirma sus palabras ante Garzón y el juez llama a su presencia a la ex novia de Míchel Domínguez, Blanca Balsategui. Debía viajar desde Vitoria a Madrid. Muy poco antes había encontrado en el buzón de su casa un sobre con 50.000 pesetas. Lo había depositado un tal Alberto que trabajaba para el Ministerio del Interior. La mujer se encuentra con él en el hotel Velázquez, de Madrid. Allí le dice que debe desmentir las palabras de Inmaculada, decir que todo es mentira, que la mujer actuó por despecho, indignada. Que debe defender a sus antiguos amigos «por el bien del país».

Era sábado por la mañana. Cuando llega hasta el despacho de Garzón, Blanca está asustada, nerviosa, trata de cumplir lo mejor posible el encargo pero habla a trompicones, se equivoca, se contradice. Miente con descaro. La fiscal Carmen Tagle la mira casi con desprecio. «Nos está tomando el pelo», piensa. Le dice al juez que recuerde a la testigo que puede incurrir en un delito de falso testimonio si no dice la verdad. Ella insiste en que sus palabras son ciertas. Continúa hablando hasta que logra salir del lance. «Puede usted marcharse ya», escucha por fin de boca de Garzón. En la puerta del juzgado trata de respirar hondo pero algo la atenaza. No puede soportar el peso de las mentiras que ha dicho adentro. Va hasta la planta baja de la Audiencia y descuelga el teléfono público. Llama a Miralles.

—Melchor, ¿qué tal? Mira, acabo de terminar. Oye, si quieres quedamos para tomar un café.

—Ahora mismo voy para allá. Espérame en Riofrío.

Veinte minutos después ya estaban juntos.

—He declarado ante Garzón, pero he mentido, Melchor. Lo he hecho porque me lo ha pedido un tal Alberto Seoane.

—Y tú quieres contar la verdad.

—Sí.

—Vale. Blanca, espérame aquí que voy a la Audiencia a decírselo a Garzón.

El juez ya se había marchado. El periodista habla con un policía y, después de insistirle durante un rato, consigue que el agente llame al juez por teléfono a su casa.

—Baltasar, soy Melchor. Mira, estoy con Blanca. Me acaba de decir que todo lo que te ha contado es mentira y que quiere volver a hablar contigo para contar la verdad.

Garzón se pone nervioso. Se da cuenta de que en pocos minutos va a volver a tener ante sí otro importante testimonio acusatorio contra Amedo y Domínguez.

—Melchor, no te muevas de la Audiencia, ¿dónde está la chica?... Métela en mi juzgado ahora mismo.

Fue un sábado de grandes nervios. Mientras Blanca declaraba de nuevo, Miralles, Arques y el fotógrafo Daniel Gluckmann buscaban al tal Alberto. No le localizaron hasta la noche, cuando se reunió con Blanca en el hotel. Le fotografiaron. Se trataba del agente Francisco Paesa. Miralles regresó a la Audiencia para facilitar los nuevos datos obtenidos y declaró ante el juez. Tuvo incluso un enfrentamiento con la propia fiscal Carmen Tagle. Garzón trataba de apaciguar el ambiente.

—¡Qué mujer, qué carácter! —dijo Garzón cuando ya terminó todo y la fiscal se marchó.

El episodio de Inmaculada, Blanca y los periodistas de *Diario 16* fue un claro ejemplo de la colaboración que hubo entre juez e informadores, una colaboración que Garzón pretendía mantener en secreto. A Miralles le comentaba que no quería verle fuera de la Audiencia Nacional:

—No quiero que nos vean juntos para que no digan. Bastante se está comentando ya por ahí que yo con *Diario 16*, con vosotros, soy uña y carne.

Como consecuencia del maltrato sufrido, la relación de Garzón con *Diario 16* se enfría. «Estando ya Pedro J. Ramírez y yo —dice Miralles— en *El Mundo* le invitamos a la presentación del libro sobre los GAL que escribimos Arques y yo. Nos llegó a decir que no quería pringarse en un acto público y eso que a mí me constaba que se reunía con otros periodistas fuera de la Audiencia, así que yo sigo mis investigaciones y él sigue con sus sumarios. Dejo hasta de ir a verle y de contarle cosas porque estoy bastante molesto con su actitud.»

EL VIAJE A SANTO DOMINGO

Baltasar Garzón ha tenido amores y desamores con los periódicos. Como si de una quinceañera se tratara, ha «salido» con todos y «ha dejado» a todos. Para los abogados que han estado trabajando en sus casos durante años ha quedado clara esta práctica. «*El País*, por ejemplo —señala uno de los letrados—, le elogiaba en su primera época, en los años del caso GAL y también en su etapa de diputado en el PSOE. *Abc* le ha lanzado ataques de gran violencia y cuando Luis María Ansón era director, no ha dudado en dedicarle sus portadas con todo tipo de reproches. Sólo hay que recordar una información que sacó a toda página, cuando Garzón investigaba el caso Marey.»

Efectivamente, en esos días, en concreto el ocho de febrero de 1995, *Abc* se hizo eco de una noticia, muy posiblemente filtrada desde las filas de los antiguos cargos del Ministerio del Interior, según la cual Baltasar Garzón realizó en abril de 1992 un viaje a la República Dominicana acompañado de su mujer Rosario y de su cuñada, María Josefa, a costa de los fondos reservados.

El magistrado montó en cólera cuando se enteró de lo publicado y de inmediato se puso manos a la obra para aclarar la situación. No durmió en toda la noche. Desde el teléfono de su domicilio realizó multitud de llamadas a la República Dominicana para obtener de forma inmediata todas las facturas y documentos que acreditasen que el viaje —«mi viaje de luna de miel aplazado doce años»— lo había pagado íntegramente de su bolsillo y que en absoluto había recibido de Interior, como decía el periódico, la cantidad de 47.490 pesos; es decir, unas 700.000 pesetas para correr con los gastos.

El mismo día 8 de febrero por la mañana, Baltasar Garzón, en contra de su costumbre, no se bajó de su coche oficial para subir apresuradamente las escaleras de la Audiencia rumbo a su juzgado. En aquella ocasión se paró ante una cámara de Europa Press TV. Anunció su completa inocencia y la posibilidad de emprender acciones legales en contra del periódico de Luis María Ansón.

A primera hora de la tarde emitió un comunicado que tiraba por tierra la información del diario monárquico. Presentó documentos que acreditaban que el viaje lo concertó con la cadena Occidental-Hoteles, quien se encargó de gestionar los pasajes, «cuyo importe pagué en su integridad a través de aquélla y de la agencia Travel Plan y Air Europa». El juez presentó un certificado en el que se decía que los tres billetes de avión Madrid-Puerto Plata-Madrid fueron pagados por él. En cuanto al hospedaje, aseguró que se produjo en el hotel Flamenco Beach, «satisfaciendo la factura correspondiente». No obstante, durante la noche anterior no pudo conseguir una copia de este documento debido a que los archivos del hotel estaban cerrados a causa de la diferencia horaria.

Durante su viaje también hizo unas excursiones en avioneta, en concreto los días 16 y 17 de abril, que incluyeron los trayectos Santo Domingo-La Romana-Puerto Plata y Puerto Plata-Península de Samaná. En una de sus facturas figuraba el apunte «pagado cliente» por el servicio de avioneta Herrera-La Romana-sobrevuelo Costa Este-Puerto Plata-Herrera.

Además de justificar los gastos como propios, Baltasar Garzón lanzó un «aviso a navegantes». Explicó a los periodistas de todos los medios de comunicación que durante el viaje no sólo había disfrutado de las atracciones turísticas de la isla, también había aprovechado su estancia para trabajar. Días antes de su marcha había hablado con la Secretaría de Estado para la Seguridad. Al conocer sus intenciones fueron a visitarle el teniente coronel Félix Hernando y el propio Rafael Vera. Éste le manifestó que debía vigilar su seguridad debido a la reciente detención de la cúpula de ETA en Bidart y a la presencia en Santo Domingo de algunos de los más peligrosos etarras, entre los que se encontraban Eugenio Echeveste, Belén González Peñalva, Ignacio Aracama Mendía y Manuel Soares Gamboa. Además, de paso que estaba allí, le dijo, podría aprovechar el viaje para obtener huellas originales así como fotos y una muestra de escritura de los etarras deportados en la isla. Datos y documentos que serían muy interesantes para las investigaciones antiterroristas. El juez lo hizo tal y como acordó, «quitándome días de mis vacaciones» y estando en todo momento rodeado de una escolta mayor que la habitual, «que sólo me produjo incomodidad, además de mayores gastos, ya que pagué de mi bolsillo comidas e invitaciones a los agentes».

El magistrado sufrió enormemente en esos días. Había algo que no soportaba y era que hubieran involucrado a su familia en un falso escándalo. «Cuando los ataques personales rebasan ciertos límites y llegan hasta la familia hay que cortarlos de raíz. Hay que ponerles coto de forma inmediata», sentenció.

Un alto fiscal de la Audiencia reconoce también los malos momentos pasados por el juez en los días en los que estaba sufriendo los ataques de los medios de comunicación por estar tramitando el caso Marey y actuando en contra de antiguos cargos de confianza del Gobierno socialista. «Aunque trataba de afrontarlos con relativa distancia, lo cierto es que las continuas críticas vertidas tanto desde *Abc* como desde *El País* o desde Televisión Española le producían serias heridas. Porque Baltasar es una persona que está muy influido por lo que digan de él los demás. En ese sentido, él está siempre muy pendiente. Busca continuamente una posición de elogio en las personas y los ataques que recibía le dolían, sobre todo porque en aquellos días se decían verdaderas calumnias, verdaderas falsedades respecto a sus instrucciones, respecto a sus sumarios y me consta que lo pasó mal, que atravesó una temporada difícil.»

Baltasar Garzón aprovechó los ataques de la prensa para tratar de ir por delante de las críticas. En una ocasión llegó a anunciar a los habituales periodistas de tribunales, reunidos en grupo en torno a él un día, cerca ya de las tres de la tarde, que dentro de muy poco tiempo se iban a ver sorprendidos por la publicación de graves acusaciones en su contra, aberraciones que habría cometido e incluso posibles delitos, unos hechos que se narrarán con detalle en otro capítulo.

EL PACTO CON PEDRO J. RAMÍREZ

Si algunos diarios siempre mantuvieron una línea continua en cuanto al tratamiento que le dieron al juez Garzón y a sus actuaciones, el periódico que mantuvo con él una relación de amor y odio fue *El Mundo*, o más concretamente habría que decir que fue su director, Pedro J. Ramírez, puesto que su actitud cambiante respecto a Garzón la apuntó desde *Diario16*.

El Mundo criticó duramente al magistrado cuando se marchó de su juzgado para pasar algo más de un año en las filas políticas del PSOE. Como ya señaló Melchor Miralles, la actitud de su medio, contrario al cambio de actividad de Baltasar Garzón, se basaba en las acusaciones que anteriormente había hecho el juez contra Felipe González y en la contradicción que representaba el alinearse con él bajo unas mismas siglas políticas. Los ataques de *El Mundo* fueron feroces. Pero el tratamiento informativo volvió a cambiar cuando el magistrado se reincorporó a su juzgado y afrontó el caso Marey. En ese momento, el «noviazgo» entre Garzón y Pedro J., la unión de intereses comunes, alcanzó unas cotas casi idílicas.

Así lo atestiguan ex altos cargos ministeriales, quienes aseguran: «Baltasar Garzón y Ramírez negociaron algunos de los aspectos informativos más relevantes del caso Marey muy por delante incluso de las acciones judiciales. Pedro J. le da entrada a Garzón en su diario y el juez encuentra allí un importante apoyo mediático para sus actuaciones. Se ponen de acuerdo. El objetivo es común: acabar con Felipe. Para conseguirlo montan un plan con sumo cuidado.»

A juicio de algunos analistas, ése fue uno de los grandes pecados de Baltasar Garzón, «aliarse, realizar la fusión siempre rechazable entre un juez de instrucción y un medio periodístico. Eso fue algo que él hizo muy mal y con ello perjudicó notablemente, no sólo al prestigio de la Justicia, sino también al sistema democrático español».

Las críticas contra el juez llegan incluso a rondar la acusación de haber participado en un delito de conspiración cuando se le considera incluido en una trama para acosar al Gobierno. Una trama que quedaría personalizada en la supuesta reunión que en diciembre de 1994 mantuvieron el abogado Jorge Manrique, Francisco Álvarez Cascos y el director de *El Mundo*, Pedro J. Ramírez. Un encuentro en el que, según se escuchó en el juicio por el caso Segundo Marey en 1998, el después vicepresidente del Gobierno «dio garantías de que cuando el PP llegara al poder se arreglaría la situación penitenciaria de Amedo y Domínguez por medio de un indulto». El propio Míchel Domínguez aseguró ante el Tribunal Supremo que él mismo fue a ver a Pedro J. Ramírez y que éste le garantizó que exigiría el cumplimiento de ese compromiso, un pacto con el que el entonces líder de la oposición, José María Aznar, estaba de acuerdo.

Álvarez Cascos desmintió tajantemente que hubiera prometido el indulto a los ex policías, pero no negó la existencia de la reunión en el despacho del director de *El Mundo.* El defensor de Amedo y Domínguez, Jorge Manrique, por su parte, admitió que dentro de una hipótesis de trabajo, como abogado de Amedo y Domínguez, había mantenido muchas entrevistas con múltiples personalidades de distintos ámbitos. Lógicamente, en el legítimo derecho de la defensa de salvaguardar sus intereses. En aquella época, los ex policías estaban inmersos en un proceso de indulto con el Gobierno socialista y el abogado creía que era legítimo sondear la situación que podría producirse si se efectuaba un cambio de Gobierno. Ramírez, por su parte, calificó de «patético» todo lo que se decía.[10]

Muchos veían en esta supuesta reunión y en estas posibles promesas un plan claramente trazado en el que intervenían unos actores que tenían un papel muy específico. Francisco Álvarez Cascos ofrecía el indulto, Pedro J. ponía su periódico a disposición del PP y se llevaba las exclusivas. Amedo y Domínguez «cantaban» y Garzón daba la puntilla al PSOE en su juzgado.

Para *El Mundo,* esa teoría de la conspiración fue calificada de surrealista, inconsistente y mezquina y veía detrás de ella algunas otras figuras periodísticas, como la de Luis María Ansón.

¿Qué ocurrió en realidad? ¿Existió un plan minuciosamente trazado, o tan sólo se trata de una coincidencia de planteamientos personales e ideológicos de determinadas personas que estaban en contra del Partido Socialista?

---

[10] Pedro J. Ramírez prefirió remitir al autor de este libro a Melchor Miralles. Por eso no ha quedado recogida su versión de los hechos narrados.

Estaba claro que los periodistas de *El Mundo* coincidían plenamente en que era saludable para el país que dejara de gobernar un señor al que se le señalaba con el dedo en distintos sumarios por haber estado a la cabeza de una organización armada que había robado, secuestrado e incluso matado. Un señor que se llama Felipe González. Se decía públicamente en los artículos de opinión y en los editoriales del periódico, en declaraciones en las radios y en la tele.

«¿Es eso una conspiración?», se pregunta Melchor Miralles. El periodista insiste en que se coincidía ideológicamente con determinadas personas, «pero no he estado en ninguna reunión en la que se haya conspirado. He estado mil veces en comidas o en cenas con mis amigos, con los periodistas Antonio Herrero, con Luis Herrero, con éste, con el otro, en tertulias en las que hablábamos y, siempre lo he dicho, no ya como periodista, sino como ciudadano, yo aspiro a ser gobernado por alguien que no haya robado ni haya matado. Otra cosa es que Luis María Ansón estuviera metido en una conspiración, él lo sabrá, porque este periódico, *El Mundo*, no ha conspirado junto a Baltasar Garzón. Yo sé que Pedro J. se ha visto con él en alguna ocasión, como muchos otros periodistas, pero yo nunca he recibido ninguna instrucción de mi director que me hiciera sospechar que él había pactado algo con el juez Baltasar Garzón. Lo que ha ocurrido, insisto, es que la posición del periódico ha coincidido con la de Baltasar, pero mira, ahora se ha alineado con *El País* y mañana si ve que puede obtener un rédito de proyección pública o de poder volvería a situarse al lado de *El Mundo*.»

Otros personajes, teóricas víctimas de la supuesta conspiración jurídico-periodística, mantienen que los pactos existían, que la unidad de acción se ponía en práctica y que el objetivo, el fin del Gobierno socialista era claro. José Luis Corcuera es una de estas personas. «La cooperación entre Garzón y Ramírez era un hecho, y voy a mencionar un ejemplo. En una ocasión acudí a un debate en televisión con el director de *El Mundo* y me enteré de con quién estuvo él preparando ese debate en un hotel de Madrid la misma mañana de aquel día. El que le estuvo diciendo cómo tenía que ser ese debate, lo que debía decir y los datos que podía dar fue Baltasar Garzón.»

El ex ministro relata el hecho con voz pausada, con una enorme dosis de ironía:

«El debate fue en Tele 5, pero tendría que mirar papeles para saber la fecha exacta, o bien —exclama con falsa sorpresa— preguntarle al señor alemán que estaba sentado al lado de ellos; una persona que, por cierto, no era alemana, aunque hablaba ese idioma. No era un turista, era alguien que hablaba con otro en alemán y que nos lo contó todo. Nos dijo cómo el juez y el periodista se ponían de acuerdo y cómo trazaban un plan de forma conjunta. Supongo que esa charla, esa conversación entre ambos, no fue más que una de las tantas que han mantenido ellos mientras se investigaba el caso Marey.»

LAS MEMORIAS DE AMEDO Y MÍCHEL

El martes 27 de diciembre de 1994, el diario *El Mundo* publica un impresionante documento. A lo largo de cuatro voluminosas entregas, el periódico desvela todos los secretos del secuestro de Segundo Marey por parte de los GAL, unos secretos revelados por José Amedo y Míchel Domínguez que se dan a conocer tan sólo once días después de que ambos se presenten ante el juez precisamente para hablar de ellos. Una visita judicial que tendría lugar el 16 de diciembre y que desencadena la conocida tramitación de este sumario.

La gestación de estos amplios reportajes, que se publican en forma de serial en *El Mundo,* se había producido mucho antes. Según los dos ex policías, Baltasar Garzón y Pedro J. Ramírez se habían puesto previamente de acuerdo en todo lo que iba a suceder. Ambos condenados por el caso GAL contarían su experiencia a Melchor Miralles, según ellos, no cobrarían nada, aunque otras fuentes indican que percibieron varios millones de pesetas por su colaboración periodística.

Tras el verano de 1994, Melchor Miralles realiza una llamada de teléfono al abogado de Amedo y Domínguez, Jorge Manrique. Concierta una cita con él. Ya reunidos le dice que tiene en su poder una documentación importante y le enseña una libreta donde Míchel Domínguez había escrito de su puño y letra el esbozo de una carta comprometida, sin nombre, no dirigida a nadie. Era el resultado de algo que había ocurrido días antes en Barcelona. Habían operado al padre de Míchel y el ex policía se trasladó a la Ciudad Condal para verle. Permanecería allí cuarenta y ocho horas. A la vuelta de Barcelona, dejó el coche en Castelldefels y al ponerle la funda para taparlo, según su versión de los hechos, se dejó una libreta, un libro y un bolígrafo sobre el vehículo que estaba estacionado a su lado. Misteriosamente, estos documentos le llegaron a Melchor Miralles. Entre las hojas había unos folios con unas grandes cifras escritas: treinta y cuatro millones, treinta y cinco millones. El ex policía explicó que eran cálculos sobre un estudio de bolsa que le había pedido un amigo y que él estaba haciendo en la cárcel para matar el tiempo. Al parecer se trataba de unas cantidades invertidas en acciones.

A principios de septiembre de 1994, Melchor Miralles queda citado con Míchel Domínguez en un bar de la madrileña calle de Santa Engracia.

—Mira Míchel, quería enseñarte estos documentos escritos por ti. No te voy a decir cómo me han llegado, pero quería hablar contigo antes de publicarlos, porque me parecen importantes y además te quería pedir ciertas aclaraciones.

—Melchor, no tienes nada. Esos papeles pueden tener para ti un cierto interés periodístico, pero no son más que cifras sin importancia. Me puedes meter en un lío por una gilipollez, y te advierto que como publiques algo de eso no nos volvemos a ver nunca más. Ahora que, si no lo haces, podemos seguir hablando largo y tendido tú y yo.

—Vale, Míchel, como tú quieras, no voy a dar nada, pero, de todas formas, ¿no has pensado en terminar de una vez con todo esto?

La cita se repetiría una vez más en el mismo bar. En esa ocasión acudió también el director de *El Mundo*, Pedro J. Ramírez. Pidieron una mesa para comer juntos.

—Dejad de haceros los machos, ¡joder! —dice Miralles—. No van a indultaros en la vida. Podéis ganar un montón de dinero con vuestras memorias y Garzón os tratará mejor si colaboráis. Estáis a tiempo, ¡tirad de la manta como Roldán!

—Míchel —interviene Ramírez—, ¿es que no has pensado en toda esa gente, en tus antiguos superiores, que te han dejado tirado?

—Pues no, no he pensado en ellos —le contesta.

En realidad el ex inspector de Policía había pensado mucho más de lo que decía, puesto que en aquel momento ya había tenido varias de las charlas con Garzón que luego darían lugar a su declaración judicial acusatoria.

El juez actúa a dos bandas. Según Míchel Domínguez, entre Garzón y el periodista no hay secretos. Todo lo que él le cuenta a Pedro J., lo sabe de inmediato el magistrado, y viceversa.

—Míchel —le dice el director de *El Mundo*—, yo vivo de contar la verdad. Soy un abanderado de la lucha por la verdad y lo que quiero es que la verdad salga a la luz por todos los medios, que se desenmascare a los verdaderos culpables de la guerra sucia contra ETA.

En su afán por convencerlo para que hable en su diario y relate de una vez por todas lo que sabe, el veterano periodista le confiesa además que es partidario de que se indulte a todo el mundo en un momento dado, pero que antes tiene que resplandecer la verdad.

Bastantes meses más tarde, cuando Domínguez denunció ante el Tribunal Supremo las coacciones ejercidas por el juez Garzón para conseguir su testimonio, a Pedro J. Ramírez no le gustó que se criticaran las supuestas acciones poco ortodoxas de su aliado. Míchel Domínguez habló entonces con él por teléfono.

—Lo que he dicho ante el Supremo es la verdad, y si tú en una ocasión me dijiste que luchabas por la verdad, hay que luchar por una verdad única, no por una que te convenga.

De los contactos previos se pasó a la acción. Llegó el momento de plasmar en el papel todo lo que durante meses se había estado organizando. Si durante los seis años y medio que estuvieron presos Amedo y Domínguez, Pedro J. y sus hombres habían sido los únicos que no les habían entrevistado, por fin había llegado la hora de dar un documento definitivo. Antes no interesaban porque mentían. Pero es que, además, los policías no estaban dispuestos a hablar con unas personas a las que odiaban. El asco que sentía Amedo contra Miralles era visceral. No sólo se trataba de una persona que había contribuido en gran manera a que el ex subcomisario diera con sus huesos entre rejas, sino que, además, el periodista, incluso había plasmado por escrito sus dudas sobre su capacidad sexual al asegurar en una crónica que era impotente. Pero ahora las cosas habían cambiado y las alianzas que se contemplaban eran dignas de la más fantástica de las novelas. Amedo y Domínguez, unidos al juez que les condenó y a los periodistas que les acosaron.

Míchel decide ir adelante en diciembre de 1994 en contra de la opinión de José Amedo.

—Mira, Pepe —le dice—, sabes que el año pasado quería hablar. Luego me arrepentí porque nos dieron el tercer grado, y yo ya no quería más líos, pero ahora Garzón amenaza a mi mujer y por ahí no paso. Ya lo he decidido, y tú tienes dos posibilidades: o cantamos a medias o canto yo y después tú tendrás que ir al juzgado a decir si es verdad o es mentira lo que yo declare. Tú sabrás si vas a tener los huevos de decir que yo he mentido.

La situación para Amedo es insostenible y decide seguir a su amigo.

Amedo y Domínguez negocian con Melchor Miralles el contenido de las entrevistas, en definitiva, todo lo que van a *cantar*, pero antes quieren que el periodista y su jefe vayan a hablar con Baltasar Garzón porque están temerosos del juez y quieren que él sepa con detalle todo lo que se va a producir. Miralles les responde de forma tajante que con el juez no tiene nada de que hablar: «Vosotros podéis tratar con Garzón, o con quien estiméis conveniente. Eso me la trae al pairo. Pero yo no voy a pactar nada con Baltasar Garzón. Ni me voy a reunir, ni siquiera le voy a llamar por teléfono.»

Míchel y Amedo sí que acuden a ver al magistrado del Juzgado número 5.

—Hemos acordado con Garzón —anuncian al periodista— que esto no se publica hasta que nosotros hayamos declarado en la Audiencia Nacional.

—Esto no se publica hasta que vosotros me autoricéis, que para eso vosotros vais a hacer las declaraciones —replica Miralles.

Garzón es muy claro en su encuentro con los ex policías: «No le debéis nada a nadie, vosotros ya habéis pagado lo vuestro. Ahora que paguen los demás, que vosotros ya tenéis que dejar de hacer el tonto.»

Una vez que los dos *arrepentidos* estuvieron de su lado, todo fueron buenas palabras para conseguir llevar a cabo la que era la idea fija del juez: «Él decía que sabía quiénes habían organizado y puesto en marcha la guerra sucia contra ETA y que iba a llegar a ellos como fuera, y el instrumento eran nuestras declaraciones.»

CITA EN EUROBUILDING

Poco antes de las Navidades de 1994, Melchor Miralles se reúne con José Amedo y con Míchel Domínguez en una suite del hotel Eurobuilding de Madrid.

—¿Por qué en ese hotel?

—Por una cuestión práctica. Yo no quería hacerlo en el periódico para que no se enterara media España, y lógicamente tampoco en la cafetería Riofrío. Fue en ese hotel como podía haber sido en cualquier otro, pero, aparte de que era un sitio donde podíamos trabajar tranquilos, el Eurobuilding tenía un intercambio de publicidad con el periódico.

Las entrevistas se realizaron a lo largo de tres jornadas maratonianas. Periodista y ex policías hablaban sin parar desde las ocho de la mañana hasta las once menos veinte de la noche, una hora límite marcada por la obligación que tenían Amedo y Domínguez de volver a la cárcel para dormir, ya que estaban cumpliendo el tercer grado penitenciario. Miralles era el primero —cuando aún no había amanecido por completo— que llegaba al gran hotel, situado muy cerca del madrileño Paseo de la Castellana. Poco después, un coche de color oscuro entraba lentamente al garaje. De él se bajaban Amedo y Domínguez. Desde el vestíbulo llamaban a la habitación alquilada.

—Melchor, buenos días. Ya estamos aquí.

—Venga, subid.

Por fin, llegaban a la habitación. Allí hablaban, desayunaban, comían. Los tres hombres sólo se concedían un breve tiempo para descansar y estirar las piernas por los pasillos mientras se cambiaba una cinta ya grabada por otra nueva.

En una ocasión, mientras daban un paseo se encontraron nada menos que con el entrenador del Real Madrid, Jorge Valdano, que tenía un despacho en el hotel. Apenas se miraron. El ex futbolista vio a los personajes que se acercaban a él. Se fijó en Miralles, al que conocía, e hizo un ademán de saludarle. Después miró a los otros dos: ¡Amedo y Domínguez! Puso un gesto de sorpresa. Finalmente no dijo nada, no saludó, tan sólo bajó los ojos y siguió su camino.

Tras el descanso, la ardua entrevista volvía a empezar. El director del diario pasaba de vez en cuando para supervisar la marcha de los acontecimientos. Los fotógrafos Fernando Quintela y Carlos Miralles interrumpían de cuando en cuando para *inmortalizar* los encuentros. Cerca de cuarenta horas se llegaron a grabar en unas cintas que después se convertían en una tortura para una secretaria de *El Mundo* que había sido encargada de transcribirlas.

Las referencias a Baltasar Garzón en la suite del hotel eran continuas.

—El juez sabe que estamos haciendo esto —decían los ex policías.

—A mí vuestra relación con él no me afecta, ése es vuestro problema —replicaba el periodista.

Cinco años después, Míchel Domínguez recuerda perfectamente cómo se realizaron las entrevistas: «Entre Baltasar y Pedro J. lo tenían preparado todo, lo tenían perfectamente coordinado. Cuando hablábamos con Garzón, él, que sabía que estábamos con los de *El Mundo,* nos decía: "Cuidado, que no se publique ni una línea antes de que ustedes salgan de declarar del juzgado, ¿eh?" Pero nosotros le dábamos todo al periódico antes de hablar ante el juez, porque si no, si lo hacíamos al revés, podíamos caer en un delito de revelación de secreto del sumario. Lo que ocurre es que luego, a la hora de hacer las declaraciones judiciales, pues siempre salía algo nuevo, algún detalle, algún matiz que no lo tenían los del periódico. Y entonces nos dábamos aún más cuenta de que Pedro J. y el juez hablaban todos los días, porque había veces que Melchor nos decía: "¿Qué? ¿Cómo ha quedado este tema?" Algo sobre lo que habíamos hablado en el juzgado pero que para nada habíamos tratado con él, comentarios que hacías, cosas que cuando se las contabas a uno, al día siguiente lo sabía el otro.»

Según este ex policía, el director de *El Mundo* les animaba a contar cada vez más cosas y a profundizar más en los detalles sobre el secuestro de Marey pese a los temores y a las objeciones que ponían ellos por temor a Garzón.

—No os preocupéis, que no va a pasar nada.

—¡Oye, Pedro! ¡A ver si vas a publicar esto mañana y el juez se va a poner por las nubes!

—Que no os preocupéis, que yo tengo todo el tema controlado.

«Pero es que cuando hablábamos con Garzón él también nos decía "cuidado con los de *El Mundo*", y así estaban los dos, continuamente vigilándose uno a otro.»

El relato durante las largas horas de entrevista era en ocasiones surrealista. A veces se dedicaban minutos y minutos a lo anecdótico y se pasaba por encima de lo sustancial. Los policías, además, utilizaban su peculiar forma de hablar y sus expresiones características: «Sí, afirmativo, estábamos en la cabaña de Marey y fuimos y bajé a ver no sé qué y me encontré con Hierro y entonces quedamos con Julián Sancristóbal y fuimos a Colindres y tomamos unas consumiciones.»

A cada momento se tenía que parar como si se tratase de una superproducción americana.

—A ver, venga, vamos a explicarlo de nuevo. Estabais en la cabaña donde se vigilaba a Marey. ¿Qué pasó? Decidme las cosas punto por punto.

El trabajo era tan pesado que se tuvo que realizar un esquema para evitar ir continuamente de adelante hacia atrás en la narración. Se quería conseguir una cronología exacta de los hechos, algo que para Amedo y Domínguez, en ocasiones, resultaba complicado puesto que lo habían vivido en primera persona, habían sido protagonistas y testigos de los hechos, y tendían a confundir tiempos o lugares y personas.

Además, cuando ya se tenía más o menos todo hecho y aclarado, llegaba Pedro J. y lo complicaba todo. El director del periódico quería volver a escuchar la parte de la grabación que más le gustaba, y exprimir lo más importante de las decenas de horas de conversaciones que se estaban grabando. «Era una auténtica tortura», asegura Míchel Domínguez.

En ocasiones, los dos ex policías se negaban a dar algún nombre o preferían omitir algún dato. «En esos momentos todo se volvía más difícil. En una ocasión —dice Miralles— tardaron en darme la identidad de un policía francés tres horas y cuarto.»

Amedo llevaba la voz cantante. Su carácter más altivo, más prepotente, le hacía quedar por encima de Míchel, más apagado. En ocasiones se percibía hasta una actitud despectiva del antiguo subcomisario hacia su antiguo subordinado. Domínguez daba lástima. Era el eslabón más frágil. Tal vez esa misma debilidad de carácter le había llevado a participar en el secuestro de Segundo Marey. Como él mantuvo siempre, «Sólo porque sabía francés».

Melchor Miralles asegura que, a lo largo de los tres días de entrevista e incluso después, no habló ni una sola vez con Baltasar Garzón, aunque evita hablar de los posibles contactos que tuvo su jefe con el juez. «Yo sí tengo constancia de los pactos entre Garzón y Amedo y Domínguez e incluso en alguna ocasión me pidieron los dos que ciertas cosas no las publicara en el capítulo uno, sino que las retrasara porque podía poner en peligro alguna diligencia, pero ni yo, ni nadie en mi presencia ha tenido una conversación con Baltasar Garzón durante las confesiones de José Amedo y de Míchel Domínguez. Los pactos de ambos con Garzón, repito, los conozco a través de ellos, pero a mí no me consta que *El Mun-*

do haya pactado algo con el juez y si Pedro J. ha pactado algo con él, me ha engañado, lo ha hecho a mis espaldas.»

La publicación del serial causó un gran trauma en los protagonistas de los hechos y una enorme conmoción en sus abogados, que protestaban airadamente por lo que leían mientras se estaban llevando a cabo los interrogatorios de los encausados. El sentimiento general era que *El Mundo*, puesto de acuerdo con Garzón, estaba filtrando el sumario de Marey, cuando la realidad era bien distinta. Lo que denunciaron Amedo y Domínguez ante el magistrado ya se lo habían dicho seis o siete días antes a los periodistas.

Manuel Cobo del Rosal, abogado de Vera, afirma: «Los abogados del caso veíamos con indignación como el sumario estaba montado en connivencia entre Garzón, Pedro J. Ramírez y Amedo. Pedro J. ponía el dinero para Amedo y sacaba la primicia y al día siguiente Amedo recitaba de memoria lo que había dicho en *El Mundo*. Era tan deplorable el espectáculo que se había montado, que los abogados seguíamos la declaración de Amedo con *El Mundo* del día anterior en la mano y veíamos literalmente que decía lo mismo. Era vergonzoso.»

Los letrados acusaban al medio informativo de haber hecho la «pre instrucción» del sumario y elevaron al juzgado sendos escritos de protesta en los que se vertían duros términos contra «el escándalo jurídico-informativo» del que estaban siendo testigos.

«El sumario de Marey está lleno de escritos nuestros de protesta —denuncia un letrado—, pero el juez no les hacía ni caso, e incluso en alguna ocasión se negó a admitirlos, los devolvió porque decía que no eran objeto del procedimiento.»

Entre los defensores de los principales imputados se comentaba con ácidas palabras la «luna de miel» que vivían Garzón y Pedro J. Ramírez con el fin de hundir al PSOE.

El letrado Manuel Cobo del Rosal es muy duro en su apreciación del papel del juez en este sumario: «Garzón era el *mamporrero* de esa conspiración, el que tenía que fastidiar a Interior y embadurnar de porquería al Partido Socialista y, si podía, a Felipe González. El magistrado y Pedro J. Ramírez respondían a una iniciativa que había nacido del PP. Y el juez formaba parte de la comparsa. Además, los de *El Mundo* le tenían atrapado porque conocían todos sus secretos. Pero bueno, ése fue el tiempo que estuvo Garzón con *El Mundo*. Luego cambió, luego se puso a bien con *El País* para fastidiar a Javier Gómez de Liaño en el caso Sogecable, porque Garzón es un tipo reactivo, un hombre profundamente reaccionario, caracterológicamente reaccionario. Opera por reacciones y su reacción es contra quien cree que le hace daño. Felipe González me hizo daño, pues hay que cargárselo, y toda su vida la monta en esa reacción. Luego llegó Liaño y le fastidió al no darle el caso Lasa y Zabala. Reaccionó igual y dijo, ¡pues éste qué se va a creer! Y también fue a por él.»

CAPÍTULO ONCE

LOS ESCÁNDALOS DEL JUEZ

Durante doce años, Baltasar Garzón ha sido una hormiguita que ha acumulado año tras año, cuidadosa, pormenorizadamente, papeles y papeles, facturas y facturas de cuanto ha hecho. Una actividad cansada, agotadora. Pero el juez le tiene pánico a los ataques a su integridad y continuamente se blinda, armándose con pruebas, para poder responder en cualquier momento a cada envite de sus enemigos. No soporta que le tachen de corrupto. Sabe que es uno de los jueces que ha intervenido en todos los campos del delito, lo que no le ha granjeado precisamente muchas simpatías.

En el ámbito terrorista fue el único que se atrevió a enviar a prisión al antiguo portavoz de Herri Batasuna, Jon Idígoras, uno de los rostros más repudiados del país, como paso previo para encausar a toda la Mesa Nacional de HB por la difusión de un vídeo de propaganda de ETA dentro de los espacios electorales gratuitos de radio y televisión de que disponía la formación política. Baltasar Garzón abrió el paso para que el asunto terminase en el Tribunal Supremo, de donde salieron los políticos extremistas vascos rumbo a la cárcel. Poco tiempo pasaron entre rejas. El Tribunal Constitucional se apresuró a decidir su excarcelación con una sentencia construida *ex profeso* para que no desentonara con el ambiente político y social de esperanza que había marcado el anuncio de tregua de ETA.

Pero la osadía de Garzón dio lugar a que de inmediato

su nombre apareciera por las paredes de todo el País Vasco rodeado por una diana que le marcaba como objetivo de la banda criminal. Esas pintadas proliferarían también con la operación antiterrorista que culminó con el cierre del diario *Egin* y de la emisora Egin Irratia. El juez bloqueaba además todas las cuentas del grupo editorial abertzale y enviaba a la cárcel a sus responsables, acusados de mantener una publicación como instrumento de propaganda y logística al servicio de la banda armada. A las once personas que envió a prisión les acusó de estar integrados en ETA, de allegamiento de fondos a la organización terrorista, de alzamiento de bienes, de blanqueo de dinero y de delito fiscal.

Garzón fue el único que elevó a categoría judicial la idea que todo el mundo tenía en la cabeza, que *Egin* no era más que una herramienta del terrorismo, y fue también la única persona que se atrevió a meter en prisión a sus responsables. Según sus investigaciones, ETA-KAS contribuía económicamente al complejo *Orain-Egin*, que estaba completamente al servicio de la banda criminal. ETA marcaba sus líneas de actuación, elegía al director y a los responsables de comunicación. *Egin* advertía de acciones policiales, transmitía mensajes cifrados a los comandos, daba información sobre posibles objetivos terroristas, marcaba a policías, militares y guardias civiles para facilitar sus asesinatos y propiciaba las identificaciones de domicilios, matrículas y costumbres de políticos. Además, los ordenadores del diario estaban conectados con los de la cúpula terrorista para que los intercambios de información fueran instantáneos.

El golpe que asestó Baltasar Garzón contra el sistema de propaganda, finanzas y relaciones internacionales de ETA produjo de inmediato la puesta en marcha del engranaje mafioso de los etarras. La orden de matar al juez corría de boca en boca entre los terroristas juveniles de Jarrai y llegaba a los comandos operativos. La seguridad en torno al magistrado se incrementó. En apariencia, sus escoltas eran los mismos y los coches que utilizaba seguían siendo los blindados de siempre, pero una oculta operación policial se ocupaba de proteger más que de costumbre al titular del 5.

Baltasar Garzón había asestado un golpe a ETA como nunca ningún otro lo había hecho. Con toda probabilidad, la desarticulación del aparato de finanzas fue una de las razones que llevó a los criminales a promulgar la tregua. Un lapso de tiempo que aprovecharon para reorganizarse del tremendo impacto.

El arraigado sentido de la justicia del magistrado había actuado y había producido sus efectos. Garzón había trabajado día y noche, infatigable, con coraje. Pero, ¿qué había conseguido además? Una carga de publicidad y algo aún más importante, un lavado de su imagen pública.

Garzón acomete el caso *Egin* en un momento en el que su figura estaba muy marcada por haber llevado adelante el caso GAL contra la antigua cúpula del Ministerio del Interior. Y en ciertos ámbitos se comenta que, más que por razones jurídicas, parece que impulsa este caso para dejar constancia de que no estaba en contra de las fuerzas y cuerpos de seguridad del Estado. «Trabaja bien, tiene un gran coraje jurídico que no lo ha igualado hasta ahora nadie, pero su centro de gravedad es él y tiene en su personalidad un componente de vanidad unido a un sentido enorme de la oportunidad. Es muy astuto. Sabe en todo momento a qué columna aferrarse para quedar bien ante la sociedad», comenta un prestigioso abogado.

Su antiguo compañero, Javier Gómez de Liaño, es mucho más ácido en su crítica: «Sus actuaciones judiciales están marcadas en una buena proporción por su egolatría. Baltasar es un enfermo de protagonismo. No puede vivir sin ser un elemento de trascendencia social. Todos los asuntos que tiene en el juzgado los intenta rentabilizar para sí mismo. Él tiene una frase: "Hay que manejar los tiempos", y yo le preguntaba: "¿Qué tiempos?" "Los tiempos procesales", respondía. Era y es un experto en eso. Sabe cuándo los sumarios deben dormir en un cajón y cuándo deben despertar para generar conmoción en la opinión pública. Baltasar es un maestro en este arte.»

PUTAS, DROGAS Y COCHES DE LUJO

El juez también se ha destacado por los golpes asestados al narcotráfico internacional, traducidos en centenares de traficantes detenidos, toneladas de droga incautada y miles de millones de pesetas intervenidos.

Desde los primeros años de la década de los ochenta, las mafias del narcotráfico han tratado de atacar a Garzón de diversas maneras. Al ser un objetivo común de terroristas, narcotraficantes, e incluso de ciertos sectores de las fuerzas de seguridad del Estado y también del servicio secreto, el juez ha recibido un fuego cruzado procedente de todas las posiciones posibles. Amenazas, espionajes, escándalos, intentos de desprestigio... Siguiendo una línea mafiosa clásica que se repite desde la época de Al Capone, en reiteradas ocasiones se ha tratado de demostrar o de difundir públicamente que el juez se hallaba involucrado en negocios sucios, en tráfico de drogas y en escándalos de sexo y prostitución.

El plan de mayor envergadura para ensuciar el prestigio de Garzón es el denominado «Proyecto Veritas», que en su momento fue atribuido a la Dirección General de la Policía, aunque desde esta instancia siempre se negó cualquier relación con el dossier que circuló por todas las redacciones de Madrid. El supuesto autor material habría sido el inspector José V., un personaje calificado de «extraño» por sus compañeros, antiguamente destinado en la Comisaría General de Información, en donde reingresó después de más de diez años fuera del cuerpo por voluntad propia, tiempo durante el cual se dedicó a la investigación privada. Trabajó para la agencia norteamericana Kroll indagando supuestos intereses de Sadam Hussein en España. También trabajó para Javier de la Rosa y estuvo involucrado en investigaciones sobre Luis Roldán.

El dossier del «Proyecto Veritas» aseguraba que Garzón estaba relacionado con una organización de narcotraficantes a la que protegía a cambio de orgías donde corrían a discreción el alcohol, la cocaína y las prostitutas.

Un antiguo responsable policial dice que el «Proyecto Veritas» fue un intento de ensuciar a Garzón, que no llegó a nada. «Tan sólo contenía una serie de cotilleos y de guarradas que en cuanto nos llegaron se rompieron.»

Un compañero del juez de la propia Audiencia Nacional asegura que no puede por menos que reírse cuando escucha ese tipo de historias. «Yo he salido con él y hemos cenado y nos hemos divertido mucho y hemos ido con alumnos en ocasiones, con jueces y fiscales en prácticas incluso, y te puedo asegurar que nunca ha habido ni hay nada desaforado.»

Otro informe sobre actividades vergonzantes de Baltasar Garzón habría sido el realizado y publicado por antiguos integrantes de la Unidad Antidroga de la Guardia Civil que querían vengarse del juez.

Rumores sobre el juez, siempre injuriosos, salen cada pocas semanas. Uno de los sospechosos de haber emprendido actividades de espionaje mafioso contra Baltasar Garzón es el sirio Monzer Al Kassar, dueño de una enorme fortuna y relacionado con el Ministerio del Interior y con los servicios secretos españoles hasta el punto de que el propio general Emilio Alonso Manglano le visitó en cierta ocasión en su casa de Damasco. Al Kassar fue detenido por orden de Baltasar Garzón en junio de 1992 y acusado de haber proporcionado a un comando terrorista palestino las armas necesarias para secuestrar en 1985 el transatlántico italiano *Achille Lauro.*

El llamado «príncipe de Marbella», acostumbrado a los excéntricos lujos de su mansión El Mifadil, situada en plena *milla de oro* de la Costa del Sol, veía cambiados sus lujos asiáticos por una celda en el penal gaditano del Puerto de Santa María. Permaneció más de un año en prisión y pudo salir en libertad en 1995 tras pagar una exorbitante fianza de dos mil millones de pesetas. Fue finalmente absuelto de todo cargo por la Audiencia Nacional en enero de 1996.

Cuentan que Al Kassar salió de la cárcel cargado de ira contra el juez que le había metido entre rejas y que estaba dispuesto a todo con tal de aplicarle el «ojo por ojo».

Fue a por él en el terreno judicial presentando en 1993 una denuncia ante el entonces fiscal general del Estado Eligio Hernández. Los abogados del sirio, José Luis Sanz Arribas y Ernesto Díaz Bastién, entregaron al fiscal unos documentos sustraídos del despacho del juez y «recibidos misteriosamente» en el buzón de su despacho. En ellos se incluían manuscritos de Baltasar Garzón que, según ellos, podrían demostrar que el magistrado había incurrido en irregularidades durante la investigación de las actividades de Al Kassar. La denuncia fue rechazada por el fiscal de la Audiencia Nacional, Eduardo Fungairiño, quien consideró que no podía actuar con unos documentos que habían sido robados y que habían sido «enviados» a los abogados por alguien que se hacía llamar «El fantasma del Portón». Curioso nombre, que podía corresponder a alguien vinculado al restaurante y tablao flamenco El Portón, antigua propiedad de Mario Conde y establecimiento en alguna ocasión frecuentado por el juez, sus amigos y su mujer.

Uno de los antiguos defensores del multimillonario sirio aseguró que «eso de que Al Kassar espió a Garzón es un cuento chino. Es un disparate mayúsculo, una locura, una auténtica barbaridad. Al Kassar no tuvo nada que ver con el «Proyecto Veritas», todo son elucubraciones, y es que, además, aunque Al Kassar tiene mucho dinero no se gasta ni un duro en esas coñas.»

UN PLÁTANO EN LA CAMA

Pagados por Al Kassar, pagados por los servicios secretos o pagados por grupos de policías, lo que parece ser cierto son los «sustos» que algunos desconocidos, tras los cuales podrían haber estado elementos de la ultraderecha o sicarios a sueldo, dieron al juez. Hubo varios.

Uno se produjo cuando dos o tres hombres a bordo de un vehículo, se situaron en la calle donde está ubicado el chalecito adosado en el que vive el juez en la localidad madrileña de Pozuelo de Alarcón. Realizaron varias pasadas a velocidad lenta por delante de la casa e hicieron con la mano gestos de disparar. Algo nada serio que fue detectado por los servicios de vigilancia del magistrado, pero que cumplía perfectamente con el objetivo de «poner nervioso» a Baltasar Garzón al amenazarle, no ya en el entorno de su trabajo o de su vida social, sino en el entorno familiar.

Quizás el suceso más sonado fue el famoso «caso de la cáscara de plátano». Ocurrió el 18 de febrero de 1995. Unos desconocidos consiguieron entrar en la casa. No forzaron nada, no rompieron nada y no revolvieron nada. Cuando el matrimonio y los tres niños llegaron a la vivienda todo transcurrió con normalidad. Pasados diez días el juez recibió una extraña llamada en su despacho. Le alertaba de que habían entrado en su domicilio. «Si no lo crees —decía la voz de la persona que estaba al otro lado del hilo telefónico—, pregúntale a tu mujer si ha encontrado en el dormitorio, encima de la cama, una cáscara de plátano.» El juez llamó inmediatamente a Rosario y le preguntó. La respuesta fue afirmativa. Su esposa, al entrar a la habitación, había encontrado la cáscara. No le había dado importancia, podía haber sido cosa de los críos. En realidad era una típica señal de los mafiosos para decirle al juez que tuviera cuidado con lo que hacía, puesto que si habían conseguido entrar en su casa y darle así un primer aviso, también podían ir más allá si seguía molestándoles en sus sucios asuntos.

Baltasar Garzón preguntó a sus compañeros de la Audiencia sobre la posibilidad de presentar una denuncia por los hechos. Finalmente no lo hizo. Era demasiado difícil comprobarlos.

Un segundo incidente ocurrió el 14 de abril de 1995, dos meses después del «primer aviso». En esa ocasión, el juez se ausentó con su familia, cerró la puerta de la casa, sacó al perro al jardín y lo metió en su caseta. Al volver todo estaba en orden menos el perro que, curiosamente, ya no estaba en el jardín sino en el interior de la vivienda. Al revisar la cerradura el juez se dio cuenta de que tenía signos de violencia pero no por fuera, sino por dentro. De inmediato se presentó en la comisaría para poner una denuncia por allanamiento de morada. Tampoco en esta ocasión echó nada en falta. Todo estaba en orden y en su sitio. La Guardia Civil restó importancia al incidente y echó la culpa a la asistenta, posiblemente la única persona que había entrado en el domicilio en ausencia de la familia. En esta segunda ocasión el objeto de la «visita» habría sido el robo de parte del sumario del caso GAL, pero el juez, en previsión de cualquier cosa que pudiera ocurrir con el delicado y espinoso asunto, no lo dejó en su domicilio, sino que antes de irse de viaje con los suyos, al parecer a Jaén a ver a su madre, dejó los documentos en la caja fuerte de su despacho de la Audiencia Nacional.

Baltasar Garzón tomó toda clase de prevenciones. Estaba preparado además para otro tipo de ataque mafioso, el económico. Esperaba que surgiera contra él una acusación de haber recibido importantes cantidades de dinero a cambio de realizar actuaciones irregulares. Ya el propio Al Kassar denunció en su momento que habían tratado de cobrarle quinientos millones de pesetas por su libertad y el juez se *blindó* para encajar una acusación de este tipo. Realizando una de sus famosas actuaciones casi ajedrecísticas de anticipación a un posible ataque del oponente, dio aviso a su banco para que entregara al presidente de la Audiencia Nacional, Clemente Auger, una copia de los movimientos de sus cuentas y un detalle de su saldo. Además, le ordenaba a su entidad bancaria que cualquier cantidad de dinero que fuera ingresada a su favor se comunicara de inmediato a su jefe. Quería prevenir la técnica habitual de los mafiosos de meter enormes cantidades de dinero en las cuentas de una posible víctima para poder demostrar después una corrupción en realidad inexistente.

FIRMAS EN BLANCO Y OTRAS TRIQUIÑUELAS

Son de sobra conocidas las buenas relaciones entre Garzón y la Policía, un vínculo que ha servido para llevar a cabo espectaculares operaciones contra el narcotráfico y el terrorismo. Pues bien, la afición de Garzón a las grandes redadas ha sido aprovechada por la Policía y la Guardia Civil para dirigir hacia él operaciones de envergadura que podían tener dificultades en otros juzgados a la hora de plantear un operativo y a la hora de contar con las pertinentes autorizaciones. Los mandos policiales sabían que con Garzón todo iban a ser facilidades. En muchas ocasiones, la Comisaría General de Información de la Dirección General de la Policía o la Guardia Civil, o la Comisaria General de Policía Judicial dirigían las operaciones de más importancia hacia el Juzgado número 1 y sobre todo hacia el número 5.

«Esperaban a que estos jueces estuvieran de guardia para emprender las operaciones. De esta forma conseguían más fácilmente permisos de entrada y registros o intervenciones telefónicas», afirma Rafael Vera. De ser cierto, se habría roto el cumplimiento del principio legal al derecho a un juez indeterminado. «A Garzón se le mima en ese sentido porque es un hombre muy ególatra, con afán de protagonismo, aunque parezca que trata de quitarse de encima a los periodistas y a las cámaras, y la Policía explota esa cualidad. Los mandos policiales fomentan además multitud de comidas y encuentros con él. Reuniones muy a su estilo en las que parece que se está entre amigotes, bromeando, comiendo, bebiendo, diciendo burradas y demás, pero en las que en realidad lo que se está haciendo es recoger información sobre el personaje, sobre el juez en esta ocasión.»

Según el antiguo mando de Interior, los policías consiguen incluso que caiga en la comisión de graves irregularidades con las que facilitaba el trabajo de los agentes. «Tal es así —dice esta fuente— que hasta la Dirección General de la Policía posee órdenes en blanco de entradas y registro y órdenes en blanco de intervenciones telefónicas firmadas por Garzón para que se utilicen en operaciones de cierta envergadura y de determinado interés periodístico. Y esas órdenes en blanco firmadas de antemano por el magistrado se usan y se consigue gracias a ellas dirigir una investigación policial hacia un determinado juez instructor.»

Rafael Vera llegó a presentar denuncias sobre este uso en el juzgado de guardia, pero fue en vano. Los jueces las archivaron por falta de pruebas.

Algunos abogados han llegado a comentar que, en su empeño por perseguir a los delincuentes, Garzón ha llegado a utilizar informaciones obtenidas de manera poco transparente. Han sido datos que ha logrado, procedentes de testimonios, o de documentos, o de conversaciones grabadas, que si no le han sido de utilidad en el sumario que tramitaba, no las ha desechado, sino que las ha guardado; las ha reservado por si podían serle útiles en otras investigaciones o en otros casos futuros.

Las ha dejado en un cajón clasificadas como «diligencias indeterminadas», que podría retomar cuando más le conviniera.

En una de las ocasiones en las que se quiso demostrar que Garzón había hecho un uso parcial de grabaciones telefónicas fue en el famoso sumario por el caso Amedo, el primero de los sumarios del GAL que terminó con la condena a 108 años de prisión para los ex policías José Amedo y Míchel Domínguez. De ese juicio se recuerda que en los últimos días el fiscal del caso, José Aranda, pidió que se transcribieran una serie de intervenciones telefónicas que se habían realizado y que no se habían registrado. Por algunas de las partes, el hecho se interpretaba como que Garzón había ordenado una serie de *pinchazos* telefónicos que no incorporó al sumario porque no cuadraban con su hipótesis proclive a la incriminación de los dos acusados del caso. Se trataba de unas conversaciones entre Melchor Miralles e Inmaculada Gómez, la novia de José Amedo, en las que no quedaba claro si implicaba o no al ex subcomisario.

La práctica de las «indeterminadas» no cuenta con el apoyo del fiscal. Uno de ellos explica: «Desde antes de que Garzón llegara a esta Audiencia los fiscales nos opusimos a ellas; o sea, que si ha habido alguna y el fiscal no ha tenido conocimiento ha sido un fraude. La Fiscalía de esta Audiencia tan sólo apoya las "indeterminadas" si se mantienen por unos días para, en un caso muy concreto y según de lo que traten, ver quién es el órgano competente de una investigación en marcha, pero nunca para investigar a partir de ellas.»

Pero no es sólo Baltasar Garzón quien, en su ímpetu por conseguir pruebas contra el delito, utiliza este truco judicial. Numerosos abogados afirman que en la Audiencia Nacional «son muchos los jueces que guardan dossieres indeterminados por si acaso». Por ejemplo, se pide una intervención telefónica al juzgado de guardia y al cabo de un tiempo como consecuencia de aquel pinchazo se dice que se ha descubierto algo y entonces la competencia sobre el caso se puede reclamar y se tiene que dar a quien hizo la indeterminada. Es un truco común también para quedarse asuntos jugosos, o de mayor relevancia, o de más importancia periodística.»

No lo pasa nada bien Baltasar Garzón ante estas denuncias encaminadas, en ocasiones, a socavar su honorabilidad. Ya tiempo atrás, a principios de los años noventa, cuando recibió las primeras presiones por haber emprendido la investigación del caso Amedo y por haber osado apuntar al Gobierno socialista como máximo responsable de la guerra sucia contra ETA en una época en la que Felipe González gobernaba con mayoría absoluta y nadie se atrevía a hacerle frente, llegó a comentar que estaba cansado de tantos ataques y que no descartaba retirarse a una Audiencia Provincial. Acudió incluso al Consejo General del Poder Judicial y sondeó al presidente de la Comisión de Calificación, por entonces Ignacio Sierra, que tenía mucho peso en la designación de candidatos para determinados cargos, y sopesó con él las posibilidades que tenía de retirarse a un destino más cómodo, en concreto a Málaga o a Jaén. Con tono apesadumbrado explicó que tomaba esa decisión «sobre todo por Rosario, mi mujer, que ya no aguanta más esta vida con tantos sobresaltos y que me dice que quiere vivir con un poco de paz y de tranquilidad».

No llegó a concretar su petición. Su visita al Consejo quedó en un arrimarse a un hombro para desahogarse sobre él y dejar allí algunas penas. Se echó atrás y decidió seguir en su juzgado un poco más. Todavía se afirma con total seguridad que, si Baltasar Garzón se hubiera mantenido en su idea de marcharse de la Audiencia Nacional, hubiera sido designado para ocupar un importante cargo y en estos momentos estaría situado en las más altas esferas de la justicia andaluza.

¡GARZÓN HA COBRADO!

La eterna sospecha, el eterno escándalo judicial, siempre sin confirmar, es el relativo al presunto cobro por parte del juez de fondos reservados del Ministerio del Interior. Rafael Vera asegura que hubo un periodo en el que se destinaron al magistrado fondos del departamento para su manutención. Fue en la época en la que dejó la judicatura para dedicarse a la política. En ese momento, hubo un periodo de tiempo en el que el juez dejó de percibir su sueldo como magistrado y aún no cobraba como diputado, razón por la cual se asegura que llegó a percibir nada menos que 700.000 pesetas al mes de sueldo. «Cuando se estudió la necesidad que había de pagarle —indica Vera— se concluyó que lo más operativo era que el dinero saliera de los fondos reservados. La orden final de cobro la dio Narcís Serra. Pero es que, no sólo se tomó esta medida con él, sino que a su compañero, Ventura Pérez Mariño, también se le pagó. En total percibieron al mes un millón y medio de pesetas, ya que además de las setecientas mil que se les daba a cada uno, también se les pagaba con cien mil pesetas más el alquiler de un despachito que tenían.» Denuncias, sí. Documentos que lo demuestren, ninguno.

Baltasar Garzón no quiere ni oír hablar de este asunto. Lo aborrece. Se niega a comentar ni una sola palabra respecto a él. Su antiguo compañero de viaje, Pérez Mariño, que también salió escaldado de su experiencia política con el PSOE, responde de una manera más visceral cuando se le pregunta. «Todo eso es absolutamente falso», se apresura a decir el ex juez, que ahora lleva una vida más relajada en su despacho de abogados en Lugo. «En primer lugar, he de decir que ni Baltasar ni yo tuvimos ningún despacho en Madrid. Trabajábamos en las dependencias del Partido Socialista. Yo sólo recibí en aquel tiempo 500.000 pesetas para dietas y gastos durante la campaña electoral y creo que Baltasar percibió la misma cantidad.»

Con indignación y claramente incómodo con las preguntas respecto al asunto, Pérez Mariño no duda en ofrecer muchas más precisiones para apartar todo tipo de sospechas. «En mi declaración de Hacienda de 1994 reflejé absolutamente todo lo percibido el año anterior y, naturalmente, no existía ningún ingreso mensual de 700.000 pesetas. Además —precisa—, puse en conocimiento del fiscal general del Estado el rumor que se corrió entonces de que recibíamos ciertas cantidades de dinero y le indiqué que investigara el asunto para eliminar así toda duda.»

Sobre este aspecto, al día de hoy, no existe en la Fiscalía General ningún documento que certifique que se iniciaron esas averiguaciones y que concluyeron con pruebas favorables a Ventura Pérez Mariño. Quizás el expediente, si es que se llegó a abrir, terminara archivado por el fiscal Eligio Hernández o Carlos Granados, o quizás aún duerma en el cajón de algún despacho del bonito edificio del Paseo de la Castellana.

Combativo, como siempre, el ex ministro José Luis Corcuera, conocedor de las intimidades de este asunto, deja una sombra de duda en torno a él. No se pronuncia ni a favor ni en contra... de momento: «Yo a Garzón no le di nunca fondos reservados durante mi mandato, ni para que él los disfrutara ni para que los gastara. Pero otra cosa bien distinta es lo que pudo ocurrir en 1993. Eso no tiene nada que ver conmigo y no quiero hablar de ello. Supongo que pasó un tiempo muerto en el que no cobró su sueldo como juez, pero no quiero hablar de eso. Que lo explique él. Yo lo diré en su momento, cuando no tenga más remedio. Sé perfectamente qué pasó y cómo fueron las cosas, pero no, ahora no quiero decirlo.»

No es ésta, ni mucho menos, la primera vez que se hace público que Garzón ha cobrado dinero de los fondos reservados, cuya mala utilización él tanto ha perseguido. Pero de hecho, tanto el juez como otros compañeros suyos de la Audiencia Nacional, magistrados y fiscales, recibieron ingresos extras durante mucho tiempo, aunque su origen no está claro. Las primeras cantidades procedentes del Ministerio del Interior se materializaron a raíz del asesinato de la fiscal Carmen Tagle y de las nuevas medidas de seguridad que se tomaron entonces en torno a jueces y representantes del Ministerio Público.

Un ex encargado de la seguridad de los juristas que trabajaban en la Audiencia Nacional recuerda que cuando se planteó el problema de la falta de seguridad de los jueces y fiscales y de la conveniencia de incrementar las medidas de prevención ante posibles atentados, uno de los factores a tratar que se pusieron sobre la mesa fue el hecho de que se tenía que proteger a personas que no sólo salían de su casa e iban a su trabajo y después volvían, sino que se debía dar cobertura a unos personajes que además se desplazaban a la Universidad para dar clases y conferencias, que iban de viaje y que incluso salían con cierta frecuencia al extranjero.

Entonces decidieron darles una escolta activa. Pusieron a su disposición un coche blindado y dos policías. Pero además, les plantearon la posibilidad de reducir sus movimientos por las tardes, en horarios fijos y a sitios fijos. Naturalmente, jueces y fiscales explicaron que si iban a dar clases y conferencias era porque eso les reportaba un beneficio, unos ingresos al mes. Entonces acordaron que si ellos no iban a las clases, Interior les daba una gratificación. Esa medida le salía al Ministerio más económica que la seguridad activa, porque no tenían que dedicar un personal de forma exclusiva para la protección de los magistrados y de los fiscales veinticuatro horas al día. Algunos aceptaron esta solución y durante algún tiempo se les entregaron 250.000 pesetas al mes para compensar esa falta de ingresos. Baltasar Garzón fue, según la versión de este informante anónimo, uno de los jueces que recibió ese dinero.

Para incrementar aún más la seguridad, el Ministerio del Interior se prestó a realizar obras en las casas de quienes plantearon vivir en determinados lugares más expuestos que otros a un posible atentado.

«Baltasar Garzón fue también una de esas personas, y a costa del presupuesto del Ministerio se le hicieron obras para incrementar la protección. Se le pusieron cristales blindados, cámaras de circuito cerrado y él además aprovechó y planteó que tenía que hacer unas reformas en la terraza, en la cocina y en algún lugar más y de paso también se le hicieron esas obras con cargo a los mismos fondos reservados.»

Pero el juez no fue el único que realizó reformas. La medida no fue exclusiva para aquellos jueces que trabajaban en la Audiencia Nacional, sino que también se aplicó a los magistrados del Tribunal Supremo y del Tribunal Constitucional. Un fiscal recuerda que a su casa también fueron los del Ministerio del Interior. Hicieron un estudio y realizaron las reformas. Colocaron cristales blindados y también cámaras de seguridad. «Creo recordar que a Garzón también le pusieron esas cámaras y me parece que tuvo algunos problemas con los vecinos porque con ellas se captaba a las señoras en la piscina y se quejaron. En fin, ese tipo de anécdotas.»

Un ex alto cargo de Interior se queja de que en aquel tiempo nadie dijo que pagar esas reformas con cargo a los fondos reservados fuera ilegal. «Lo podían haber dicho, pero no lo dijeron y seguro que tampoco lo declararon a Hacienda. Se produjo entonces una situación sorprendente porque a todos los responsables del Ministerio y a quienes se beneficiaron de las medidas puestas en práctica les pareció bien y razonable todo lo que se hacía. Y era lógico, porque siempre se habían usado fondos reservados para cosas como ésas. Eran razones de seguridad, y qué mejor motivo que mejorar la de los magistrados.»

Desde la antigua cúpula de Interior se asegura asimismo que todos los meses se destinaba una cantidad de los fondos reservados a la presidencia de la Audiencia Nacional al margen de lo que se entregaba a los jueces y fiscales. «Eso fue en tiempos del presidente Mendizábal e incluso del actual presidente, Clemente Auger. Se daban dos millones de pesetas todos los meses con los que supongo que se pagarían gastos propios de la Audiencia.»

Desde las altas instancias del órgano judicial se reconoce que periódicamente llegaron cantidades de dinero procedentes de Interior, para pagar comidas y dietas a policías. Porque si los agentes iban con un juez y éste, por el motivo que fuera, se sentaba a comer en un restaurante de cinco tenedores, ellos no tenían suficiente con su dieta para pagar la comida. Una comida que debían tomar para poder estar así al lado del juez. «Y ese dinero se recibía para eso, aunque nosotros, en la Audiencia, no sabíamos de dónde venía, si de fondos reservados o de dónde. Era un dinero del Ministerio del Interior y punto.»

Lo que se niega categóricamente es que los jueces o los fiscales recibieran cantidades extras para añadir a sus sueldos. «Yo puedo asegurar que Baltasar Garzón nunca ha recibido gratificaciones del Ministerio del Interior», afirma con rotundidad un alto cargo de la Audiencia. «¿Pero es que tú te crees —pregunta con indignación— que si las hubiera recibido no se habrían publicado ya con detalle y con pruebas? ¡Con lo que son éstos! Pero nadie ha aportado nunca pruebas de nada. Todo son habladurías. En la Audiencia Nacional se ha recibido dinero, claro, pero siempre se ha tenido un control exhaustivo sobre él.»

EL SUPOSITORIO DE LOS GAL

Las cantidades de dinero de los fondos reservados que se entregaban, según alguno de los antiguos responsables ministeriales, llegaban también a todas las audiencias provinciales para que pagaran los funcionamientos de las comisiones provinciales y territoriales de Policía Judicial. La propia Comisión Nacional, que presidía Pascual Sala como presidente que era entonces del Tribunal Supremo, y de la que formaban parte además el fiscal general del Estado, los dos ex ministros de Justicia e Interior, Enrique Múgica y José Luis Corcuera, el vicepresidente del Consejo General del Poder Judicial, el secretario de Estado para la Seguridad y un magistrado del Supremo, aprobó que se utilizasen fondos reservados para pagar las clases de la Escuela de Estudios Judiciales, que dirigía Carlos García Valdés y que depende del Ministerio de Justicia.

Allí se impartía formación a los miembros de las unidades orgánicas de Policía Judicial.

«Esas clases se pagaron y los recibos los firmó Carlos Granados, que era el secretario de la Comisión de Policía Judicial antes de ser fiscal general del Estado y existen recibís de hasta quince millones de pesetas por el pago de esas clases. Y eso ha salido todo de los fondos reservados y no ha pasado nunca nada. Yo lo he dicho siempre, los fondos reservados han servido de vaselina para el supositorio de los GAL», afirma Rafael Vera.

El 21 de octubre de 1999, el escándalo de los fondos reservados y su posible percepción por parte de miembros de la Audiencia Nacional vuelve a saltar a las páginas de todos los periódicos y a los titulares de todos los informativos.

El abogado Jorge Argote, asesor del Ministerio del Interior y antiguo imputado en la investigación que sobre el presunto uso irregular de los fondos reservados realiza la jueza de Plaza de Castilla, Carmen Valcarce, entrega a la magistrada varios documentos. Unos papeles que dice haber recibido de forma anónima en su despacho y que, advierte, desconoce si son verdaderos. En ellos se indica que la Secretaría de Estado para la Seguridad entregó dinero procedente de los fondos reservados al fiscal de la Audiencia Nacional, Ignacio Gordillo, al magistrado del Tribunal Supremo y ex fiscal general del Estado, Carlos Granados, y al abogado que prestó sus servicios en el «caso Ucifa», Francisco Escobar.

Argote pedía que declararan ante el juzgado estas personas para que dieran explicaciones sobre esos papeles, «aparecidos en el buzón de mi despacho sin matasellos, ni destinatario, ni remitente». Se trataba de siete documentos. Tres de ellos se referían a supuestos pagos realizados por la Secretaría de Estado para la Seguridad a Ignacio Gordillo, con fechas 18 de marzo, 16 de febrero y 8 de julio de 1993. En cada uno de los recibos se leía: «He recibido de la Secretaría de Estado para la Seguridad la cantidad de 280.000 pesetas correspondientes a las clases impartidas.»

Otro de los documentos era una carta con membrete oficial de la Comisión Nacional de Coordinación de Policía Judicial, firmada por Carlos Granados Pérez con fecha 14 de enero de 1992, en la que se decía: «He recibido de don Pedro García Juarranz, vocal asesor de la Secretaría de Estado para la Seguridad, la cantidad de dos millones de pesetas para los gastos de las comisiones provinciales de coordinación de la Policía Judicial.»

Existían otros dos recibos de fechas 2 de mayo y 18 de diciembre de 1992, que llevaban los sellos de la presidencia de la Audiencia Nacional y de la Secretaría de gobierno del órgano judicial, cada uno de ellos por dos millones de pesetas.

Un último recibo por cinco millones de pesetas y fecha de abril de 1992 era una fotocopia, no un original como los anteriores, de un supuesto pago de la Secretaría de Estado para la Seguridad al letrado Francisco Escobar por los honorarios profesionales correspondientes a la defensa de los agentes de la Guardia Civil implicados en el sumario 9/92.

Los documentos podían ser verdaderos o falsos, pero a juicio del abogado Jorge Argote ponían de manifiesto unas actividades «legítimas y sin relevancia penal, e incluso encomiables como defender a miembros de las Fuerzas de Seguridad, darles clase y coadyuvar al funcionamiento de las instituciones».

Estos papeles sirvieron además para que los supuestos perceptores del dinero procedente de los fondos reservados explicaran muchos detalles sobre ellos.

Al día siguiente de que Argote presentara ante el juzgado los papeles que de forma tan misteriosa había recibido, todos los allí mencionados saltaron a la palestra. Ignacio Gordillo se apresuró a decir que en los diecinueve años que llevaba en la Audiencia Nacional, ni él ni ningún otro compañero del Ministerio Público había cobrado «jamás» ningún dinero de la partida de fondos reservados del Ministerio del Interior. Atribuyó las noticias aparecidas el día anterior a una campaña de desprestigio y precisó que lo único que había cobrado de la Secretaría de Estado de Interior fueron dieciocho conferencias y cursos que impartió durante 1993 y 1994 a policías y guardias civiles por los que percibió 60.000 pesetas por cada uno.

El veterano fiscal de la Audiencia, que coordinaba entonces estas actividades, admitió que otros jueces y fiscales de su mismo órgano judicial también habían recibido ese mismo dinero, unas cantidades que, según sus palabras, desconocía de dónde procedían, «porque nunca lo pregunté. Lo normal es que hubiera salido del presupuesto para enseñanza del Ministerio del Interior, pero me limité a firmar el recibí y declaré a Hacienda el concepto del ingreso». De igual forma, precisó que incluso a finales de 1999 aún no había cobrado el dinero de las conferencias impartidas en la Guardia Civil porque en aquella época, durante el mandato de Luis Roldán, la situación del cuerpo no era muy buena. El fiscal guarda en su despacho los documentos que especifican las conferencias impartidas, dónde se dieron y a quién.

Carlos Granados también salió al paso para explicar el uso de las cantidades presumiblemente procedentes de los fondos reservados que fueron entregadas a la Comisión Nacional de Coordinación de Policía Judicial. El también antiguo fiscal general del Estado detalló que cuando fue secretario de la mencionada Comisión Nacional, entre 1987 y 1992, el Ministerio del Interior sufragó los gastos de funcionamiento y que todos los abonos realizados están perfectamente documentados. Granados explicó cómo «todas las cantidades que facilitaba el Ministerio, fijadas en un acta anterior redactada al efecto, se ingresaban inmediatamente en la cuenta que la Comisión tenía abierta para hacer frente a dichos pagos, estando perfectamente documentado en los libros los gastos que hubo, desde la primera hasta la última peseta». «Desconozco —añadió— la partida del Ministerio del Interior de la que procedían dichos abonos, pero ni una sola peseta de esas entregas dejó de ser ingresada en la cuenta que tenía la Comisión.» Carlos Granados añadió además que, como secretario que era, le parecía muy lógico que su firma apareciera en el recibí de un documento como perceptor de dos millones de pesetas destinados a «unos gastos perfectamente justificados».

HABLA LA AUDIENCIA

Muy pocas veces a lo largo de su historia ha emitido la Audiencia Nacional comunicado alguno para hacer frente a comentarios o acusaciones, pero el asunto de los fondos reservados es tan espinoso, que en cuanto la presidencia del órgano judicial tuvo constancia de que se le había nombrado, se apresuró a salir al paso y a dar su versión de los hechos.

La Secretaría de gobierno aseguró en una rotunda y extensa nota de prensa, también un día después de que Argote hiciera pública su «supuesta revelación», que ningún magistrado, fiscal o funcionario de este tribunal ha sido destinatario del dinero que la Secretaría de Estado para la Seguridad entregó entre 1991 y 1995 a esta sede judicial. La nota insiste en la conocida tesis de que «el dinero tuvo como único fin indemnizar a los escoltas por los gastos que tenían que hacer para el cumplimiento de su función y las partidas se destinaban al pago de comidas, desplazamientos y hoteles de los agentes en misión de escolta, con objeto de que el funcionario de la Policía no sufriera ningún quebranto económico por su trabajo, dado que las dietas que percibían no eran suficientes a tal efecto».

La nota del órgano judicial hacía incluso historia de los hechos y seguía explicando que la Audiencia Nacional empezó a recibir dinero de la Secretaría de Estado para la Seguridad a partir del asesinato de la fiscal Carmen Tagle y como consecuencia de la implantación de un nuevo y más completo sistema de escoltas para la protección de fiscales y magistrados. Se añadía que a partir de septiembre de 1991 es cuando esta Secretaría de gobierno se hace cargo de la administración de estas cantidades, que en ningún momento han servido para otros fines que los anteriormente expuestos, habiéndose contabilizado debidamente y existiendo facturas y comprobantes que así lo acreditan.

Esas facturas se guardan en varios tomos en un despacho de la cuarta planta junto a un libro de contabilidad en el que figuran todas las anotaciones, la primera de las cuales lleva fecha de 17 de septiembre de 1991 y la última de 3 de agosto de 1995. Algunas fuentes jurídicas explicaron además que la Audiencia Nacional solicitaba el dinero cada dos o tres meses, a medida que lo iba gastando, y las entregas eran normalmente de un millón de pesetas, siempre en metálico, en billetes del Banco de España, y el acuse de recibo se hacía estampando un sello de la Secretaría de gobierno. En ocasiones, los fondos se entregaban en la Audiencia Nacional, mientras que otras veces era la persona encargada de su administración en el Tribunal la que se desplazaba a la sede del ministerio para recogerlo. El sistema se instauró cuando era secretario de Estado para la Seguridad Rafael Vera, quien además les advirtió «no tiréis una sola factura, que esta contabilidad hay que llevarla a la perfección». Después la práctica siguió en las etapas de Antoni Asunción y de Juan Alberto Belloch al frente del Ministerio del Interior.

La Audiencia Nacional ha insistido una y otra vez en que nunca supo si el dinero venía de la partida de fondos reservados y ha reiterado que se limitaban a administrar las cantidades recibidas, un dinero que venía de la Secretaría de Estado para la Seguridad y que tenía como destinatarios a funcionarios de esa misma secretaría, a los conductores y a los escoltas de los jueces y fiscales.

Al tener conocimiento del contenido de la nota de prensa y de que toda percepción extra se justificaba por el sobregasto de las dietas de los agentes para que pudieran comer y dormir cerca de las personas a las que custodiaban, hechos que, se decía, podían demostrar con documentos, el ex ministro del Interior, José Luis Corcuera, tuvo una curiosa reacción. Saltó bruscamente para decir que no compartía en absoluto esa teoría, y se preguntaba: «¿Qué hacen los policías comiendo en el mismo restaurante que un juez? Es más, ¿qué hacen comiendo cuando lo que tienen que hacer es estar vigilando? No lo comprendo. O ¿qué hacen en el mismo hotel cuando lo que tienen que hacer es dejar a quien escoltan y quedar con él después a una determinada hora? No me creo esa versión que da la Audiencia Nacional sobre la utilización que daba a los fondos reservados: No me la creo.»

CAPÍTULO DOCE

GARZÓN SUPERSTAR

Escuchaba música clásica. Era una forma de relajarse, o al menos de intentar estar tranquilo ante lo que iba a suceder. En pocos minutos, el juez Roland Bartle, del londinense Tribunal Metropolitano de Bow Street, iba a hacer pública una decisión que marcaría, como nunca lo había hecho ninguna otra, el prestigio y el futuro de Baltasar Garzón. El juez Bartle, de ideología conservadora, miembro de una sociedad patriótica y con fama de simpatizar con Margaret Thatcher, iba a anunciar su decisión sobre si el general Augusto Pinochet, de 83 años, detenido en Londres desde el 16 de octubre de 1998 por orden del magistrado titular del Juzgado Central de Instrucción número 5 de la Audiencia Nacional, podía ser extraditado a España para comparecer ante la justicia por las terribles torturas y asesinatos cometidos durante su mandato dictatorial.

Baltasar Garzón acababa de colgar el teléfono. Había estado charlando con un amigo. Habían hablado de toros, de lo bien o mal —para el juez siempre bien— que lo había hecho Curro Romero en su última corrida. Después había puesto la radio. Como él, también los funcionarios de su juzgado estaban nerviosos y pendientes de las noticias. El magistrado trataba de concentrarse en los papeles que tenía sobre la mesa y de hacer como si nada pasara, pero no le era posible. Por su cabeza rondaba de forma persistente el nombre del viejo general tirano que esperaba la decisión sobre su suerte en su reclusión de lujo de la capital inglesa. Eran las doce menos cuarto del mediodía del 8 de octubre de 1999.

Los nervios crecían a medida que se acercaba el momento. En las redacciones de los principales medios de comunicación del mundo se estaba pendiente de lo que iba a suceder. Todo estaba preparado para que los enviados especiales realizaran conexiones en directo para sus radios y televisiones y para que los medios escritos pudieran comenzar a elaborar las páginas especiales sobre la sentencia de extradición.

En Chile, defensores y detractores de Pinochet, pese a lo avanzado de la madrugada, se habían concentrado en las sedes de las asociaciones ciudadanas y en los locales de la Fundación Augusto Pinochet para enterarse por la televisión de lo que iba a ocurrir.

Todas las miradas estaban en Londres, todos los oídos atentos a las palabras que se iban a escuchar; todos los nervios, a flor de piel.

A la hora señalada, con tópica puntualidad británica, el juez Roland Bartle entró de forma ceremoniosa en la sala del tribunal y comenzó a exponer los términos de su sentencia. Poco antes, una funcionaria había pedido que se apagaran los teléfonos móviles y había repartido fotocopias de la decisión judicial entre los abogados; más tarde sería el turno de los periodistas y los familiares de víctimas que se agrupaban en tres salas. La secretaria dio primero una copia al abogado defensor de Augusto Pinochet, Clive Nichols, representante de uno de los más prestigiosos despachos de Londres; a continuación otra al letrado de la acusación, Alun Jones. La emoción era máxima. Dos mujeres chilenas sentadas junto a miembros de Amnistía Internacional rezaban con un rosario entre las manos. Los periodistas llegados de todo el mundo fijaron su atención en Alun Jones, el representante en Gran Bretaña de los intereses de la justicia española para el caso Pinochet. Jones era y es una institución en casos de extradiciones; sus obras sobre esta materia están consideradas como auténticas *biblias* y siempre defendió que se debía acceder a los deseos de España sobre la entrega del anciano general chileno.

El abogado cogió los papeles con parsimonia y fue directamente a leer la parte dispositiva. Los informadores detectaron una leve sonrisa en su rostro y una respiración algo más profunda de lo normal. Miró hacia los reporteros e hizo una casi imperceptible señal que había sido pactada con anterioridad. Había buenas noticias.

El juez comenzó a leer su sentencia. Bartle no entraba a valorar si Pinochet era culpable o inocente de los delitos de torturas, asesinato, genocidio y terrorismo de los que le acusaba el juez Garzón, eso, cuando llegara el momento, sería competencia de los tribunales españoles. Él había analizado los argumentos a favor y en contra y había tomado una decisión. Los periodistas estaban ansiosos por transmitir la información, pero no podían hacerlo aún, tenían prohibido salir de la estancia hasta que su señoría pronunciara su última palabra.

En España, la primera noticia saltó en Radio Nacional. Carlos Herrera había alterado su programación para comenzar una emisión especial. La primicia sentó como un cubo de agua fría en la madrileña Puerta del Sol. Allí, como siempre que se habían producido hechos relevantes en torno al caso, estaban reunidos cientos de familiares y amigos de víctimas del ex dictador. Con la atención puesta en la radio escucharon un «No». Carlos Herrera anunciaba que Londres no concedía a España la extradición. Las miradas de los concentrados se cruzaban incrédulas, los labios y los puños se apretaban. No era posible. No podía ser.

—¡Espera, espera! Vuelven a hablar. Hay un teletipo de la agencia France Press que acaba de saltar. ¡Sí! ¡Sí! ¡Sí! ¡Ganamos compañeros! ¡Nos traen para España al chacal! ¡Londres concede la extradición!

En la Puerta del Sol todo se transformó entonces en abrazos, besos y lágrimas.

—¡Vamos Chile, caramba, que Chile no se rinde, caramba! —se oía cantar.

«¡Mamá! ¡Mamá! ¿Me escuchás? Sí, ya sé que te desperté. Mirá, mamá, le traerán para España, ya sabes. Bueno, seguí durmiendo ya tranquila.» «Era mi mamá —cuenta una señora de algo más de cuarenta años a un periodista—, como ahora allá en Chile es de madrugada se quedó viendo la tele para escuchar la noticia pero al fin no aguantó y se durmió. Ahora está muy tranquila. Para ella ha sido una gran noticia. Perdió a tres hijos durante la dictadura. Fueron torturados y nunca más supo de ellos. Eran mis hermanos.»

En un rincón, el abogado argentino Carlos Slepoy, acusador en el caso Pinochet, está textualmente enterrado bajo las cámaras y los casetes de los informadores. Un reportero se acerca para preguntarle. No le deja hablar. Le estrecha entre sus brazos y le da un beso fuerte, un abrazo y unas palmaditas en el cuello. «Qué bueno, Miguelito, ¿eh?, qué bueno.»

A poca distancia de allí, Baltasar Garzón, en su despacho del segundo piso de la Audiencia Nacional respira aliviado y muy satisfecho. Trata de disimular, pero el brillo de los ojos le delata. Está radiante. Ha conseguido muchas cosas. Proyección internacional como juez y la razón de la justicia. Además, ha hecho realidad por vez primera unos conceptos de Derecho Internacional sobre la tortura y el genocidio que hasta entonces sólo habían estado plasmados en las teóricas páginas de los libros.

Quienes le conocen dicen que no estaba encumbrado. Tenía una satisfacción personal equiparable al gran plus de dedicación personal que había empleado en este asunto. Otro juez no habría tenido tanto tesón, tanta firmeza. Habría hecho su trabajo y lo habría hecho convencido de que eso era lo que jurídicamente se debía hacer, pero seguramente no le habría robado tantas horas a los fines de semana y a su familia. «No hubiera hecho, como Garzón —dice un fiscal—, un auto de trescientos folios en sólo setenta y dos horas. Ésa es una característica del juez que no comparten, no ya los otros magistrados de la Audiencia Nacional, sino en general los de toda España. Esa dedicación personal, ese sacrificio humano es un rasgo de él que nadie puede negar. Incluso desde la Fundación Pinochet se ha llegado a decir, qué mala suerte hemos tenido de que sea un juez tan trabajador. Y es cierto.»

Al día siguiente el letrado Carlos Slepoy le vio en el juzgado, «y como siempre, fue más allá». Hizo un comentario:

«Ahora se complican más las cosas, porque desde este momento todos debemos estar a la altura de esta decisión de Londres. Hay que encarar aún más el proceso y seguir adelante.»

Ése era ya su talante desde el mismo momento de escuchar la sentencia favorable a la extradición. Salió del despacho. Fuera le esperaban algunos de los quince o veinte habituales periodistas de tribunales que informan permanentemente de los casos de la Audiencia Nacional. Pasó ante ellos con rapidez, orgulloso, con una sonrisa de medio labio y andar firme.

—Baltasar, ¿qué te ha parecido la sentencia?

No dijo nada. Subió directamente a la cuarta planta, al despacho del presidente de la Audiencia Nacional, Clemente Auger. Quería informar a su jefe, quien, aunque le había puesto muchas trabas y le había planteado multitud de incógnitas sobre el caso Pinochet, siempre, desde hacía años, había estado a su lado manifestándole su apoyo y simpatía. Era una visita que culminaba un proceso.

Antes, Baltasar Garzón había acudido al mismo despacho en innumerables ocasiones, muchas de ellas para hacer consultas jurídicas acerca de los pasos que iba a dar.

El asunto Pinochet planteaba un auténtico problema institucional a la presidencia de la Audiencia Nacional. Preocupaba mucho porque era una cuestión jurisdiccional que tenía repercusiones sobre el Estado. Los magistrados sabían que se tenía todo el derecho a ponerlo en marcha, era correcto, pero tenía repercusiones fuertes. Los jueces no veían problemas en que un auto de procesamiento se revocara, o en que una petición del fiscal no procediera; eso entraba en el ámbito de los recursos, pero una decisión de tal calibre como la de extraditar a Pinochet por sus torturas y por sus asesinatos, una cuestión de tanta trascendencia, había que meditarla muy bien. El prestigio de la justicia española estaba en juego. No querían iniciar un caso tan importante para perderlo. Si Inglaterra no daba la razón a España, la situación de la jurisdicción española quedaría en el mundo del Derecho Internacional desairada y en muy mal lugar.

Era curiosa la reflexión que se hacían ciertos magistrados. Los jueces no habían firmado el Convenio contra la Tortura, lo habían firmado, como corresponde, los políticos: Felipe González, Margaret Thatcher y Augusto Pinochet. Los jueces no habían hecho la Ley Orgánica del Poder Judicial, la habían hecho los políticos. Pero, ¿qué ocurría?, que cuando trataban de aplicar estas leyes, al final, se encontraban con muchos problemas.

Garzón no estuvo mucho rato sentado ante la mesa del presidente Clemente Auger, tan sólo el tiempo necesario para informarle y para felicitarse mutuamente. Después bajó en el ascensor, recogió sus cosas y se dispuso a marcharse. Los periodistas volvieron a abordarle en la puerta. Los ignoró, calló y siguió andando. Ese día, el juez se esforzó más que nunca en evitar exteriorizar sus sentimientos. Unos pasos más adelante, tan sólo a unos metros de la puerta de su despacho, se detuvo e hizo algunas consideraciones jurídicas.

—Si Pinochet está tan enfermo como dicen sus abogados defensores —explicó con el rostro encendido y sin poder disimularlo—, creo que no deberían recurrir, porque entonces alargarían el proceso y eso iría en contra de la salud de su cliente. Creo que deberían aceptar la sentencia favorable a la extradición y, tal y como indica la ley, dejar el caso en manos del ministro del Interior, Jack Straw, para que él diga la última palabra.

—Bueno, Baltasar, ¿pero tú cómo te sientes? Porque esto te habrá sentado muy bien, digo yo —preguntó una periodista.

—Mirad —respondió con su característica voz aguda—, yo no puedo decir nada al margen del procedimiento judicial. Me vigilan con mil ojos y si dijera «qué contento estoy o algo así», los abogados de Pinochet me saltarían al cuello y tratarían mis palabras como una prueba de que soy un juez parcial o un prevaricador y podrían utilizarlas como nueva arma para echar abajo el proceso. Sólo os digo que el abogado Alun Jones, que actuaba como fiscal del caso, me ha llamado y me ha comunicado el fallo judicial y nada más. Ya sabéis, sobre preguntas personales no respondo *na*.

Salió de la Audiencia. En la puerta principal le esperaba su coche oficial azul oscuro y sus escoltas. Abrió el maletero para dejar las carpetas y portafolios que llevaba, entró en la parte trasera del automóvil y se marchó, como cada día, por la calle de Génova hacia abajo, hacia la Plaza de Colón.

QUE 20 AÑOS NO ES NADA

Atrás habían quedado tres años de intenso trabajo que comenzaron cuando el 28 de marzo de 1996, Carlos Castresana, de la Unión Progresista de Fiscales, presentó la primera de las dos denuncias y posteriores querellas contra los responsables de las desapariciones de detenidos políticos.

Baltasar Garzón admitió a trámite la relativa a las juntas militares de Argentina entre 1976 y 1983 por la desaparición de 600 españoles e hijos de españoles. También el titular del Juzgado Central de Instrucción número 6 de la Audiencia Nacional, Manuel García Castellón, admitió la presentada contra los responsables de la dictadura chilena de 1973 a 1990 por la desaparición de cerca de 3.000 personas.

A los acusados, entre ellos Augusto Pinochet, el ex mandatario argentino Leopoldo Galtieri y el ex almirante Emilio Eduardo Massera, se les imputaba haber cometido genocidio, terrorismo y crímenes contra la humanidad, unos delitos que nunca prescriben, según establecen diversas normas de Derecho Internacional invocadas reiteradamente por ambos jueces.

El 24 de marzo de 1996, cuatro días antes de la presentación de la primera de las querellas, se había cumplido el vigésimo aniversario del golpe militar en Argentina. Un aniversario que fue muy señalado y en el que se produjeron grandes movilizaciones con cientos de miles de personas en las plazas repudiando la dictadura y pidiendo el fin de la impunidad.

A la vez, en Madrid y en Barcelona, emigrantes argentinos habían organizado un festival contra la impunidad, una exposición de cuadros y, junto a Amnistía Internacional, la Asociación Pro Derechos Humanos y la Unesco, celebraron en la sede del parlamento Europeo un seminario en el que se planteó la necesidad de que se llevara a cabo la idea de la justicia universal para perseguir los crímenes cometidos por las dictaduras del Cono Sur americano. Se trató el asunto de manera teórica y se cuestionó si el artículo 23.4 de la Ley de Enjuiciamiento Criminal podía posibilitar esa acción.

«De pronto —recuerda el abogado Carlos Slepoy— apareció en los periódicos muy, muy destacado, "Denuncia por genocidio y terrorismo contra la dictadura militar argentina." Yo bajaba del despacho para montarme en el coche, leí eso y me paralicé. Volví al despacho para ponerme a buscar a la persona que había presentado la querella, un tal Carlos Castresana, a quien no conocíamos.»

El letrado sólo sabía que era miembro de la Unión Progresista de Fiscales y se puso a buscarlo como loco. En ese momento ignoraba que también el fiscal estaba buscando a ciudadanos argentinos que pudieran facilitarle datos para su denuncia. Dos días más tarde se encontraron por casualidad. El padre de un joven argentino que había ido al mismo colegio que Carlos Castresana propició el encuentro.

—Lo primero que quiero que me cuentes —dijo Slepoy con gran entusiasmo— es cómo se te ocurrió esto.

—Mira, había que hacerlo. Estuve viendo en televisión unas imágenes de las movilizaciones en Argentina con motivo del aniversario del golpe militar y a mí el asunto de las Madres y de las Abuelas de Mayo, sinceramente, siempre me ha conmovido mucho. Pensé que desde la justicia española no se había hecho nunca nada y que nuestra ley ofrece las posibilidades para perseguir esos crímenes.

Su testimonio fue de un enorme valor. Parecía que la lucha por la memoria y por la dignidad de pronto había encontrado a una persona que se había hecho cargo de ella.

Y A GARZÓN LE TOCÓ «EL GORDO»

El caso de Argentina le correspondió a Baltasar Garzón por estricto reparto. Esa casualidad del destino le encantó. «Es un asunto muy bonito, muy interesante —llegó a comentar en los pasillos de la Audiencia—. Los más jóvenes quizás no lo entendáis, pero aquello se vivió muy profundamente en España en los años setenta y yo lo seguí con interés. Suele ocurrir cuando eres joven y además has participado en manifestaciones contra las dictaduras.»

La noticia de que era Baltasar Garzón el juez que iba a investigar las desapariciones de Argentina fue una alegría para los abogados de la acusación. Creían que, al margen de polémicas sobre su figura, Garzón era un juez capaz de sacar adelante este caso precisamente por sus características personales y profesionales. De todos estos abogados del caso, tan sólo uno le conocía bien, José Luis Galán, quien había participado en todas las investigaciones relativas a los GAL. Galán representaba a la Asociación Libre de Abogados; además estaban inmersos en la causa la Asociación Argentinos por los Derechos Humanos e Izquierda Unida.

Durante el transcurso de una de las múltiples entrevistas que han tenido sobre este caso, los abogados comprobaron que el juez tenía un profundo interés en este asunto: «Dijo que no sólo merecía la pena llevarlo adelante, sino que la ley obligaba a hacerlo», explica Galán.

Garzón pidió un informe a las partes personadas para determinar si la justicia española, la Audiencia Nacional y su propio juzgado eran competentes para investigar delitos de genocidio, torturas y terrorismo cometidos fuera de España, pese a que la ley lo indica.

«Aunque la ley lo dice con absoluta claridad —afirma el letrado Manuel Murillo—, poner en marcha este principio era muy fuerte, muy novedoso, muy inédito en la historia emprender un procedimiento por esos delitos que se traducen como crímenes contra la Humanidad. No se trataba tanto de determinar en ese momento si en Argentina se había cometido un genocidio, sino más bien de decir si ese delito de genocidio lo podía investigar y juzgar España y un juez español.»

Los abogados de la acusación se apresuran a presentar informes favorables a la competencia, pero ante ellos surge un escollo inesperado: nada menos que la postura del fiscal.

En ese momento, Carlos Granados era el fiscal general del Estado nombrado por el Gobierno socialista y Pedro Rubira el fiscal del caso. Rubira podría haber informado directamente sobre la competencia de España, pero opta por pasárselo al fiscal jefe de la Audiencia Nacional, José Aranda, quien se lo transmite al fiscal general y éste a su vez a la secretaría técnica.

El informe por ésta emitido cae como un jarro de agua fría entre los acusadores. La euforia inicial se apaga. El escrito dice que España no es quién para investigar los delitos cometidos en Argentina y aplicar retroactivamente una ley después de que la dictadura terminó en aquel país en 1983. Además, señala que el delito de genocidio no se había cometido con su caracterización clásica; es decir, tratando de eliminar metódicamente grupos nacionales, étnicos o religiosos. Las palabras son contundentes. Pese a ello, el 28 de junio de 1996 Garzón hace público un auto en el que da la razón a los abogados y no al fiscal. Se declara competente para investigar desapariciones, torturas, asesinatos y delitos de terrorismo y genocidio cometidos fuera de España y afirma que existía la presunción de que esos delitos se habían cometido en Argentina. A partir de entonces, si se quería seguir investigando había que aportar pruebas.

Sorprendentemente, el fiscal Pedro Rubira no recurrió la decisión del juez. Eso dio tiempo suficiente a los abogados como para empezar a construir un procedimiento que tardaría en levantarse varios años. «Para nosotros —comenta Carlos Slepoy— la decisión de Garzón era ya como tocar el cielo porque su auto era histórico, extraordinario en aquel momento. Era un paso enorme que en el ámbito internacional se reconocieran esos delitos».

El hecho de que el fiscal Pedro Rubira no recurriera la decisión del juez en contra del parecer de sus superiores causó asombro. Quienes vivieron aquellos momentos señalan que tal actitud pudo responder a una serie de factores como el cambio de Gobierno, el cambio del fiscal general del Estado o quizás incluso el que los periodistas de *La Vanguardia* Santiago Tarín y Eduardo Martín Pozuelo publicaran una información en la que decían que quedaría para la historia que el fiscal general del Estado se opusiera a que se investigara la suerte corrida por más de 300 españoles desaparecidos en Argentina durante la dictadura.

En esa época, el abogado Carlos Slepoy y Sacha Artés, la abuela de la Plaza de Mayo, fueron a hablar con el fiscal Carlos Granados. Le pidieron que dejara avanzar el procedimiento, que no lo abortara, porque sabían que en ese momento iba a ser muy difícil que el proceso se mantuviera. No había conciencia jurídica suficiente, no había un ambiente social de apoyo. Se iba a destacar la idea de que España se entrometía en la soberanía argentina y pensaban que debían demostrar la legitimidad de esta actuación jurídica, para lo que necesitaban tiempo y ayuda.

EL DÍA QUE EL JUEZ LLORÓ

La puesta en marcha del caso argentino significó el comienzo de una avalancha de testimonios de familiares de víctimas de la dictadura y de supervivientes de los terribles centros de internamiento de los militares sudamericanos. Fueron legión quienes durante meses pasaron de forma ininterrumpida por el despacho del juez Garzón para narrar el terror vivido.

La gente que llegaba hasta allí, con actitud tímida y pocas esperanzas, se creía que después de viajar desde Argentina o desde el lugar de España o de Europa que fuera, le iba a tomar declaración un funcionario, o el secretario judicial, pero no. Baltasar Garzón tomó declaración, personalmente, a todo el mundo y eso era algo que nunca les había ocurrido. El hecho de que no les escuchara el *pinche*, el empleado, sino el propio juez, ya era un motivo de gran satisfacción. Cuando salían del despacho se sentían muy bien por haber hablado ante el juez y porque éste, en persona, les hubiera escuchado.

Hay que tener en cuenta que eran gentes que se habían pasado años y años golpeando puertas y nadie les había oído, y cuando les habían atendido bien, todo había quedado tan sólo en buenas palabras. Como mucho, les habían dicho: «nos vamos a ocupar de su caso, vamos a mandarle una cartita...».

El recelo con el que llegaban a la Audiencia Nacional se desvanecía horas más tarde. Salían del despacho del juez con caras de alegría y ganas de contar a los medios de comunicación sus amargas experiencias y las de sus familiares. Todos salían absolutamente reparados. Comentaban que jamás habían tenido la sensación de que un juez les escuchara como lo había hecho Baltasar Garzón. Era gente que había sido despreciada y, de repente, se encontraban delante de un señor que les escuchaba, que les permitía llorar si tenían que hacerlo, que les atendía. «Porque Garzón ha sido un hombre que se ha conmovido mucho con todo esto, pero a la vez siempre ha estado muy en el papel de juez, muy hierático, muy como tratando de no demostrar emociones, profundizando mucho, intentando ser objetivo en el interrogatorio, aunque en alguna ocasión se le ha escapado alguna lágrima», asegura Carlos Slepoy.

Baltasar Garzón se conmocionó profundamente cuando escuchó la declaración de Adriana Calvo. Ella contó cómo fue capturada por los militares cuando estaba embarazada, y cómo la hicieron dar a luz en el arcén de una carretera. Después se la llevaron con el niño recién nacido y todavía con el cordón umbilical ligado. Cuando llegaron a un cuartel la metieron desnuda en una habitación. La placenta se desparramó entonces sobre la mesa en la que la pusieron. Agotada, sucia, ensangrentada y con fuertes dolores, entre despiadados insultos y burlas, los soldados la obligaron a limpiar toda la habitación, sus propios flujos y la sangre del bebé.

Los casos de menores han afectado especialmente a Baltasar Garzón. En escritos elaborados por él con posterioridad se detallan más aberraciones cometidas por los militares, como por ejemplo, la tristemente famosa «Noche de los lápices». Fue el 16 de septiembre de 1976 cuando en la ciudad de La Plata fueron secuestrados por fuerzas de seguridad siete jóvenes de entre 14 a 18 años. Su «delito» era haber participado en una campaña pro boleto escolar y por tanto haber promocionado «la subversión en las escuelas». Tres de los chicos fueron liberados; los cuatro restantes eliminados después de ser sometidos a todo tipo de tormentos. Una niña de 14 años en aquel momento recordó cómo uno de los guardias la amenazó con un arma, la manoseó y la desnudó. Ella había sufrido una operación de tabique nasal y sólo podía respirar por la boca. El guardia metió entonces su pene en ella para ahogarla aunque los gritos de la pequeña le obligaron a dejarla. 250 niños y niñas de entre 13 a 18 años desaparecieron a consecuencia de la represión.

Durante alguna declaración afloraron las lágrimas en el rostro del magistrado. Por ejemplo, cuando una abuela le contó la restitución de su nieta. En aquella ocasión el juez no escuchaba los terribles relatos de las torturas que se infringían a las víctimas. Aquella abuela recordaba que su nieta había sido secuestrada y devuelta años después al seno de su familia. La mujer rememoraba cómo la niña se reencontraba con los suyos. Al principio la pequeña mostraba rechazo hacía su auténtica familia, pero tras un mes de convivencia, aproximadamente, en un momento dado, ella preguntó por su padre, torturado y desaparecido, y le llamó por el mismo nombre cariñoso por el que le llamaba cuando era chiquitita.

Fue un momento especialmente intenso para cuantos se encontraban en el despacho. Funcionarios acostumbrados a escuchar relatos de todo tipo y veteranos abogados que ya se creían curados de todo espanto se emocionaron. Baltasar Garzón, «el juez tenaz e implacable», tenía los ojos enrojecidos y se le caían las lágrimas. Había escuchado uno de los raros casos con final feliz, pero se calcula que hubo más de quinientos niños nacidos en cautividad que nunca volvieron a ver a sus auténticos padres. Fueron entregados a los represores para que les criaran y transmitieran «valores occidentales y cristianos».

Los relatos sobre torturas eran terroríficos. Todos los detenidos permanecían «tabicados»; es decir, encapuchados para hacerles perder toda noción de tiempo y espacio. Se les golpeaba «científicamente» y un médico procuraba que se suministrara al torturado una cantidad de dolor suficiente para mantenerlo entre la vida y la muerte. Un trato especialmente inhumano lo recibían los detenidos de religión judía. A ellos se les aplicaba «el rectoscopio», un tubo metálico que se les introducía por el ano o la vagina. Después se les metía una rata y se retiraba el tubo. El animal, tratando de encontrar una salida, mordía y desgarraba las entrañas.

Un testimonio que resultó especialmente emotivo para Garzón fue el de Esperanza Labrador. Era la superviviente de una familia de Salamanca. Sufrió el asesinato de su padre, de su hijo y su cuñada y también la desaparición de otro hijo más. En su caso declaró el ex cónsul español en Rosario, Vicente Ramírez Montesinos, quien contó que en una visita que hizo al ex mandatario Leopoldo Galtieri, éste se vanaglorió de tener una de las carteras que habían pertenecido a la familia y que habían sido robadas durante el secuestro de sus miembros. El testimonio de Esperanza Labrador fue definitivo para el primer auto de prisión y orden de busca y captura internacional contra Leopoldo Galtieri, firmado el 25 de marzo de 1997. Cuando el día de su declaración, la mujer, visiblemente emocionada, entró al despacho de Garzón, se abalanzó sobre él, le abrazó, le besó y le dijo: «Rezo todas las noches para que Dios le ponga un halo a su alrededor y así no puedan atacarle sus enemigos.»

El juez se puso colorado.

Muchas víctimas y familiares de desaparecidos le han hecho regalos. Algún abogado le ha llevado incluso una rosa roja. Otras personas le han regalado cruces y fotos de sus hijos. Él conserva algunas en su despacho, aunque por lo general no exterioriza el drama humano que está viviendo, e incluso trata de distender la situación.

Según cuentan los abogados, Garzón trata de parecer inalterable incluso ante los ataques. «Él ha comprendido perfectamente la trascendencia histórica de este caso y sabía perfectamente todos los ataques que iba a recibir y que va a seguir recibiendo, y a pesar de esto ha asumido los hechos. Con mucha tensión, porque cuando se le ataca, por ejemplo, diciendo que se inmiscuye en la ley de otro país o que es un "juez-vedette" o "el supermán internacional", él, naturalmente, resulta afectado y se le nota, pero eso le afecta sólo de manera temporal en las determinaciones que deba tomar.»

EL ARREPENTIDO ADOLFO SCILINGO

A los testimonios de las víctimas se uniría tiempo después otro sorprendente, el de Adolfo Scilingo. Este ex militar argentino había comenzado a denunciar en 1995 los casos de torturas y asesinatos cometidos por orden de los dirigentes de las juntas militares. Era un represor, un torturador arrepentido que comenzó a airear las atrocidades que se vivieron en uno de los más lóbregos y terribles centros de detención de opositores al régimen dictatorial: la Escuela de Mecánica de la Armada (ESMA). Allí fueron internados centenares de hombres y mujeres; allí se les practicaron las más crueles torturas jamás imaginadas y desde allí se condujeron a decenas hacia aviones desde los que eran arrojados vivos al río de la Plata o al Océano Atlántico.

Adolfo Scilingo comenzó a declarar en Argentina protegido por la impunidad que habían marcado las leyes de punto final promulgadas para evitar la persecución de los militares, para exculparles y facilitar así la transición hacia la democracia. Unas leyes gracias a las cuales se podía decir que se habían cometido los más horrorosos crímenes, sin que por ello ocurriera absolutamente nada.

Scilingo narró su experiencia en la ESMA en el año 1977 y cómo había participado en dos de los llamados «vuelos de la muerte» desde los cuales llegó a tirar a treinta personas al mar. También se había ocupado de reparar los coches que se utilizaban para los secuestros, y había presenciado y organizado los «asados», la quema de los cuerpos de las personas que morían en la ESMA a causa de las torturas y un sinfín de atrocidades más.

Scilingo denunció estos casos en su país resentido contra los mandos de la Armada que, según él, le habían llevado, como a tantos otros, a hacer la guerra sucia, y que no le habían apoyado cuando fue expulsado del cuerpo y cuando fue acosado y perseguido por haber torturado.

Si en un primer momento Scilingo manifestó que él volvería a hacer lo mismo en las mismas circunstancias, después comenzó a ponerse del lado de las víctimas y a denunciar que había cometido crímenes horrorosos porque le habían lavado el cerebro.

Sus palabras le hacen enfrentarse con el poder de la Armada y empieza a ser un verdadero problema para los altos cargos militares y para su impunidad. Por esta causa fue detenido, juzgado y encarcelado por un ridículo asunto de una estafa en unos vídeos a causa del cual estuvo algo más de un año en la cárcel. Desde ese momento comenzó a sentirse una persona que debía purgar los tremendos pecados cometidos.

En aquel tiempo Baltasar Garzón ya era un juez de sobra conocido en Argentina por investigar las atrocidades de los regímenes militares y por haber dictado el auto de detención contra Leopoldo Galtieri. También era sabido que muchos familiares de víctimas y muchos supervivientes habían declarado ante él. Gozaba de una gran fama y de un gran prestigio. Por Buenos Aires habían aparecido multitud de pintadas en las que se podía leer: «Garzón es Gardel.»

El ex capitán Adolfo Scilingo vio en Garzón a la persona idónea ante quien confesar sus delitos y ante quien exponer las monstruosidades cometidas por órdenes de unos antiguos jefes de los que se quería vengar.

Scilingo se puso en contacto con Izquierda Unida y con los letrados de la Asociación Libre de Abogados. Aquello motivó fricciones entre ambos. IU quería traer al ex militar a España como una especie de héroe, como un *arrepentido* que serviría de ejemplo para que otros antiguos torturadores se animaran a denunciar sus fechorías. A cambio, además de pagarle el billete de ida y vuelta, tras su declaración no se solicitaría al juez su encarcelamiento.

Los otros abogados no estaban de acuerdo. No querían permitir que un antiguo represor confesara impunemente sus crímenes y se fuera *de rositas* tras admitir que había tirado a personas inocentes al mar con sus propias manos. Para ellos, aquel planteamiento echaba abajo el proceso y lo desprestigiaba. Scilingo podía servir para aclarar cosas, para matizar ciertos aspectos, pero las atrocidades ya habían sido contadas por decenas de víctimas y los verdugos habían quedado bien identificados. Estaba decidido, tras la declaración de Scilingo unos letrados pedirían su detención, otros no.

Aquella mañana, Baltasar Garzón se encontraba con los abogados de la acusación en medio de una comparecencia cuando uno de los funcionarios de su juzgado entró en el despacho. Dejó sobre la mesa un fax; el remitente: Adolfo Scilingo, el país de origen, Argentina. El ex capitán explicaba al juez que había decidido ir a declarar, pero a cambio exigía garantía de impunidad.

«¡Pero este hombre qué se cree!», exclamó Garzón mientras echaba el papel a un lado. Allí se quedó, el juez nunca contestó a las pretensiones del antiguo torturador y pese a ello Scilingo viajó hasta España. Su billete fue pagado por Televisión Española, quien también, durante una semana, corrió con sus gastos de estancia y con los de dos abogados suyos que se alojaron en un lujoso hotel cercano a la estación de Atocha.

Al día siguiente, el 6 de octubre del 97, Scilingo fue a declarar. Entró en la Audiencia Nacional con el convencimiento de que iba a quedar libre o de que llegaría a algún acuerdo con el juez según el cual quedaría detenido por algún tiempo para dar una buena impresión de cara a la galería, pero que después podría regresar con toda tranquilidad a su país. Pensaba además que su testimonio era tan importante que incluso el Estado español no tendría problema en protegerle y en darle dinero para sus gastos. Nada más lejos de la realidad.

Después de una corta espera, Garzón le hizo pasar al despacho y Scilingo empezó a declarar. Hablaba campechana, distendidamente con el juez, aunque guardando el respeto y llamándole, al estilo argentino, «doctor Garzón».

Su comparecencia se prolongó durante tres días, pero el primero fue especialmente tenso. Los abogados esperaban la respuesta de Garzón. ¿Estaría de acuerdo con que había que tener mano blanda para animar a otros antiguos represores, o aplicaría la ley sin más contemplaciones?.

Scilingo comenzó a narrar los antecedentes del golpe de Estado de los militares, las arengas en los cuarteles en las que les decían que la patria les exigía separar el trigo de la paja. Cómo, además, los vicarios castrenses les explicaban que las autoridades eclesiásticas estaban de acuerdo con lo que se planeaba y con la terrible represión que se avecinaba. Se lo explicaban todo, las tácticas a emplear, las formas de tortura, los métodos de las desapariciones, y les imbuían de un especial espíritu de salvadores.

Garzón escuchaba atento, no dejaba que las emociones salieran al exterior. Estuvo callado, hierático incluso, hasta un determinado momento en que se dejó llevar por los sentimientos. Fue cuando Scilingo contó la forma en que amontonaban en los calabozos de la temible Escuela de Mecánica de la Armada a los detenidos políticos, encadenados con grilletes, en calzoncillos, totalmente sucios, con sus excrementos encima, ensangrentados, mal alimentados, las mujeres medio desnudas y con restos de menstruación entre las piernas, las embarazadas encapuchadas durante días y semanas. Era el relato, la expresión verbal de unas imágenes iguales o peores a las mil veces vistas de los campos de concentración nazis.

—Existe un libro escrito por un periodista argentino en el que se narran cómo eran los vuelos de la muerte, dónde se tiraba a la gente al mar. ¿Usted participó en esos vuelos? —preguntó Garzón al ex militar.

Fue un momento de gran tensión. Los abogados se miraron entre sí. Manuel Ollé, en representación de las Abuelas de la Plaza de Mayo, José Luis Galán, de la Asociación Libre de Abogados, Enrique de Santiago de Izquierda Unida y el argentino Carlos Slepoy, además de los defensores de Scilingo.

—Sí —respondió Adolfo Scilingo—, sí participé en esos vuelos.

—Y en esos vuelos, ¿se tiró gente al mar?

—Sí, sí se tiró gente al mar. Era una forma de muerte cristiana, según se nos había dicho.

El ex capitán recordó que en los días anteriores se seleccionaba a quienes se iba a eliminar. Se les decía que iban a ser trasladados de centro de reclusión y ellos se ponían muy contentos porque la ESMA era muy dura. También se les informaba de que antes de viajar debían pasar un control médico. Se les llevaba al botiquín en grupos de unas quince personas, se les desnudaba y se les inyectaba un narcótico que les dejaba dormidos. Incluso por los altavoces se les ponía música, samba o salsa para que estuvieran tranquilos.

—Recuerdo en especial a una joven, una chica rubia preciosa, de pelo largo, de unos dieciséis años, que estaba allí desnuda esperando en la cola para que la pusieran la inyección y que se reía, y yo pensé: «Hay que ver, cómo siendo tan joven puede ya ser una subversiva.» Después de un rato se quedaban adormilados y en ese estado se les trasladaba hasta los aviones. Despegábamos y sobrevolábamos la desembocadura del río de la Plata. En un determinado momento se abría el portón y los oficiales que habían sido invitados, que tenían el *honor* de cumplir esa misión, cogían a la gente por los tobillos y las muñecas, las bamboleaban y las arrojaban al vacío. No se daban ni cuenta, a lo mejor alguno se despertaba un poco, pero nada más. Se les tiraba desnudos porque en los primeros vuelos de la muerte se les tiró vestidos y flotaron y aparecieron los cadáveres en las playas con documentación y todo y se tuvo que montar una historia para justificar esas muertes.

Todos los presentes quedaron conmocionados ante las palabras de Adolfo Scilingo. El juez rompió el momento de tenso silencio.

—Señores letrados, ¿alguna otra pregunta?

Carlos Slepoy saltó como si le hubieran pinchado.

—¿Usted, directamente, tiró gente al mar?

Scilingo se puso muy nervioso.

—Ya le he contestado que yo participé en esos vuelos.

El abogado insistió para tratar de conseguir que repitiera lo que en su día dijo al periodista, que él tiró gente al mar y que tropezó y que casi se cae también, pero la pregunta quedó sin respuesta. Garzón atajó:

—Está bien así, señor letrado, el acusado ya ha respondido.

Después se escucharon las palabras que terminaron de una vez por todas con la duda que todos tenían en su cabeza:

—Señor Scilingo, queda usted detenido, en cuanto se redacte su declaración y usted la repase y la firme ingresará en prisión. Mañana continuaremos la declaración. Buenas noches, señores.

Adolfo Scilingo quedó como golpeado por las palabras del juez. No se lo esperaba, Garzón había optado por la vía dura. El ex militar no saldría de la Audiencia Nacional para hospedarse en su cómoda habitación de hotel. Saldría conducido hacia una estrecha, fría y desinfectada celda de la cárcel de Carabanchel.

Las declaraciones se prolongaron aún durante varios días en sesiones de mañana y tarde. Todos estaban acostumbrados a escuchar los horrendos relatos de las víctimas, pero era aún más duro escuchar el relato de las escenas de tortura por una de las personas que las llevó a cabo.

Ocurrió, por ejemplo, cuando Scilingo describió cómo se hacían «los asados». El sistema general para eliminar gente era echarlos al mar, pero se les presentó un problema: ¿Qué hacer con los subversivos que morían porque no aguantaban los ahogamientos en aguas fecales o los electrodos en la boca, los testículos o en la vagina? ¿Qué hacer con esos cadáveres que se quedaban con los ojos desorbitados tras sesiones de asfixia con bolsas de plástico, o con los de aquellas personas que fallecían a causa de las enfermedades, por falta de medicamentos y a consecuencia de las infectas condiciones en las que se les hacinaba? Había que deshacerse de los cuerpos lo antes posible, así que, siguiendo el ejemplo de los nazis, se optó por quemarlos. «Los asados», en alusión a la más típica comida argentina, se hacían uno o dos días a la semana. Se amontonaban los cadáveres encima de maderas y neumáticos viejos y se les incineraba.

Se formaba una gran humareda negra y el olor, al principio, era igual al que se produciría si se estuviera cocinando cualquier otra carne que no fuese humana para darse con ella un gran banquete. Después todo quedaba reducido a cenizas y desaparecía toda huella. Criminalmente, perfecto.

Los abogados escuchaban en silencio las atrocidades y si alguno tenía la curiosidad de mirar al juez, notaba cómo Garzón vibraba, aunque aguantaba el tipo a duras penas. Fueron contadas las ocasiones en las que el magistrado dejó traslucir sus emociones. En casos como éstos ponía de manifiesto una gran capacidad de aguante, de profesionalidad. No se salía de su papel de juez y no daba oportunidad a que alguna de las partes considerara que tendía más hacia un lado que hacia otro de la balanza.

Cuando después de tres días Scilingo dio por terminado su infernal relato llegó la hora de la verdad. Había que decidir si el antiguo torturador quedaba en libertad o seguía en prisión, ahora ya, no sólo detenido, sino como preso preventivo.

Se formó entonces la denominada «vistilla» del 504 para solicitar medidas cautelares. En esa única ocasión apareció el fiscal por el despacho de Baltasar Garzón y fue para decir que no procedía la cárcel. El resto de las partes se manifestó en contra de esa opinión. El juez dio por terminado el acto.

El 20 de octubre de 1997 Garzón sorprende a todos con un auto en el que, no sólo ordenaba el encarcelamiento inmediato de Adolfo Scilingo por participar en la represión de centenares de ciudadanos, sino que además dictaba una orden internacional de prisión contra el ex almirante Emilio Eduardo Massera y otros siete ex altos cargos argentinos más. Garzón no pactó nunca con el arrepentido Scilingo, no atendió a sus condiciones y no tuvo ningún tipo de consideración con él.

El ex militar estuvo en prisión hasta el 9 de enero de 1998, día en que quedó en libertad tras pagar una fianza que en principio fue de cinco millones y que luego quedó reducida a 500.000 pesetas. Le fue retirado el pasaporte, se le impuso una custodia policial y quedó a disposición del juzgado.

Se puede decir que Scilingo estuvo a gusto en la cárcel porque allí purgó una parte de su complejo de culpabilidad por haber participado en las medidas represoras. Hizo declaraciones a la prensa e incluso en ellas definió a Garzón como un juez que había cumplido bien con su obligación y que debería seguir profundizando en el caso argentino hasta conseguir encarcelar a todos los responsables.

Esta idea la mantuvo durante los tres meses en que estuvo recluido. Cuando salió de prisión se encaminó al despacho del juez.

—Le vengo a ver porque ya he salido y ahora necesito dinero y quiero traer aquí a mi familia para estar todos juntos. Además necesito un sitio donde alojarme.

—¿Ah, sí? —respondió Garzón—. Pues si necesita dinero vaya a buscar un trabajo.

—Es que yo no he venido a España a trabajar.

—Mire usted, ése es su problema. Tenga en cuenta que el Estado español no le va a pagar nada.

La conversación fue decisiva. A partir de entonces Garzón se convirtió para Adolfo Scilingo en su enemigo declarado. El antiguo militar cambió completamente su discurso. Declaró que todo, su arrepentimiento, sus declaraciones judiciales, absolutamente todo lo hecho hasta entonces formaba parte de una conspiración contra el presidente argentino Carlos Ménem.

La nueva postura de Scilingo se ratifica oficialmente el 4 de noviembre de 1999, cuando él y Garzón vuelven a verse las caras a raíz del auto de procesamiento dictado por el juez contra 98 antiguos responsables de la represión. Como es preceptivo, Garzón llamó a Scilingo a su presencia para comunicarle personalmente la medida que había tomado contra él como presunto autor de los delitos de genocidio, terrorismo y torturas.

Scilingo se apresuró a negarlo todo. Su nueva versión consistió en desdecirse tajantemente de su participación en los «vuelos de la muerte»; además, aseguró no recordar dato alguno sobre la represión de la dictadura argentina.

El antiguo militar arrepentido explicó que sus anteriores declaraciones en el juzgado en las que dio todo lujo de detalles sobre las atrocidades cometidas en la ESMA fueron «fruto de una conspiración instigada por la Defensoría del Pueblo de la Ciudad de Buenos Aires, sus ex abogados argentinos, el juez Garzón y varias acusaciones». Añadió que él viajó hasta España movido «por razones humanitarias respecto a los familiares de los desaparecidos» y que fue por este motivo por lo que mintió ante el juez. El ex represor matizó que si dio hipotéticos datos sobre las torturas y las formas de eliminación de opositores fue por una «guerra personal» que mantiene contra el ex jefe de la Marina Emilio Massera.

Uno de los abogados de la acusación, Enrique Santiago, representante de Izquierda Unida, recuerda que Scilingo señaló a Massera «como uno de los mayores responsables de los crímenes y una persona, además, que había engañado a los miembros de la Armada».

Garzón le preguntó por un libro, *Por siempre, nunca jamás,* escrito por él y publicado en Argentina, donde se relatan los mismos hechos que había denunciado en el juzgado.

—¡Yo no escribí ese libro! —afirmó Scilingo—. Formaba parte del montaje. Nunca escribí ni una sola letra de él, aunque, eso sí, me pagaron una buena cantidad de dólares por poner allí mi nombre.

Pero estas mentiras no iban a detener el proceso imparable que se había puesto en marcha desde la Audiencia Nacional. La justicia, con sus ojos vendados, pondría sobre su balanza lo manifestado por Scilingo y los crímenes cometidos por él y tantos otros obedeciendo órdenes de unos mandos militares que planearon la eliminación sistemática de cualquier disidente.

CAPÍTULO TRECE

UN ANDALUZ ENTRE LORES

En Londres amanece un día frío, cae una lluvia fina que no se detiene. Es el 17 de enero de 1999. Desde primeras horas de la mañana se vive un ambiente especial en los alrededores de la Cámara de los Lores, vigilada desde lo alto por la impresionante mole de la torre coronada por el Big Ben. El famoso reloj va marcando las horas mientras comienzan a concentrarse en las calles y en el parque cercano diversos grupos de personas.

Frente a la puerta del Parlamento se han reunido ciudadanos chilenos residentes en Gran Bretaña que han pedido permiso en su trabajo para manifestarse junto a otros compatriotas llegados del resto de Europa. Van a desplegar pancartas pidiendo justicia y la prisión de Augusto Pinochet; muy cerca han plantado centenares de pequeñas cruces en recuerdo de las víctimas de la dictadura. Gritan a favor de Baltasar Garzón. Sin lugar a dudas, es su héroe: «Se le tendría que clonar como a la oveja Dolly», bromean.

Ante ellos comienzan a congregarse periodistas de todas las nacionalidades, aunque en esa ocasión, el español es el idioma que prevalece entre los reporteros, por encima del inglés.

Muy cerca, decenas de simpatizantes del ex dictador que llevan ya varios días en Londres disfrutando de un paquete turístico que les permite aprovechar además las famosas rebajas de enero de los almacenes Harrod´s, gritan sus consignas.

Entre las mujeres abundan los tocados de peluquería y entre los hombres las gafas oscuras y los bigotillos finos similares a los de su admirado general. El odio entre las dos facciones es palpable, pero una transitada avenida impide que entren en contacto.

La policía ha montado un discreto dispositivo de seguridad. Los educados agentes dan la impresión de preocuparse más por el perfecto estado de las tiras de plástico en las que se lee «*Police line*» que por vigilar a los manifestantes, aunque se trata de una falsa impresión.

Todo está preparado en las inmediaciones de la Cámara de los Lores para que empiece una vista histórica. Se va a determinar si Augusto Pinochet gozaba de inmunidad como jefe de Estado cuando se cometieron durante su mandato delitos de tortura, asesinato, genocidio y terrorismo contra los opositores a su régimen político-militar.

Es la segunda vez que la Cámara de los Lores se enfrenta a esta cuestión. Ya lo hizo al año anterior, cuando el 25 de noviembre, el mismo día del cumpleaños del ex dictador, el Comité de Apelación rechazó la inmunidad soberana del general chileno. Una decisión que fue anulada el 16 de diciembre de 1998 al comprobarse que uno de los lores, Lord Hoffman, fue miembro de Charity Limited, una organización relacionada con Amnistía Internacional y, por tanto, era sospechoso de no haber sido completamente imparcial.

En esta ocasión, la nueva reunión de los lores encargados de administrar en nombre de la reina la justicia del más alto tribunal de Gran Bretaña tendrá un invitado especial: un juez de origen humilde, nacido en Jaén, que ha sido quien desde finales de 1998 ha puesto en vilo con sus decisiones a medio mundo: Baltasar Garzón.

La cita era a las once de la mañana, hora inglesa. Garzón llegó en un coche junto al abogado Alun Jones, el representante de la justicia española en este caso y que actuaba como fiscal.

Al mismo tiempo que el juez se bajaron del vehículo varios guardaespaldas de Scotland Yard que seguían sus pasos desde su llegada al país el día anterior. Nadie le pudo ver entonces.

Había acudido para ayudar a solventar, sobre la marcha, las dudas que le pudieran surgir al fiscal sobre Derecho español. Él no podía intervenir, tan sólo asesorar a Alun Jones si éste se lo pedía.

En ámbitos judiciales se comentaba que su presencia era testimonial, más simbólica que realmente práctica. Cualquier explicación necesaria la podía haber enviado previamente por fax. ¿Estaba allí para demostrar su empeño en el caso, o por la oportunidad única de aparecer como un héroe en los medios de comunicación de toda la aldea global?

Tras bajar del coche, Baltasar Garzón cruzó la puerta de hierro forjado que daba paso al jardín. Desde allí se entraba en la Cámara de los Lores. Jesús Quiñonero, reportero de Antena 3, le gritó con todas sus fuerzas «¡Baltasaaar!». El juez giró la cabeza. Los fotógrafos dispararon sus *flashes,* las cámaras de televisión encuadraron al personaje. Era la imagen del día: Garzón estaba en Londres.

JUEZ Y FISCALES ACORRALAN AL GENERAL

La andadura del caso Pinochet había comenzado el 4 de julio de 1996, cuando el presidente de la Unión Progresista de Fiscales, Miguel Miravete, interpuso una denuncia y posterior querella contra los responsables de las muertes y desapariciones de españoles durante los 17 años que duró el régimen militar chileno. Entre los asesinados y desaparecidos figuraban, entre otros, el funcionario de Naciones Unidas Carmelo Soria y los sacerdotes Joan Alsina y Antonio Llidó. En cuanto se tuvo conocimiento de esta causa también se personaron en ella los abogados Joan Garcés y Manuel Murillo en representación de la Fundación Salvador Allende.

El caso cae en manos del titular del Juzgado Central de Instrucción número 6 de la Audiencia Nacional, Manuel García Castellón. Al principio Castellón tenía dudas sobre si debía admitir a trámite o no la denuncia, pero un informe a favor de la competencia elaborado por el fiscal Javier Balaguer fue definitivo para asumir el caso; un asunto que, con distinta suerte, investigaría durante largos meses hasta que finalmente se lo cedería a su compañero del Juzgado número 5.

Pero, si García Castellón es quien investiga el caso chileno y Garzón el caso argentino, ¿por qué es Baltasar Garzón quien ordena detener a Pinochet el 16 de octubre de 1998 cuando éste se encuentra en Londres, para someterse a una intervención quirúrgica?

La explicación es simple y a la vez compleja. Garzón mantenía en sus investigaciones sobre las desapariciones ocurridas en Argentina una pieza separada acerca del llamado «Plan Cóndor», mediante el cual los aparatos represivos de varias dictaduras latinoamericanas se coordinaron en las décadas de los setenta y ochenta para secuestrar y asesinar a opositores.

La justicia paraguaya había remitido al juez Baltasar Garzón 1.283 páginas copiadas de los llamados «Archivos del Terror», solicitadas como pruebas de esta operación. Estos archivos constituyen un conjunto de informes confidenciales de la policía del derrocado régimen paraguayo, que desde 1954 a 1989 mantuvo el general Alfredo Stroessner. Fueron descubiertos en 1992 pese a que estaban bajo la custodia de la Corte Suprema.

Los documentos fueron clasificados en tres tomos bajo el título «Informes relativos al ex presidente argentino Jorge Videla y otros». Allí se descubría que el Plan Cóndor fue impulsada en 1974 por la terrible Dirección Nacional de Inteligencia (DINA) chilena, encabezada por el general Manuel Contreras, que posteriormente fue detenido en Chile, y prolongó su actividad en los años ochenta en Argentina, Bolivia, Brasil, Chile, Paraguay y Uruguay.

El acuerdo entre las dictaduras de entonces facilitaba el intercambio de prisioneros políticos, informes de los servicios castrenses y policiales de información y hasta ciertas fórmulas de torturas, según consta en estos archivos.

Tal y como aseguraban dirigentes de la izquierda chilena, la muerte del ex canciller chileno Orlando Letelier, asesinado en 1976 en Estados Unidos; el del general Prats, que murió junto con su esposa, víctima de un atentado en Buenos Aires en septiembre de 1974, y el atentado fallido al dirigente democristiano Bernardo Leighton, en Roma en 1995, eran otras de las caras del Plan Cóndor.

EL LUJOSO VIAJE A LONDRES

Sobre Pinochet y otros militares y policías chilenos pendía la imputación de los delitos de genocidio y terrorismo internacional desarrollados a través de múltiples asesinatos, conspiraciones para el asesinato, secuestro, torturas y desapariciones cometidos dentro de la actividad represiva que se inició con la toma del poder en Chile mediante el golpe de Estado del 11 de septiembre de 1973 que acabó con la muerte del presidente constitucional Salvador Allende. La salida del país de cualquiera de los presuntos responsables de estos delitos podía significar su inmediato apresamiento. Esto es lo que le ocurrió a Pinochet el 16 de octubre de 1998.

Un mes antes, en los primeros días de septiembre, la Embajada británica en Santiago de Chile fue avisada informalmente de que el general realizaría una visita privada al Reino Unido. Como en otras ocasiones, se transmitió una petición de asesoramiento sobre su seguridad. Mientras, en Londres, a petición de la Embajada chilena se habilitó una sala *vip* en el aeropuerto de Heathrow para la fecha de llegada de Pinochet, el 22 de septiembre.

Lo que nunca se llegó a tramitar fue una preceptiva nota verbal con una serie de datos que se debían dirigir al Foreign Office informando de la visita diplomática del ex dictador. Se le otorgó por tanto, en septiembre del 1998, un pasaporte diplomático en calidad de senador. En la página 9 de ese documento figuraba la inscripción: «Embajador en misión especial de Chile en Londres, Inglaterra», lo que no resolvía la cuestión esencial, la obligatoria nota verbal de Chile al Reino Unido sobre el viaje del general.

Cuando Pinochet llegó a Heathrow el 22 de septiembre, no le esperaba ningún funcionario oficial. Muy pocos días después, un camarero, hijo de exiliados chilenos en Inglaterra, se llevaría el susto de su vida. A la hora de la comida, cuando los cocineros ultimaban las comandas de los clientes, vio entrar por la puerta al sanguinario general del que tantas veces le habían hablado sus padres y del que tenía una imagen clara de represor y asesino. Se puso muy nervioso. Se acercó a la mesa del recién llegado y comprobó que era él. No había duda. Tenía a Augusto Pinochet a menos de un metro. Se marchó a toda prisa hacia el vestuario.

—Jefe —le dijo al encargado—, me encuentro muy mal, estoy mareado. Creo que no puedo seguir. Me voy a casa.

El camarero cogió el autobús y se dirigió directamente a la sede de Amnistía Internacional.

—Acabo de ver a Pinochet. Está en Londres —les informó.

El 25 de septiembre, la sección británica de Amnistía Internacional hace público un comunicado en el que advierte «sobre la responsabilidad de los gobiernos europeos ante la visita del general Pinochet» e insiste en que debe ser detenido. Días después, el 14 de octubre, en el diario chileno *La Tercera* aparece una información en la que se da constancia de la presencia del general en Inglaterra para ser operado. Un diario londinense también anuncia que el senador «entró en el país de forma discreta» y que se iba a someter a una operación de hernia tras la cual viajaría a Francia y a otro Estado.

Pinochet se aloja en un hotel de cinco estrellas. Allí se encuentra con amigos militares y espera que el empresario suizo Peter Schaad concierte un encuentro con Margaret Thatcher. También concede una entrevista al periodista John Lee Anderson, del *The New Yorker,* a quien ya le había comentado en una ocasión que el Reino Unido era su país favorito por sus virtudes cívicas y su talante moderado y «el lugar ideal para vivir». Pinochet siente dolores en la espalda aunque aprovecha su estancia en Londres para hacer turismo. Visita el Museo de Cera de Madame Tussaud, el Museo del Ejército Nacional Británico y come en la casa de té Fortnum & Mason. También posa en una sesión con el fotógrafo Steve Pyke.

EL VIAJE A SUIZA

Los abogados de la acusación, Joan Garcés y Manuel Murillo, mantienen que Pinochet quería aprovechar su estancia en Europa para ir a Suiza a revisar el estado de sus cuentas bancarias.

«El general solicitó un pasaje diplomático para visitar Francia y desde allí llegar a Suiza. El Gobierno francés le denegó este pase y entonces él trató de penetrar en el país helvético a través de Alemania para llegar hasta Grenoble o Ginebra.»

A qué quería ir allí exactamente el viejo dictador es algo que aún permanece en el misterio, pero hay que recordar algo importante. Según manifestaciones de una diputada del Parlamento chileno y que figuran en el sumario judicial, entre las cien leyes secretas que dictó Pinochet hay una que le permite sacar del país, sin control ninguno por parte del Tribunal de Cuentas ni de ningún organismo oficial, hasta mil millones de dólares.

Todo apunta a que ese dinero salió de Chile hacia cuentas suizas. ¿En qué se empleó? «Mantenemos —dice Manuel Murillo— que parte de él se destinó a pagar a comandos de Vanguardia Nazionale quienes, según consta en una causa italiana, actuaron en colaboración con los servicios secretos chilenos en el ametrallamiento e intento de asesinato del democristiano Bernardo Leighton y de su esposa en Roma, en 1995.»

También se habría empleado parte de este millón de dólares en pagar a otros comandos de ultraderecha que actuaron o intentaron acciones en Madrid, París y Lisboa. Es decir, una cantidad importante del dinero pudo utilizarse en acciones de lo que se denomina «el terrorismo de la línea exterior».

Pinochet, siempre según palabras de la acusación, habría planeado ir a Suiza en compañía de su mujer y de su hija con la excusa de visitar a algún médico que le aconsejara sobre sus males de espalda. El dinero sacado de Chile no sólo figuraría a su nombre, sino también a nombre de sus familiares. Después de arreglar sus cuentas y de cambiar diversas cantidades de unas a otras, habría vuelto a Londres y habría dado por finalizado su periplo europeo.

«TIENES UN E-MAIL»

En el despacho del abogado Joan Garcés se recibió un correo electrónico: «Pinochet está en Londres.» Las informaciones aparecidas en los diarios de Chile e Inglaterra sobre las andanzas del ex dictador y la campaña emprendida por Amnistía Internacional habían llegado hasta España. En nuestro país, la lectura que se hizo del viaje turístico de Augusto Pinochet fue muy distinta. Los abogados de la acusación ven la oportunidad de detener al general al darse cuenta de que está en un territorio vinculado a España por el Convenio Europeo de Extradición. Desde ese momento los acontecimientos se desbocan. Las llamadas telefónicas, los contactos entre letrados, las conversaciones entre Santiago de Chile, Londres, Madrid y Barcelona, los planes para elaborar urgentes escritos se suceden a una increíble velocidad.

A las nueve de la mañana del día siguiente al de la recepción del correo electrónico, Joan Garcés y Manuel Murillo se apresuran a ir a la Audiencia Nacional. Murillo se encarga del juez Manuel García Castellón, instructor del caso chileno. Garcés va al despacho de Baltasar Garzón, investigador de los crímenes en Argentina pero poseedor del dossier sobre el Plan Cóndor, que demostraba que ambos países estaban íntimamente unidos en la represión criminal de las fuerzas opositoras a las dictaduras.

Era viernes por la mañana y se formó un gran revuelo.

«Les dijimos a los jueces que esa persona, acusada de asesinato, terrorismo, torturas y genocidio había caído en la trampa, había salido de su país y estaba en Londres. Les enseñamos los recortes de la prensa que así lo indicaban para que vieran que no nos lo habíamos inventado y les solicitamos que se dictase de la forma más rápida posible una orden de prisión», explica Manuel Murillo.

Los magistrados actuaron de forma distinta. García Castellón, más pausado, mandó un exhorto por vía diplomática solicitando a Londres una comisión rogatoria para poder interrogar al general.

Garzón fue mucho más rápido y más atrevido. Había que actuar con toda urgencia, de lo contrario Pinochet se escaparía en cuanto detectara una maniobra contra él. A las pocas horas, ya por la tarde, conteniendo sus nervios, el juez de Jaén dio un paso muy arriesgado y ordenó la detención. Acusaba al ex mandatario del secuestro de ochenta ciudadanos chilenos refugiados en Argentina y de su posterior ejecución en Chile una vez entregados a las autoridades de aquel país. Para tomar su determinación se basó en la Ley del Tratado Europeo de Extradición y utilizó los instrumentos del Tratado de Cooperación en Materia Jurídico-Penal.

Los funcionarios del juzgado pusieron en marcha el procedimiento de urgencia y enviaron rápidamente un fax a Interpol para que se procediera al arresto. Inmediatamente después salió del Juzgado número 5 un escrito al Ministerio de Justicia para que el Ministerio de Asuntos Exteriores comunicara por vía diplomática la petición de detención a las autoridades inglesas.

«¡¡¡PINOCHET DETENIDO!!!»

Desde hacía varios días Augusto Pinochet no se encontraba bien. Le dolían cada vez más las vértebras y le costaba trabajo mantenerse en pie. Tomó una decisión: definitivamente, se operaría de su hernia en la London Clinic. Fue una decisión fatal que le llevó a permanecer en la capital inglesa un tiempo que resultó precioso para el juez español.

Convaleciente de su intervención quirúrgica, el 16 de octubre de 1998, a las once y media de la noche, agentes británicos penetran en su habitación con una orden de arresto y proceden a la detención. El anciano general ya no volvería a pasear más por la capital inglesa.[11]

La caja de Pandora se había abierto. La noticia de la detención da la vuelta al mundo de inmediato. Los acontecimien-

---

[11] Ver comienzo del capítulo uno.

tos se suceden de forma vertiginosa. En medio de la tensión general, Garzón no se amilana y lanza una nueva andanada contra Pinochet tan sólo dos días después, el 18 de octubre: amplía la orden de prisión y aumenta el número de imputaciones contra él por haber cometido delitos de terrorismo, genocidio y torturas al menos contra 94 personas de Argentina, España, Reino Unido, Estados Unidos, Chile y otros países. Según el magistrado, a estos ciudadanos se les hizo desaparecer «con la finalidad de alcanzar los objetivos políticos y económicos de la conspiración, exterminar a la oposición política y a múltiples personas por razones ideológicas». El juez manifiesta además que los crímenes de los que se acusa a Pinochet son «imprescriptibles», que «sus responsables no disfrutan de inmunidad diplomática ni pueden obtener estatuto de refugiado ni asilo político» y que «todos los Estados están obligados a perseguirles y a colaborar en la persecución que de tales crímenes hagan otros Estados».

El Gobierno chileno protesta formalmente ante el Gobierno de Londres por la detención. Mientras, Garzón solicita a las autoridades británicas permiso para interrogar al general e inicia los trámites para pedir su extradición. Tiene tan sólo cuarenta días para hacer la solicitud.

Las denuncias contra Pinochet se disparan. Decenas de exiliados chilenos víctimas de la represión militar y familiares de asesinados o desaparecidos presentan ante la justicia de ocho países europeos cargos contra el senador vitalicio.[12]

[12] El procurador general de Ginebra recibió una denuncia por la desaparición del ciudadano suizo-chileno Alexei Jaccard el 22 de octubre de 1998. Cuatro días después, Suiza pidió también al Reino Unido la detención con fines de extradición de Pinochet por asesinato, rapto en circunstancias agravantes y secuestro. El 11 de noviembre, Suiza pidió a las autoridades británicas una petición formal de extradición.

Juana González, América Guerrero y Javier Muñoz, exiliados en Suecia, presentaron una denuncia por asesinato, tortura y secuestro contra Pinochet el 25 de octubre.

En Francia, las familias de tres ciudadanos galos víctimas del régi-

EL GENERAL CONTRAATACA

Pinochet, en su retiro, no se limita a asistir como mero espectador a toda la convulsión jurídica internacional que se está viviendo a su costa. Al fin y al cabo es un militar, un estratega y debe mover sus piezas en esta gran batalla jurídica. En Londres, su familia contrata los servicios de uno de los más prestigiosos despachos de abogados, el de Clive Nichols. En Chile, sus seguidores se movilizan para presionar al Gobierno. Se desata una campaña de ataques contra el juez Garzón y en general contra todo lo español. En España se buscan abogados. El letrado José María Stampa Braun viaja a Londres para tratar sus condiciones como futuro defensor y es finalmente elegido por el ex dictador. Junto a él está el letrado Fernando Escardó. El frente de batalla queda formado.

---

men de Pinochet: Enrique Andrés María Ropert Contreras, asesinado en septiembre de 1973, y los desaparecidos René Chanfreau y Etienne Pesle, solicitaron el 26 de octubre su extradición por secuestro, detención ilícita, crímenes contra la humanidad y genocidio. El 12 de noviembre la justicia francesa pidió formalmente la extradición de Pinochet.

El 27 de octubre, cuatro exiliados chilenos residentes en el Reino Unido presentaron ante el procurador general y el fiscal general británicos una petición de procesamiento bajo el cargo de torturas.

En Italia, el 30 de octubre, la Fiscalía de Milán decidió investigar a Pinochet por un posible delito de «matanza» tras la denuncia por torturas y homicidio presentada por un residente chileno. Según la ley italiana, el delito de «matanza» no prescribe.

En Noruega, el 2 de noviembre, una exiliada chilena demandó a Pinochet por desaparición y privación de libertad en relación con los casos de dos amigas desaparecidas en Chile desde su detención en 1974. Ese mismo día, la justicia belga admitió a trámite las denuncias por detención ilegal, tortura y asesinato efectuadas por seis ciudadanos de origen chileno residentes en Bélgica. Además, el 2 de noviembre en Alemania, una chilena presentó una denuncia ante la Fiscalía de Colonia. Al día siguiente, tres alemanes presentaron otra por torturas, coacción y detención ilegal ante el Tribunal Supremo.

Los defensores del general en Inglaterra acuden al Tribunal Superior de Inglaterra y Gales. Exponen que el juez Baltasar Garzón ha violado la ley y que la detención ha sido ilegal ya que el senador vitalicio goza de inmunidad diplomática.

El 28 de octubre, el alto tribunal inglés sorprende a la opinión pública. Dictamina que el arresto de Augusto Pinochet Ugarte es ilegal porque el general retirado goza de inmunidad, ya que los crímenes de los que se le acusa fueron cometidos cuando era jefe de Estado. Los seguidores de Pinochet están de enhorabuena. Creen que en breve quedará en libertad y un avión hospital de la Fuerza Aérea chilena se traslada incluso hasta Londres para recogerle y devolverlo a su país. Las expectativas son optimistas. El 30 de octubre, el Tribunal Supremo británico llega incluso a conceder la libertad provisional a Pinochet, pero con una salvedad: debe quedar bajo vigilancia policial en el nuevo centro asistencial al que se le ha trasladado. Ya no está en la London Clinic, en donde fue detenido, sino en el Groveland Priory Hospital. El ex dictador debe permanecer aún en Gran Bretaña porque la decisión del Supremo puede ser recurrida por la acusación —como así ocurre— ante la Cámara de los Lores, la más alta instancia judicial del Reino. Pinochet había ganado una batalla.

ESPAÑA PUEDE JUZGAR AL GENERAL

En Madrid, mientras tanto, Garzón sigue trabajando y mantiene sus argumentos en contra de Pinochet y con la firme oposición del fiscal general del Estado, Jesús Cardenal, y del fiscal jefe de la Audiencia Nacional, Eduardo Fungairiño. Recurren sus decisiones. No son partidarios de que España persiga delitos cometidos fuera de sus fronteras. Sus tesis, no obstante, no son apoyadas por la Sala de lo Penal de la Audiencia Nacional, que las va desestimando una a una y que cada vez da más la razón al juez en cuanto a la competencia de la justicia española para juzgar este asunto. No obstante, la Fiscalía de la Audiencia Nacional sigue recurriendo todo paso que da el magistrado y se queja además de que ante algunos de sus recursos Garzón tarda un tiempo excesivo en pronunciarse. Cita como ejemplo el escrito interpuesto contra el auto de detención del militar, que estuvo sin resolverse cinco meses.

Las quejas de la Fiscalía en cuanto a un asunto esencial, la competencia de España para juzgar los crímenes del Cono Sur americano, son tantas y cobran ya tanta trascendencia que la Sala de lo Penal de la Audiencia Nacional convoca a todos sus miembros para que, en pleno, resuelvan la cuestión. El 30 de octubre de 1998, se toma una decisión histórica. El juez Carlos Cezón, de aspecto bonachón y tocado con su habitual pajarita, lee la sentencia en la que se confirma, por unanimidad, que la justicia española tiene competencia para enjuiciar los terribles hechos cometidos en Argentina y Chile durante los respectivos regímenes militares.[13]

---

[13] Según la resolución de la Sala de lo Penal, los crímenes perpetrados en Argentina, constituyeron delitos de genocidio, terrorismo y torturas. Se cometió genocidio porque «se trató de destruir a un grupo diferenciado nacional, a los que no cabían en el proyecto de reorganización nacional». Confirmaba que hubo entre las víctimas extranjeros, especialmente muchos españoles. La resolución, que analizó si estos delitos estaban incluidos en la Ley Orgánica del Poder Judicial, en el Código Penal, y en el Convenio para la Prevención y la Sanción del Delito de Genocidio de 1948, señaló que la represión ejercida en Argentina «quiso destruir el grupo mediante las detenciones, las muertes, desapariciones, sustracción de niños de familias del grupo, y amedrentamiento de los miembros del grupo».

Sobre el delito de terrorismo, la sala estimó que las muertes, lesiones, coacciones y detenciones ilegales investigadas presentaban la nota característica de que fueron cometidas en la clandestinidad, «no en el ejercicio regular de la función oficial ostentada, aunque prevaliéndose de ella».

En cuanto al delito de tortura, el tribunal consideró que «si España tiene jurisdicción para la persecución del genocidio en el extranjero, la investigación y enjuiciamiento tendrá necesariamente que alcanzar a delitos de tortura integrados en el genocidio». La sala concluyó que «Espa-

Cuando el juez Cezón pronunció su última palabra en la lectura pública del auto, se desató un increíble griterío de alegría. Los abogados lloraban, se abrazaban unos a otros. Habían conseguido un logro verdaderamente histórico.

Garzón estuvo nervioso toda la mañana. Andaba por su despacho como un oso enjaulado. Cuando escuchó la decisión de la sala lanzó un grito eufórico de victoria. En ese momento, escuchó alboroto en el pasillo. Abogados, familiares de desaparecidos y miembros de asociaciones pro derechos humanos subieron a verle. Llegaron a la puerta y, sin mayor protocolo, penetraron en la habitación. Se le echaron encima felicitándole, dándole la mano y abrazándole. Garzón no acierta a decir nada. De nuevo, ha ganado.

En aquellos días, Baltasar Garzón había superado un gran riesgo profesional, el mayor de ellos, el riesgo a quedar en ridículo. Se le plantearon muchos órdagos, los aceptó y superó todos. Para su carrera profesional hubiera sido un desastre el haber dado un salto tan importante si luego no se hubiera visto respaldado por los hechos. El juez había construido y fundamentado muy bien sus decisiones, según todas las opiniones recogidas.

ña tiene jurisdicción para conocer de los hechos derivada del principio de persecución universal recogida por nuestra legislación interna». Y añadió «que tiene también un interés legítimo en el ejercicio de esa jurisdicción, al ser más de 500 los españoles muertos o desaparecidos en Argentina, víctimas de la represión denunciada».

En el auto de la sala sobre Chile, se reiteraron gran parte de los fundamentos jurídicos esgrimidos en el caso argentino. La sala consideró que «la represión en Chile durante el régimen militar a partir del 11 de septiembre de 1973 se dirigió contra un grupo de chilenos que fue diferenciado por los artífices de la persecución». Estas acciones «consistieron en muertes, detenciones ilegales, sin que en muchos de los casos haya podido determinarse cuál fue la suerte corrida por los detenidos, dando así vida al concepto incierto de desaparecido».

¡PRUEBA POLÍTICA SUPERADA!

La decisión del Pleno de la Sala de lo Penal permite a Garzón tramitar de inmediato la petición de extradición de Augusto Pinochet y le legitima ante terceros países para mantener los embargos de las cuentas bancarias, no sólo de Pinochet, sino de otros 157 imputados en la investigación. Garzón adoptó esta medida el 16 de octubre de 1998 y envió comisiones rogatorias a Argentina, Suiza y Estados Unidos para hacer efectivo el embargo. Quería saber todos los detalles sobre la apropiación por parte de los imputados de los bienes de desaparecidos o de sus familias. De igual forma, se apresura a presentar al Gobierno español la demanda de extradición de Pinochet. El plazo límite era el 25 de noviembre, casualmente el día del cumpleaños del ex dictador.

No deja correr el tiempo y, de esta forma, el 3 de noviembre envía al Gobierno un grueso escrito de casi cuatrocientos folios firmado de su puño y letra y también por el presidente de la Audiencia Nacional, Clemente Auger, en el que solicita que se pida a las autoridades británicas la extradición del anciano senador para que pueda ser juzgado en España por los delitos de genocidio, terrorismo y torturas. Del total de páginas remitidas, nada menos que trescientas se dedicaban sólo a enumerar los nombres de 3.178 víctimas del general. Era «la lista de Garzón».

El juez había conseguido colocar la pelota esta vez en el campo de juego del Ejecutivo.

«LO TENEMOS JODIDO»

Dos días antes, en Londres, había comenzado en la Cámara de los Lores la vista del recurso de apelación presentado por las acusaciones contra la decisión del Tribunal Supremo de admitir la inmunidad de Pinochet.

Con tono tajante, el abogado de Amnistía Internacional, Ian Brownley, trataba de convencer a los lores afirmando que «la tortura y el genocidio no son actos de gobierno». «La inmunidad no se aplica a actos criminales.» También apuntó que el Reino Unido tenía la obligación de respetar la Convención Europea de Extradición de 1957, incorporada a la ley británica en 1989.

En una sentencia histórica para el Derecho Internacional, el día del octagésimo tercer cumpleaños del ex dictador Augusto Pinochet, 25 de noviembre de 1998, el Comité de Apelación de los Lores rechazó la inmunidad soberana para el general chileno al considerar que los delitos de los que se le acusaba no podían gozar de esa protección. En una ceremonia que apenas duró diez minutos, los lores estimaron, por tres votos contra dos, que el general retirado no era inmune a la ley.

El viejo tirano recibe en su lujosa residencia londinense visitas de militares chilenos de los tres ejércitos que tratan de animarle:

—Ya verá, mi general, saldremos triunfantes de ésta —le dice un alto mando de la Armada.

—Lo tenemos jodido, almirante —repuso Pinochet.

El Gobierno chileno llama a consultas a su embajador en Madrid como forma de protesta. Los titulares de los periódicos del país sudamericano son contundentes. El presidente Frei declara que el general no debería ser juzgado por gobiernos extranjeros. Chile se compromete a investigar a fondo las denuncias contra Pinochet si Londres le deja en libertad. El ministro de Asuntos Exteriores chileno, José Miguel Insulza, llega a Madrid para tratar de intermediar en el caso.

En Gran Bretaña, mientras tanto, se ha recibido ya la petición de extradición del senador vitalicio. El ministro del Interior, Jack Straw, decide, el 9 de diciembre, iniciar los trámites. Otro escollo más que consigue salvar Garzón ante el poder político. El magistrado no espera más y justo al día siguiente procesa a Pinochet por genocidio, terrorismo y torturas. Un voluminoso documento de 285 páginas en el que vuelve a relatar con todo lujo de detalles cómo se planeó el golpe de Estado contra Allende, cómo se quería dar al derrocado presidente la falsa oportunidad de huir en un avión que habría sido derribado por los cazas del Ejército del Aire, y cómo se puso en marcha un implacable mecanismo para eliminar a la oposición mediante el terror, las desapariciones, las torturas y el asesinato.

UNOS LORES CON MARCHA ATRÁS

Pero la alegría del magistrado iba a durar poco. El mismo día en que procesa al general, el 10 de diciembre de 1998, coincidiendo con el aniversario de la Declaración Universal de los Derechos Humanos, el defensor Clive Nichols pide a la Cámara de los Lores que anule su decisión anterior al descubrir que Lord Hoffman estuvo vinculado a Amnistía Internacional y que por tanto estaba «contaminado» en su imparcialidad. Los lores revocan su sentencia y ordenan que se repita el juicio sobre la inmunidad del ex dictador.

Por fin, el 24 de marzo de 1999 se pone fin al asunto. Por seis votos contra uno, el Comité de Apelaciones de la Cámara de los Lores decidió que Pinochet no era inmune y que se podía continuar con el proceso de extradición de Pinochet pese a una «sustancial reducción del número de cargos extraditables en su contra». Se conocía de esta forma el resultado final de las famosas sesiones iniciadas en enero y a las que acudió Garzón como asesor.

Al comienzo de la audiencia para dar a conocer el dictamen, el presidente del Comité, Lord Nicholas Browne-Wilkinson anunció su conclusión de que «el senador Pinochet no tiene inmunidad como ex jefe de Estado». El presidente hizo un resumen de las conclusiones de cada lord-juez al afirmar que «por una mayoría de seis a uno el Comité recomienda que, mientras el senador Pinochet tiene derecho a inmunidad en relación a cargos de conspiración para asesinato, no tiene derecho a inmunidad soberana en relación a los cargos restantes.[14] Los lores precisaron que los cargos quedaban reducidos

---

[14] Browne-Wilkinson explicó que hasta el 29 de septiembre de 1988 la tortura no tenía carácter de extraterritorialidad en el Reino Unido. Por esta razón, Pinochet no podía ser extraditado por cargos de tortura ocurridos antes de esta fecha. Tan sólo le eran imputables los cometidos durante sus dos últimos años de mandato. Esta decisión suponía que no se podía extraditar al ex dictador por la mayoría de sus crímenes, cometidos inmediatamente después de su golpe de Estado en 1973.

a «crímenes extraditables que comprenden un cargo aislado de tortura, siete conspiraciones para la tortura entre 1988 y 1990 y ciertos cargos de conspiración en España para cometer asesinato en ese país. El ministro del Interior, Jack Straw, puede, si lo considera conveniente, permitir que continúe el proceso de extradición sobre los cargos drásticamente reducidos».

En las altas esferas de la Audiencia Nacional la noticia sentó como un mazazo. «Se planteaban muchos problemas al ver que la resolución de los lores quedaba muy corta. Y al quedar así era muy difícil conseguir juzgar a un jefe de Estado por unos hechos muy concretos.»

Ese día el juez Garzón llegó a su despacho a las cinco de la tarde. No quiso hacer ni un solo comentario. Reflexionaba y dibujaba en su cara una medio sonrisa de zorro. Guardaba de nuevo otro as en la manga. Una carta que jugaría tiempo después, cuando la justicia británica se pronunciara definitivamente sobre la extradición de Pinochet.

Ahora le daba vueltas a la idea en su cabeza. Hizo una elaboración sorprendente del delito de tortura en relación con el delito de desaparición forzada. Baltasar Garzón mantiene que la desaparición forzada de las personas implicaba también un delito de tortura permanente para el familiar.

A nadie se le había ocurrido hasta entonces la idea más que a Garzón y, por tanto, el juez llega a considerar que los 1.198 casos de desaparición forzosa constituyen también un delito de tortura. Los jueces ingleses no se habían pronunciado sobre el particular. Habían dejado abierta la posibilidad para que lo trataran los tribunales españoles cuando llegara el momento. En teoría, Garzón había encontrado el modo de que no le acotaran los delitos.

GARZÓN SE COME A CASTELLÓN

Por aquel tiempo, Baltasar Garzón ya se ha hecho con los sumarios de Argentina y de Chile. Su colega, Manuel García Castellón, le había cedido este último ya que los delitos estaban interrelacionados a través del Plan Cóndor y en ambos procesos se acusaba a Pinochet de un delito de genocidio que, aunque afectaba a «múltiples víctimas y perjudicados», debía ser enjuiciado en una única causa según la ley. Además, Baltasar Garzón había comenzado antes a tramitar el sumario argentino, el 28 de marzo de 1996, y no tenía sentido que se duplicasen las actuaciones.

La decisión de Manuel García Castellón, por su forma de trabajar distinta a la de Baltasar Garzón, se veía venir en la Audiencia Nacional. Unos meses antes, el titular del Juzgado número 6, después de que el fiscal le pidiera que archivara el caso de los chilenos, puso la investigación en manos de la Sala de lo Penal para que le dijera qué debía hacer. Una consulta que en aquellos días se interpretó como una maniobra de huida. En medios jurídicos moderados se comentaba que García Castellón estaba ya algo cansado de un sumario muy complejo, muy extenso, nada agradable por la cantidad de trabajo que generaba, por los terribles testimonios que se escuchaban, por la excesiva publicidad y por las presiones y ataques que se sufrían.

Los más críticos con Baltasar Garzón afirmaban que el juez estaba encantado con la dosis de popularidad que le había proporcionado el caso argentino y la detención de Pinochet, pero que no le era suficiente, que quería más y que buscó quedarse también con el caso chileno.

Los abogados que están inmersos en la causa y que colaboran de una forma estrecha con el juez creen que no se inmiscuyó en el caso de García Castellón. Mantienen que cuando se empezó a investigar el procedimiento argentino hubo muchas declaraciones acreditativas de la existencia de un plan de represión coordinado en América Latina. Esto determinó la apertura de la pieza separada del Plan Cóndor porque empezó a quedar acreditado que muchas personas que venían a declarar a España contaban que sus familiares habían sido secuestrados en Uruguay y llevados a Argentina y Chile y viceversa. «Pero Garzón no tiene ninguna pretensión de hacerse con el sumario chileno. Es García Castellón quien toma la decisión de inhibirse y dice que lo hace porque estima que los delitos cometidos por ambas dictaduras son conexos y que el caso le corresponde al juez que primero lo instruyó. Baltasar Garzón acepta esta inhibición, une ambos sumarios y la Sala de lo Penal confirma por unanimidad que es correcta la acumulación.»

La fama de Baltasar Garzón, ya considerado una *superestrella* de la justicia es ahora mayor que nunca, lo que le ha valido grandes elogios y grandes críticas. ¿Por qué ha actuado Garzón como lo ha hecho? ¿Por una especial sensibilidad hacia las víctimas? ¿Por satisfacción personal? ¿Por vanidad? ¿Por rentabilidad política o social? Todas estas cuestiones sólo puede contestarlas el juez, pero las víctimas de las dos dictaduras y sus familiares responden de una misma manera cuando se les pregunta sobre el juez que les ha hecho creer en la justicia que no han encontrado ni en Chile ni en Argentina: «Garzón está cumpliendo con la ley a rajatabla, está luchando por la justicia y está haciendo un enorme servicio a los seres humanos. ¿Qué nos importa lo demás?»

¿PINOCHET, LIBRE?

Noche. Martes. 11 de enero de 2000. Una casa a las afueras de la ciudad vigilada constantemente por la policía. Apenas pasan coches. Las luces se van apagando en los chalets que se encuentran en esta zona residencial de Madrid. En el domicilio de Baltasar Garzón, como muchas otras noches, todavía hay luz. El juez acaba de cenar y se prepara para dormir pero antes pasa por la habitación en la que trabaja, donde tantas horas ha pasado ultimando autos sobre los más diversos temas judiciales a lo largo de los doce años que lleva en Madrid. Casi de forma automática, sin darse cuenta, pone la radio:

«... Y ésta es, repetimos, la noticia que acabamos de recibir de nuestro corresponsal en Londres. El ministro de Interior británico ha anunciado que en las próximas horas podría decretar la puesta en libertad de Augusto Pinochet por razones de salud. Jack Straw ha recibido las conclusiones del informe médico sobre el estado físico y psíquico del exdictador en el que supuestamente se indica que no está en condiciones de someterse a un juicio. El ministro de Interior británico, de quien depende en última instancia la concesión a España de la extradición de Pinochet, podría denegarla argumentando que el detenido no se encuentra con plenas facultades para comparecer ante la justicia española. Recordemos que el senador vitalicio está detenido en Londres desde el 16 de octubre de 1998 por orden del juez Baltasar Garzón...»

El juez no podía creer lo que escuchaba. De repente sonó su teléfono móvil.

—Baltasar, buenas noches, perdona que te moleste. Soy Mayte Cunchillos, de la COPE. ¿Has escuchado lo de Straw?

—Acabo de oírlo en la radio.

—¿Qué te parece?

—No puedo decirte nada aún. No sé nada oficialmente. Si me comunican algo desde Londres ya veré lo que se puede hacer. Estoy tan sorprendido como tú, porque no tenía ninguna idea del asunto.

—Pero, ¿cómo te ha sentado?

—Sabes que no voy a hacer ninguna valoración personal. Me ceñiré al proceso judicial y actuaré en virtud de él. Mañana veremos.

Los primeros periodistas llegaron pronto hasta el despacho de Baltasar Garzón, en la segunda planta de la Audiencia Nacional. Al contrario que en otras ocasiones, su puerta no estaba cerrada a cal y canto. El magistrado entraba y salía. Se dejaba ver. Vestía una chaqueta de cuadritos y tenía buen aspecto, como de haber descansado bien pese a la mala noticia que había recibido, aunque se empeñara en negarlo con aquella leve sonrisa que llevaba en la cara. Inmaculada Moreno, de Telemadrid, y Julio Muley, de Tele 5, le asaltan en el pasillo.

—Baltasar, ¿has recibido alguna notificación oficial de Londres?

—Algo se ha recibido. El Home Office se puso en contacto con el Ministerio de Asuntos Exteriores y me han mandado una nota que dice que Pinochet no está en condiciones para ser juzgado y que «no se puede esperar ningún cambio en esta opinión». También me han dicho que tengo siete días para presentar las alegaciones que crea convenientes ante la posible decisión de no conceder la extradición por razones humanitarias. Lo que ocurre es que jugamos en el aire, porque Straw ha anunciado una posible decisión y hay que ver en qué campo se toma. Si se toma en el campo político no podemos hacer nada contra ella. Si se inscribe aún en el campo judicial, entonces sí que la podemos recurrir.

—¿Y ahora qué vas a hacer?

—Pues voy a dar un plazo de veinticuatro horas a las partes para que me aclaren su postura sobre el asunto y con esos informes prepararé un escrito de alegaciones.

—¿Y cómo te ha sentado todo esto, porque al final has perdido la batalla?

—De eso nada. Hemos ganado el caso. Ha sido un éxito. Sin duda. Tened en cuenta que la extradición de Pinochet ha sido concedida por la Cámara de los Lores. Hemos conseguido lo que queríamos, que se dijera que es extraditable, que se le puede traer a España para juzgarle. Lo que ocurre es que, como sabéis, después de esa decisión, la última palabra es de los políticos, en este caso de Straw, que puede decir, adelante, que se lo lleven a España; o no, que está malo y se le debe dejar libre. Y os voy a decir una cosa que no os vais a creer, pero que es verdad. Profesionalmente, no me sienta ni bien, ni mal. La decisión final sobre la extradición tenía dos salidas; o sí o no. Que parece que va a ser que no. Bueno, cabía la posibilidad. Si finalmente se decide que no, pues se acepta y ya no cabe decir nada más. Se acabó. No se concede la extradición, Pinochet queda en libertad y se va para su casa. Sin más.

—Ya, pero en lo personal...

—Hombre, te puede sentar mejor o peor que alguien acusado de crímenes tan sumamente graves al final no se siente en el banquillo, pero habrá que ver qué pasa. Imaginaos que Straw dice que no concede la extradición por razones de salud, Pinochet se va a Chile y en cuanto llega dice, ¿a ver qué pasa aquí? Agarra el bastón de mando en el aeropuerto y se pone a dar órdenes. Pues Straw habrá quedado en ridículo. Pero, ¿y si no concede la extradición, Pinochet se va a Chile y se muere a los dos meses? Pues el ministro del Interior inglés habrá quedado muy bien.

—Oye, ¿y no ves algún movimiento raro por debajo, dado que dentro de pocos días se celebran elecciones en Chile?

—Hombre, Straw ya ha votado. Yo creo que con este anuncio de una posible negativa a la extradición le ha dado un balón de oxígeno al candidato socialista Ricardo Lagos. Pero bueno, ya veremos. Os dejo que tengo que trabajar.

Garzón no dejó que corriera el plazo de presentación de sus alegaciones, con su rapidez habitual, lo redactó en pocos días. Planteaba el absurdo en el que se basaba su escrito. Debía opinar y alegar sobre una posible decisión de Straw asentada en un informe médico cuyos términos no se conocían. Todo era demasiado irreal.

Al final la política —quizá mejor la *realpolitik*— se había impuesto en la batalla que el juez español había abierto. A las 13.45 del jueves 2 de marzo del 2000 Pinochet embarcaba en un Boeing rumbo a Santiago de Chile. Había pasado detenido o retenido en el Reino Unido 502 días.

Pero el anciano que volvía con los ojos enrojecidos no era el mismo general arrogante que había salido año y medio antes, prepotente en su impunidad.

Garzón había conseguido, a pesar de todo, una enorme victoria. La justicia y la ambición seguían en marcha.

ÍNDICE ONOMÁSTICO